海上犯罪立案追诉标准与司法认定实务

裴兆斌　吴宪国　著

中国人民公安大学出版社
群 众 出 版 社
·北 京·

图书在版编目（CIP）数据

海上犯罪立案追诉标准与司法认定实务/裴兆斌，吴宪国著．—北京：中国人民公安大学出版社，2017.6

ISBN 978-7-5653-2949-4

Ⅰ.①海… Ⅱ.①裴…②吴… Ⅲ.①海上—犯罪—研究—中国 Ⅳ.①D993.5

中国版本图书馆 CIP 数据核字（2017）第 128814 号

海上犯罪立案追诉标准与司法认定实务

裴兆斌　吴宪国　著

出版发行：中国人民公安大学出版社
地　　址：北京市西城区木樨地南里
邮政编码：100038
经　　销：新华书店
印　　刷：北京兴华昌盛印刷有限公司

版　　次：2017年6月第1版
印　　次：2017年6月第1次
印　　张：11.875
开　　本：880毫米×1230毫米　1/32
字　　数：320千字

书　　号：ISBN 978-7-5653-2949-4
定　　价：40.00元

网　　址：www.cppsup.com.cn　www.porclub.com.cn
电子邮箱：zbs@cppsup.com　zbs@cppsu.edu.cn

营销中心电话：010-83903254
读者服务部电话（门市）：010-83903257
警官读者俱乐部电话（网购、邮购）：010-83903253
法律图书分社电话：010-83905745

前 言*

党的十八大报告明确提出，我国应“提高海洋资源开发能力，发展海洋经济，保护生态环境，坚决维护国家海洋权益，建设海洋强国”。2013 年 10 月，习近平总书记在访问东盟国家时提出了“建设 21 世纪海上丝绸之路”的号召。建设海洋强国对于推动经济持续健康发展，维护国家主权、安全等均具有重大意义。在海洋蓝色经济快速增长、海上人员货物密集流通的同时，海上犯罪活动亦呈多发态势，海上走私犯罪，海上抢劫、盗窃犯罪，偷越国（边）境犯罪，海洋环境犯罪等给国家、社会和公民个人的利益造成了不应有的损害。现实情况要求对海上犯罪给予及时、有力的惩处，以实现刑法的特殊预防和一般预防作用。

然而，受中国传统的“重陆轻海”思想影响，当下之中国尚未有一部针对海上犯罪的堪称完备的法律，并且从法的安定性、冲突性和经济性维度考量，是否应重新制定一部专门的海上犯罪法仍有待商榷。现实中规制海上犯罪的法律显得凌乱、庞杂，既有刑法分则中近百个与海上犯罪相关的条文，又有大量单行法律及相关司法解释对海上犯罪的进一步规范，法律条文的挑拣及其与查处海上犯罪实践对照的困难性可想而知，这不仅违背了法律适用的便捷性和经济性要求，同时也在很大程度上降低了海上执法、司法的效

* 本书系大连市社科联（社科院）重点课题（2016dlskzd073）、辽宁省教育厅课题（W2201607）、2016 年度大连海洋大学社科联立项课题（xsklzd-11）成果。

率，甚至使海上犯罪的查处活动陷于盲目和被动，致使中国海上维权、海上执法状况一直不容乐观，在科学性、规划性、有序性上无法与世界强国比肩，更无法与中国的世界大国地位相称。

为了应对海上犯罪的多发状况，提高海上犯罪查处效率，以重组后的中国海警实际工作目标为基本出发点，作者提炼了我国刑法分则中关于海上犯罪的相关罪名，梳理了相关单行法律及司法解释，对每一个涉及海上犯罪的罪名均以“罪名释义”、“海上犯罪”“犯罪构成”、“犯罪认定”、“立案标准”、“法条链接”的模式予以阐释和解析，希冀对海上犯罪的理论研究工作及实务处理工作有所助益。

本书的付梓得益于大连海洋大学党委书记董亲学、校长姚杰的鼎力支持与指导，也受益于中国海警局司令部、南海分局、辽宁省海警总队、广东省海警总队、海南省海警总队等部门领导和执法者的无私帮助与启迪，大连海洋大学法学院、海警学院诸多老师都给予了大力帮助，在此深表衷心的谢意！中国人民公安大学出版社的编辑老师任劳任怨，不辞劳苦逐字逐句予以核校勘正，在此也表达我们的深深谢忱！本书在撰写过程中，参阅了许多教材、著作和学术论文。在此，谨向引用的有关教材、文章和资料的编著者表示衷心的感谢！

虽然作者力求运用精准的法律语言营造一种开放性的海上犯罪问题研究学术氛围，但囿于时间及作者学术水平，文中难免有疏漏之处，恳请广大读者、同仁不吝批评、斧正，于此一并致谢！

二〇一六年十二月于大连

目 录

第一章　海上犯罪概述

一、海上犯罪的概念

随着工业文明的飞速发展和科学技术的不断进步，人类文明的足迹逐渐由大陆延伸至广袤无垠的海洋，中国有 18000 公里海岸线，300 万平方公里的海洋国土，中国的国家利益已不仅仅局限于陆地和近岸海域，而是正在逐步“走向深蓝”。然而，受中国传统的“重陆轻海”思想以及早期的工业化和科技发展水平的制约，中国海上维权、海上执法状况一直不容乐观，在科学性、规划性、有序性上无法与世界强国比肩，更无法与中国的世界大国地位相称。幸运的是，我们正逐步认识到海洋对于一国经济、政治和军事的重要性。党的十八大报告明确提出，我国应“提高海洋资源开发能力，发展海洋经济，保护生态环境，坚决维护国家海洋权益，建设海洋强国”。2013 年 10 月，习近平总书记在访问东盟国家时提出“建设 21 世纪海上丝绸之路”的号召，建设海洋强国对于推动经济持续健康发展，维护国家主权、安全、利益等均具有重大现实意义。在海洋蓝色经济快速增长、海上人员货物密集流通的同时，海上犯罪活动亦呈多发态势，海上走私犯罪、海上抢劫与盗窃犯罪、偷越国（边）境犯罪、海洋环境犯罪等，给国家、社会和公民个人的利益造成了不应有的损害。现实情况迫切要求对海上犯罪给予及时、有力的惩处，实现刑法的特殊预防和一般预防作用，保障国家海洋战略的顺利实施。

然而，我国刑法分则基本上是以陆上犯罪为“蓝本”的，并且“我国刑事立法长期以来是以陆上犯罪作为重点打击对象，基本上很少关注涉海领域危害行为的特殊性”。[①] 实践中，海上犯罪的执法者和司法者必须先熟悉刑法中与海上犯罪相关的罪名，并在实际执法和司法实践中在事实与法律之间多次往返，才能逐步形成对何种行为可能构成海上犯罪的心理判断，才能切实避免实际执法和司法活动陷于盲目和被动。而要从数百个陆上犯罪条文和诸多单行法律以及司法解释中挑选出适合海上犯罪的罪名并加以实际运用，无疑是令人头疼的，这不仅违背了法律适用的便捷性和经济性要求，同时也会在很大程度上降低海上执法、司法的效率。由此，从实践意义出发，海上犯罪亟待与陆上犯罪相区别，以提高惩处海上犯罪的效率。

基本范畴与概念的确定是任何理论发展的前提，也是构筑同一理论话语的原点，没有基本概念的锚固，任何理论都可能是游移不定的。海上犯罪是犯罪的下位概念，对研究海上犯罪的执法和司法活动均有统领作用。综合而言，既往研究中对海上犯罪的概念阐释基本可分为三种情况：一是有学者认为对海上犯罪的概念应从狭义和广义两个角度加以理解，狭义的海上犯罪是与国际法中的“海域”相对应的所有发生在海上的犯罪，其概念涵摄了在领海、专属经济区、公海以及与海相通的可航水域发生的刑事犯罪，而广义的海上犯罪则不仅包含狭义的海上犯罪，还包括发生在不可航的内湖、内河等水域的刑事犯罪；[②] 二是有学者认为海上犯罪是很宽泛的说法，是指发生在海域的所有犯罪，由于《联合国海洋法公约》将海域划分为内水、领海、群岛水域、毗连区、专属经济区、大陆架、国际海底区域和公海，所以，发生于这些海域的犯罪都可称为

---

① 阎二鹏：《海上犯罪的立法规制之模式构想》，载《海南大学学报》（人文社会科学版）2013 年第 2 期，第 67 页。

② 赵薇：《海上刑法的理论定位与实践价值》，载《中国社会科学报》2010 年 9 月 7 日（周二刊）第 10 版。

海上犯罪；[①] 三是有学者认为海上犯罪就是内水、领海、群岛水域、毗连区、专属经济区、大陆架、国际海底区域和公海领域内所发生之犯罪行为的总称。[②] 海上犯罪的称谓是为区别于陆上犯罪的工具性思考，并非十分严谨的法律术语。从逻辑学的角度出发，对任何一个概念作出准确定义至少包含三个环节，即提取临近属概念、寻找种差和整合单句。提取临近属概念也就是确定要定义概念的上位概念，种差的寻找应尽可能表达概念的内涵，并应尽量全面、准确。仅就海上犯罪概念而言，本书认为，海上犯罪应指行为人在可航内水、领海、群岛水域、毗连区、专属经济区、大陆架、国际海底区域及公海领域内实施的，违反我国刑事法律或我国签署的国际条约相关规定的应受刑罚处罚的行为。犯罪行为中的犯罪预备、犯罪实行及犯罪结果有一项发生于可航水域的，都应属于海上犯罪。

二、海上犯罪的特征

海上犯罪与陆上犯罪不同，究其原因，主要是由于海上犯罪所处犯罪场所的特殊性造成的。首先，海上犯罪所处的空间、水域更加广阔。据不完全统计，我国内水面积约为 37 万平方公里，享有管辖权的海域面积更是达到了约 300 万平方公里，两者合计占我国陆上面积的 1/3 强。虽然水上面积没有陆上面积大，但就单位面积内的犯罪率而言，海上犯罪却远远小于陆上犯罪，从而使海上犯罪具有相当程度的隐蔽性。其次，海上犯罪都离不开水体介质的承载性。无论是内水还是海洋，海上犯罪行为中的犯罪预备、犯罪实行、犯罪结果的发生至少有一项是以水体介质为其承载物质的，而

---

① 王君祥：《中国—东盟打击海上犯罪刑事合作机制研究》，载赵秉志主编：《刑法论丛》（2010 年第一卷），法律出版社 2010 年版，第 378 页。

② 阎二鹏：《海上犯罪的立法规制之模式构想》，载《海南大学学报》（人文社会科学版）2013 年第 2 期，第 67 页。

水体介质始终处于一种相对运动当中，任何海上犯罪必须首先解决水上、海上、水中、海中的行动问题，而这一问题的解决通常非一人之力所能完成。最后，水上环境具有易变性。水上风浪、水体生物、潮汐涨落等因素都会直接或间接地使海上犯罪具有比陆上犯罪更为鲜明的特点，这直接导致海上犯罪的现场保护、现场勘查、证据收集等都要比陆上犯罪具有更大的难度；受水域广阔性、水体介质承载性和水上环境易变性的影响，海上犯罪相较于陆上犯罪具有自己鲜明的特征。

第一，海上犯罪的主体具有较强的群体性。在陆上犯罪中，单独个体犯罪数量远大于共同犯罪或有组织犯罪，我国刑法分则也是以单独个体犯罪为蓝本编写的，共同犯罪作为总则内容在适用时需要加以逻辑上的推演。海上犯罪则恰恰与此相反，由于海上自然环境的限制，犯罪主体首先要解决水上或水中的行动问题，需要具备专业航海知识、海洋知识及无线通讯、卫星定位设备使用技能的人加以辅佐才有可能顺利实施犯罪行为，海上犯罪群体的成员少则几人，多则上百，甚至有时数以千计（如索马里海盗集团等）。组织内成员往往分工明确、配合紧密，海上国际犯罪组织成员的群体性则更趋复杂，不同国家、不同地域、不同职业的个体因经济利益的捆绑而聚合，组织内甚至分成若干层级或分支机构，形成复杂的犯罪网络，疯狂实施海上犯罪。另外，海上犯罪的“犯罪人基本上是青壮年男性，未成年人和老年人以及女性在海上犯罪中较为罕见”。①

第二，海上犯罪行为具有较强的流动性、隐蔽性。海上犯罪行为以可航内水或辽阔的海洋为场所条件，海水、船只、人员时刻处于流动状态，从犯罪预备到犯罪结果发生涉及的场域范围非常广阔，有时不仅只限于水上还可能涉及陆上，不仅只在水面还可能达

① 张保平：《海上犯罪的特点与海上治安防控体系的构建》，载《中国人民公安大学学报》2003 年第 6 期，第 27 页。

到水下甚至海底。相对于陆上人员及设备的密集程度，海上犯罪具有更强的隐蔽性，并且也不存在陆上随处可见的监控设施，犯罪人可以精心密谋、从容撤离。海上犯罪行为人也恰恰看到了海上犯罪场域辽阔、流动性强的特点，故意利用这一特点实施犯罪行为，以逃避法律的制裁。同时，犯罪场域的广阔性给海上犯罪的侦破工作带来不小的挑战，见证犯罪或能提供有价值信息的证人严重缺乏，侦查人员无法实施诸如陆上的查询监控、设卡盘查、交通管制等追缉行为，甚至准确测定犯罪行为的实施地点有时也会变得尤为困难；犯罪场域的流动性也给海上犯罪侦查的现场勘验工作带来不少困惑，犯罪现场保护工作往往事倍功半，指向犯罪的证据极易灭失，从而直接导致对海上犯罪的证据收集工作迟滞不前。

第三，海上犯罪的主观方面多为有预谋的故意犯罪。行为人具备故意或过失的心态，是任何海上犯罪必须具备的主观要素，根据行为人策划行动过程的程度与时间长短，可将故意区分为预谋故意和非预谋故意。所谓预谋故意，是指行为人产生犯罪决意前后，经过较长时间的策划、预谋、安排方始付诸实施的情况，是行为人在产生犯罪决意前后一段时间内，经过深思熟虑、反复策划形成的实施故意犯罪的一种心态。从海上犯罪的特点来看，从犯罪预备到犯罪行为实施乃至犯罪后的善后及撤离等，通常都经过了精心谋划，少见情境性犯罪、冲动性犯罪和随意性犯罪。海上预谋故意犯罪行为人在意志心理中通常都经过了长期、反复的衡量、选择、策划，包括信息收集处理、海上犯罪交通工具选择、作案工具准备、海上进退路线选择、资金筹措、人员勾结、组织分工、作案步骤推演等内容；正因为海上犯罪行为人有足够的时间基于自由意志选择而作出犯罪决意，所以海上预谋故意犯罪在主观上比非预谋犯罪具有更强的主观恶性和可非难性。另外，海上预谋故意犯罪行为人在犯罪行为实施之前长时间地对犯罪的具体实施计划进行策划和安排，对犯罪的时间、地点和对象比较了解，其犯罪目的更容易实现，也更容易逃避法律制裁，因此，就海上犯罪而言“由预谋故意而实施的犯罪具有较大的社会危害性和危险性”。[①]

第四，海上犯罪的犯罪目的具有较强的牟利性。犯罪目的是指行为人通过实施犯罪行为达到某种危害结果的心理希望或追求。犯罪目的是行为人实施犯罪行为前即存在于头脑中的观念的危害结果，也是行为人希望通过犯罪行为的实施而转变为现实的危害结果，犯罪目的的心理内容包含如下两层含义：一是观念危害结果的形成心理，即行为人对自己行为的性质及其危害结果所具有预见性心理认识；二是观念危害结果向现实危害结果转化的意愿性，即行为人对危害结果的发生具有积极追求的心理意愿。就多数海上犯罪而言，行为人犯罪目的的心理认识和心理意愿基本都贯穿了较强的牟利性质，换言之，行为人就是想通过海上犯罪行为达到对财物的非法占有或通过其他间接手段获取经济利益。例如，常见的海上盗窃罪、海上抢劫罪均要求以非法占有为目的，其他多发的海上犯罪类型，诸如非法捕捞水产品罪、非法采矿罪、运送他人偷越国（边）境罪、海盗罪等犯罪类型，也基本都以牟取经济利益为其犯罪目的。最常见的海上犯罪类型是走私罪，虽然刑法并未将“牟利”的犯罪目的作为本罪的基本构成要件，但实践中行为人通常都具有牟取非法利润或其他非法利益的目的。

第五，海上犯罪具有较强的技术性。与陆上犯罪相比，海上犯罪行为人通常要具备多方面的技能才能有效实施海上犯罪。首先，受水体介质影响，行为人一般都要具备航海技能，会驾驶船舶、能识别和运用海图、会使用导航仪器、仪表并熟悉水上路线；其次，行为人可能还需要使用电台等无线通讯设备以保持组织内联络通畅；最后，有些海上犯罪还需要行为人能够使用潜水服、潜水器、水下探测器等装备才能顺利完成犯罪。例如，实施非法捕捞水产品罪不仅需要行为人会驾驶船舶通过导航仪器到达固定海域，同时还

---

① 贾宇：《犯罪故意类型新论》，载《法律科学》2002 年第 3 期，第 56 页。

能使用各种捕捞工具并熟悉所要捕捞水产品的海洋生活习性和活动规律。

三、海上犯罪的范围

对刑法分则中规定的相关罪名能否属于海上犯罪，划分的依据主要包括：（1）行为属于中国海警的职权管辖范围；（2）犯罪行为、犯罪结果发生于海上或界河、界湖等可航水上的近边、沿边地区；（3）具体的罪名、罪状具备一定的海上犯罪代表性；（4）结合中国海警的实际执法实践。

综合上述划分依据，通过对我国刑法分则相关罪名的整理并结合九个刑法修正案及相关司法解释，我国海上犯罪的基本范围至少包括以下内容：

（一）危害公共安全罪

这里主要涉及刑法分则中危害公共安全罪的22种罪名：

1. 放火罪（第114条、第115条）
2. 爆炸罪（第114条、第115条）
3. 失火罪（第115条）
4. 过失爆炸罪（第115条）
5. 破坏交通工具罪（第116条、第119第1款）
6. 破坏交通设施罪（第117条，第119条第1款）
7. 破坏易燃易爆设备罪（第118条，第119条第1款）
8. 过失损坏交通工具罪（第119条第2款）
9. 过失损坏交通设施罪（第119条第2款）
10. 过失损坏易燃易爆设备罪（第119条第2款）
11. 劫持船只、汽车罪（第122条）
12. 非法制造、买卖、运输、邮寄、储存枪支、弹药、爆炸物罪（第125条第1款、第3款）
13. 非法制造、买卖、运输、储存危险物质罪（第125条第2款）

14. 交通肇事罪（第 133 条）
15. 重大责任事故罪（第 134 条第 1 款）
16. 强令违章冒险作业罪（第 134 条第 2 款）
17. 重大劳动安全事故罪（第 135 条）
18. 大型群众性活动重大安全事故罪（第 135 条之一）
19. 危险物品肇事罪（第 136 条）
20. 工程重大安全事故罪（第 137 条）
21. 消防责任事故罪（第 139 条）
22. 不报、谎报安全事故罪（第 139 条之一）

（二）破坏社会主义市场经济秩序罪

这里主要涉及刑法分则中破坏社会主义市场经济秩序罪的 11 种罪名：

1. 走私武器、弹药罪（第 151 条第 1 款、第 4 款，第 155 条，第 156 条，第 157 条）

2. 走私核材料罪（第 151 条第 1 款、第 4 款，第 155 条，第 156 条，第 157 条）

3. 走私假币罪（第 151 条第 1 款、第 4 款，第 155 条，第 156 条，第 157 条）

4. 走私文物罪（第 151 条第 2 款、第 4 款，第 155 条，第 156 条，第 157 条）

5. 走私贵重金属罪（第 151 条第 2 款、第 4 款，第 155 条，第 156 条，第 157 条）

6. 走私珍贵动物、珍贵动物制品罪（第 151 条第 2 款、第 4 款，第 155 条，第 156 条，第 157 条）

7. 走私国家禁止进出口的货物、物品罪（第 151 条第 3 款、第 4 款，第 155 条，第 156 条，第 157 条）

8. 走私淫秽物品罪（第 152 条第 1 款、第 3 款，第 155 条，第 156 条，第 157 条）

9. 走私废物罪（第 152 条第 2 款、第 3 款，第 155 条，第 156

条，第 157 条，第 339 条第 3 款）

10. 走私普通货物、物品罪（第 153 条、第 154 条、第 155 条、第 156 条、第 157 条）

（三）侵犯公民人身权利、民主权利罪

这里主要涉及刑法分则中侵犯公民人身权利、民主权利罪的 3 种罪名：

1. 故意杀人罪（第 232 条）
2. 过失致人死亡罪（第 233 条）
3. 故意伤害罪（第 234 条）

（四）侵犯财产罪

这里主要涉及刑法分则中侵犯财产罪的 5 种罪名：

1. 抢劫罪（第 263 条）
2. 盗窃罪（第 264 条）
3. 聚众哄抢罪（第 268 条）
4. 故意毁坏财物罪（第 275 条）
5. 破坏生产经营罪（第 276 条）

（五）妨害社会管理秩序罪

这里主要涉及刑法分则中妨害社会管理秩序罪的 23 种罪名：

1. 妨害公务罪（第 277 条）
2. 伪造、变造、买卖国家机关公文、证件、印章罪（第 280 条）
3. 扰乱无线电通讯管理秩序罪（第 288 条）
4. 聚众扰乱社会秩序罪（第 290 条第 1 款）
5. 聚众扰乱公共场所秩序、交通秩序罪（第 291 条）
6. 聚众斗殴罪（第 292 条）
7. 寻衅滋事罪（第 293 条）
8. 赌博罪（第 303 条第 1 款）
9. 开设赌场罪（第 303 条第 2 款）

10. 运送他人偷越国（边）境罪（第321条）

11. 偷越国（边）境罪（第322条）

12. 破坏永久性测量标志罪（第323条）

13. 污染环境罪（第338条、第346条）

14. 非法处置进口的固体废物罪（第339条第1款）

15. 擅自进口固体废物罪（第339条第2款）

16. 非法捕捞水产品罪（第340条）

17. 非法猎捕、杀害珍贵、濒危野生动物罪（第341条第1款）

18. 非法采矿罪（第343条第1款）

19. 破坏性采矿罪（第343条第2款）

20. 非法采伐、毁坏国家重点保护植物罪（第344条）

21. 非法收购、运输、加工、出售国家重点保护植物、国家重点保护植物制品罪（第344条）

22. 走私、贩卖、运输、制造毒品罪（第347条、第356条）

23. 非法生产、买卖、运输制毒物品、走私制毒物品罪（第350条）

（六）危害国防利益罪

这里主要涉及刑法分则中危害国防利益罪的2种罪名：

1. 破坏武器装备、军事设施、军事通信罪（第369条第1款）

2. 过失损坏武器装备、军事设施、军事通信罪（第369条第2款）

第二章　危害公共安全罪

一、放火罪

【罪名释义】

放火罪，是指故意放火焚烧公私财物，危害公共安全、引起公共危险的行为。

【海上犯罪】

在海上犯罪中，放火罪有多种表现形式，既可以表现为行为人在海上交通工具上，如货船、客船、滚装船、渔船等场所实施的故意放火焚烧公私财物的行为，也可以表现为行为人在海上固定平台、浮动平台实施的故意放火焚烧公私财物的行为，还可以表现为行为人在港口、码头、近海养殖场实施的故意放火焚烧公私财物的行为，以及行为人在海底石油、燃气管道铺设、维修过程中于铺设、维修作业设备上故意放火焚烧公私财物的行为。

【犯罪构成】

本罪的犯罪构成表现在如下四个方面：

第一，本罪侵犯的客体是公共安全。本罪的犯罪对象是对公共安全具有体现意义的公私财物。行为人以放火行为烧毁自己或家庭所有的房屋或者其他财物，足以引起火灾，使公共安全处于危险状态的，也应以放火罪论处。因此，放火烧毁自己的摩托艇、游艇，危及公共安全的，也应当以放火罪论处。

第二，本罪的客观方面表现为放火焚烧公私财物的行为。本罪的着手行为就是“放火”。所谓“放火”，是指使用各种引火物点燃目标财物，引起公私财物的燃烧制造火灾的行为。直接点燃燃烧对象是放火，点燃能够引起对象燃烧的导火物的行为也是放火行为。放火既可以用作为的方式实行，如用引燃物将焚烧目的物点燃；也可以用不作为的方式实行，但是以不作为方式构成放火罪，必须以行为人负有防止火灾发生的特定义务为前提。

第三，本罪的主体为一般主体。根据我国刑法第 17 条第 2 款规定，已满 14 周岁不满 16 周岁的人犯放火罪的，也应当负刑事责任。

第四，本罪的主观方面只能由故意构成，包括直接故意和间接故意，犯罪动机不影响本罪的成立。行为人明知自己的放火行为会引起火灾、危害公共安全，但对引起火灾的犯罪后果持希望或放任的态度。

【犯罪认定】

1. 划清本罪与意外火灾的界限

构成放火罪的主观方面要求对火灾后果的明知，即行为人明知自己的行为会产生引发火灾、危害公共安全的后果而仍然决意施行犯罪。如果火灾的发生是由客观上不可预见也不能预见或不能抗拒的原因引起的，则不构成本罪，如因雷电、自燃山火、火山喷发所引起的火灾属于意外事件。

2. 划清本罪既遂与未遂的界限

理论上关于放火罪的既遂、未遂存在多种学说，我国多采用“独立燃烧说”。放火罪属于危险犯，行为人是否达到放火目的并造成公私财产的损失不是本罪既遂与未遂的区分标准，关键在于行为人的放火行为是否达到了发生火灾、危害公共安全的危险程度。只要行为人实施的放火行为将目的物点燃后，目的物达到了脱离引燃媒介也能够独立燃烧的程度，即使没有造成实际的危害结果，也应视为放火罪既遂。反之，则为放火罪未遂。如果放火的着手行为尚未实行完毕，偶遇特殊情况导致放火行为没有完成的，如正要点火时即被抓获，或者虽然当时已经点燃，但随即熄灭的，则应视为放火罪未遂。

3. 划清本罪与失火罪的界限

放火罪与失火罪的界限主要在于行为人对可能发生火灾、危害公共安全的主观心理态度。行为人应当预见自己的行为可能引发火灾危害公共安全而没有预见或虽然预见发生火灾的可能但轻信能够避免，应定为失火罪；行为人明知自己的行为会引发火灾并危害公共安全，但对火灾的发生持希望或放任态度，应定为放火罪。另外，行为人对引发火灾存在过失，在具备扑救火灾的能力或条件时故意放任火灾的发生从而危害公共安全的，也应定为放火罪。

4. 划清本罪与借用放火手段实施其他犯罪的界限

如果行为人把放火作为实施其他犯罪行为的手段，如通过放火行为实施故意杀人，故意破坏交通工具、交通设施、电力设备、易燃易爆设备、广播电视设施、公用电信设施等犯罪行为的，因为行为人仅实施了一个放火行为，符合一行为触犯数罪名的想象竞合犯的条件，应按刑罚较重的罪名定罪处刑。

【立案标准】

行为人涉嫌故意放火焚烧公私财物，具备下列情形的，应予以立案：

（1）放火焚烧公私财物危害公共安全的；

（2）放火行为导致公私财产损失 1000 元以上或者毁损粮食、棉花 1000 斤以上的；

（3）放火行为致人伤亡的；

（4）放火行为致使交通、生产遭受巨大损失的；

（5）放火行为造成森林或其他林木发生火灾的。

【法条链接】

《刑法》第十七条第一、二、三款　已满十六周岁的人犯罪，应当负刑事责任。

已满十四周岁不满十六周岁的人，犯故意杀人、故意伤害致人重伤或者死亡、强奸、抢劫、贩卖毒品、放火、爆炸、投毒罪的，应当负刑事责任。

已满十四周岁不满十八周岁的人犯罪，应当从轻或者减轻处罚。

第一百一十四条　放火、决水、爆炸以及投放毒害性、放射性、传染病病原体等物质或者以其他危险方法危害公共安全，尚未造成严重后果的，处三年以上十年以下有期徒刑。

第一百一十五条第一款　放火、决水、爆炸以及投放毒害性、放射性、传染病病原体等物质或者以其他危险方法致人重伤、死亡或者使公私财产遭受重大损失的，处十年以上有期徒刑、无期徒刑或者死刑。

二、爆炸罪

【罪名释义】

爆炸罪，是指故意以引发爆炸物的方法危害公共安全的行为。

【海上犯罪】

在海上犯罪中，爆炸罪并非多发犯罪。在犯罪客观表现方面，既可以表现为行为人在海上交通工具上，如货船、客船、滚装船、渔船等场所故意实施的爆炸行为，也可以表现为行为人在海上固定平台、浮动平台故意实施的爆炸行为，还可以表现为行为人在港口、码头、近海养殖场故意实施的爆炸行为，以及行为人在海底石油、燃气管道铺设、维修过程中于铺设、维修作业设备上故意实施的爆炸行为。

【犯罪构成】

本罪的犯罪构成表现在如下四个方面：

第一，本罪侵犯的客体是公共安全，犯罪对象包括不特定或多数人的生命、健康或者其他公私财产的安全，犯罪的实施地点主要是在人群集中或者财产集中的公共场所、交通线路、财物堆放处等，可以是在船只等交通工具及港口、码头等公共场所。

第二，本罪的客观方面表现为以实施爆炸的方法使不特定或多数人的生命、健康、公私财产遭受重大损失、危害公共安全的行为，或者通过爆炸方法足以对不特定或多数人的生命、健康或公私财产安全造成危害的行为。爆炸行为既可以是作为方式也可以是不作为方式，直接点燃爆炸物引发爆炸，是积极的作为方式；如果行为人负有防止爆炸发生的特定义务，有能力履行义务而故意不履行以致爆炸发生，则构成不作为的爆炸犯罪。

第三，本罪的主体为一般主体。根据刑法第 17 条第 2 款规定，已满 14 周岁不满 16 周岁的人犯爆炸罪的，也应当负刑事责任。

第四，本罪的主观方面表现为故意，包括直接故意和间接故意，即行为人明知其行为会引发爆炸，危害不特定或多数人的生命、健康或公私财产的安全，并且希望或者放任这种危害结果的发生。本罪的犯罪动机多出于仇视、报复、嫉恨等，但犯罪动机如何并不影响本罪的成立。

【犯罪认定】

1. 划清本罪既遂与未遂的界限

爆炸行为属于危险犯，只要行为人实施了爆炸行为，足以危害不特定或多数人的生命、健康或公私财产的安全，即使未出现致人重伤、死亡或者使公私财产遭受损失的危害后果，也构成本罪既遂。爆炸罪的未遂只能发生在爆炸行为尚未实行终了阶段，如刚刚着手引爆行为即被人发现或擒获，致使爆炸行为未能实行完毕，此种情况即属于未实行终了的爆炸未遂。

2. 划清本罪与借用爆炸手段实施的故意杀人、故意伤害犯罪的界限

本罪与故意杀人罪、故意伤害罪在犯罪主观方面是相同的，都只能由故意构成，即直接故意和间接故意都可能构成本罪和故意杀人罪、故意伤害罪；本罪与故意杀人罪、故意伤害罪的犯罪方法相

同，即都是采用故意引发爆炸物的方法实施犯罪行为；本罪与故意杀人罪、故意伤害罪的危害后果有相同之处，即都有可能造成人员伤亡的严重后果。本罪与故意杀人罪、故意伤害罪的区别主要表现在：第一，侵犯的客体不同。爆炸罪侵犯的客体是公共安全，即不特定或多数人的生命、健康和公私财产的安全，而故意杀人罪、故意伤害罪侵犯的客体是特定少数人的生命、健康权利。第二，客观方面表现不同。爆炸罪的犯罪手段只能是爆炸方法，故意杀人罪、故意伤害罪的行为人除使用爆炸方法实施杀人、伤害他人的行为外，还可以使用其他诸如枪击、刀砍等多种方法。第三，犯罪既遂标准不同。爆炸罪是危险犯，行为人实施的危害行为一旦发生法律规定的危险状态即为犯罪既遂，并不以物质性的有形危害后果为既遂标准，而故意杀人罪、故意伤害罪是结果犯，必须造成法定的实际损害结果方可达到犯罪既遂。例如，故意杀人罪必须造成被害人死亡的结果才构成犯罪既遂，故意伤害罪必须造成被害人轻伤以上的伤害后果才构成犯罪既遂。综上所述，如果行为人仅针对特定的少数人实施爆炸行为，所选择的作案地点及外部环境也只能杀伤特定的某个人或某几个人，并不危及公共安全的，应按照故意杀人罪或者故意伤害罪论处；如果爆炸行为虽然指向特定少数人，但综合外部环境和场所特点，行为人为杀害或伤害特定少数人而实施的爆炸行为已经危害到了公共安全，而行为人对是否危害公共安全持希望或放任的心理态度，则应以爆炸罪论处。

3. 划清本罪与借用爆炸手段破坏交通工具罪，破坏交通设施罪，破坏电力设备罪，破坏易燃易爆设备罪，破坏广播电视设施、公用电信设施罪的界限

我国刑法分则第二章危害公共安全罪中规定了爆炸罪，同时也规定了破坏交通工具罪，破坏交通设施罪，破坏电力设备罪，破坏易燃易爆设备罪，破坏广播电视设施、公用电信设施罪。从上述犯罪的犯罪构成来看，使用爆炸方法破坏交通工具、交通设施、电力设备、易燃易爆设备、广播电视设施、公用电信设施犯罪与爆炸罪

有诸多相似之处。例如，上述各罪在行为方式、侵害客体及危害后果方面都存在一致性，如果行为人都使用了爆炸方法实施上述犯罪，确实难以区分。对此，应按照特别法优于一般法的原则加以处理，既然刑法根据犯罪对象的特殊性对破坏交通工具罪，破坏交通设施罪，破坏电力设备罪，破坏易燃易爆设备罪，破坏广播电视设施、公用电信设施罪作出了专门的规定，当行为人使用爆炸方法破坏交通工具、交通设施、电力设备、易燃易爆设备、广播电视设施、公用电信设施时，则应分别以破坏交通工具罪，破坏交通设施罪，破坏电力设备罪，破坏易燃易爆设备罪，破坏广播电视设施、公用电信设施罪定罪处罚。

【立案标准】

行为人涉嫌故意引发爆炸物危害公共安全，出现下列情形的，应予以立案：

1. 使用爆炸方法危害公共安全的；

2. 爆炸行为导致公私财产损失 1000 元以上或者毁损粮食、棉花 1000 斤以上的；

3. 爆炸行为致人伤亡的；

4. 爆炸行为致使交通、生产遭受巨大损失的。

【法条链接】

《刑法》第十七条第一、二、三款　已满十六周岁的人犯罪，应当负刑事责任。

已满十四周岁不满十六周岁的人，犯故意杀人、故意伤害致人重伤或者死亡、强奸、抢劫、贩卖毒品、放火、爆炸、投毒罪的，应当负刑事责任。

已满十四周岁不满十八周岁的人犯罪，应当从轻或者减轻处罚。

第一百一十四条　放火、决水、爆炸以及投放毒害性、放射性、传染病病原体等物质或者以其他危险方法危害公共安全，尚未造成严重后果的，处三年以上十年以下有期徒刑。

第一百一十五条第一款　放火、决水、爆炸以及投放毒害性、放射性、传染病病原体等物质或者以其他危险方法致人重伤、死亡或者使公私财产遭受重大损失的，处十年以上有期徒刑、无期徒刑或者死刑。

三、失火罪

【罪名释义】

失火罪，是指由于过失行为引发火灾，致人重伤、死亡或者使公私财产遭受重大损失，危害公共安全的行为。

【海上犯罪】

在海上犯罪中，失火罪有多种表现形式，既可以表现为行为人在海上交通工具上，如货船、客船、滚装船、渔船等场所因过失行为引发火灾并造成严重后果的行为，也可以表现为行为人在海上固定平台、浮动平台因过失行为引发火灾并造成严重后果的行为，还可以表现为行为人在港口、码头、近海养殖场因过失行为引发火灾并造成严重后果的行为，以及行为人在海底石油、燃气管道铺设、维修过程中于铺设、维修作业设备上因过失行为引发火灾并造成严重后果的行为。

【犯罪构成】

本罪的犯罪构成表现在如下四个方面：

第一，本罪侵犯的客体是公共安全。

第二，本罪的客观方面表现为行为人过失引发火灾，致人重伤、死亡或者使公私财产遭受重大损失，危害公共安全的行为。

第三，本罪的主体为一般主体，即年满 16 周岁且具备刑事责任能力的自然人。

第四，本罪的主观方面表现为过失，包括过于自信的过失和疏忽大意的过失。

【犯罪认定】

1. 划清罪与非罪的界限

失火罪是过失犯罪，要求必须具备法定的严重后果才能构成犯罪，即只有行为人过失引发火灾的行为，出现了致人重伤、死亡或者使公私财产遭受重大损失的危害后果，才能构成本罪。如果行为人因过失行为引发火灾，但并未造成重伤、死亡或公私财产重大损失的严重后果，则不构成失火罪。

2. 划清本罪与放火罪的界限

失火罪与放火罪的共同点在于，二者都表现为与火灾相关的危害公共安全的行为。两罪的主要区别如下：第一，主观的罪过形式不同。失火罪的主观方面表现为过失，即应当预见却没有预见到可能发生的火灾，或者已经预见到可能发生火灾但轻信能够避免的心理态度；放火罪的主观方面表现为故意，即行为人明知自己的行为会引发火灾，但希望或者放任火灾结果的发生。第二，行为人过失引发火灾的行为必须造成人员重伤、死亡或者公私财产重大损失的严重后果，才能构成失火罪；而放火罪则不以造成人员重伤、死亡或者公私财产重大损失的严重后果作为构成要件，只要行为人实施了足以危害公共安全的放火行为，即构成放火罪。第三，放火罪有既遂和未遂之分，但由于失火罪是过失犯罪，以发生严重后果作为法定构成要件，不存在犯罪未遂形态。需要注意的是，如果行为人因过失行为引发火灾，有能力也有条件及时扑灭消除危害后果，但故意不予扑救任其燃烧并造成火灾的，则不再构成失火罪，而应以放火罪论处。

【立案标准】

行为人涉嫌因过失行为引发火灾，出现下列情形的，应予以立案：

1. 造成死亡1人以上，或者重伤3人以上的；

2. 造成公共财产或者他人财产直接经济损失50万元以上的；

3. 造成10户以上家庭的房屋以及其他基本生活资料烧毁的；

4. 造成森林火灾，过火有林地面积2公顷以上，或者过火疏林地、灌木林地、未成林地、苗圃地面积4公顷以上的；

5. 其他造成严重后果的情形。

【法条链接】

《刑法》第一百一十五条　放火、决水、爆炸以及投放毒害性、放射性、传染病病原体等物质或者以其他危险方法致人重伤、死亡或者使公私财产遭受重大损失的，处十年以上有期徒刑、无期徒刑或者死刑。

过失犯前款罪的，处三年以上七年以下有期徒刑；情节较轻的，处三年以下有期徒刑或者拘役。

2008年6月发布的最高人民检察院、公安部《关于公安机关管辖的刑事案件立案追诉标准的规定（一）》

第一条　［失火案（刑法第一百一十五条第二款）］　过失引起火灾，涉嫌下列情形之一的，应予立案追诉：

（一）造成死亡一人以上，或者重伤三人以上的；

（二）造成公共财产或者他人财产直接经济损失五十万元以上的；

（三）造成十户以上家庭的房屋以及其他基本生活资料烧毁的；

（四）造成森林火灾，过火有林地面积二公顷以上，或者过火疏林地、灌木林地、未成林地、苗圃地面积四公顷以上的；

（五）其他造成严重后果的情形。

本条和本规定第十五条规定的“有林地”、“疏林地”、“灌木林地”、“未成林地”、“苗圃地”，按照国家林业主管部门的有关规定确定。

四、过失爆炸罪

【罪名释义】

过失爆炸罪，是指过失引起爆炸物爆炸，致人重伤、死亡或者使公私财产遭受重大损失的行为。

【海上犯罪】

在海上犯罪中，过失爆炸罪并非多发犯罪。在犯罪客观表现方面，既可以表现为行为人在海上交通工具上，如货船、滚装船、大型渔船等场所因过失行为引起爆炸物爆炸并造成严重后果的行为，也可以表现为行为人在港口、码头因过失行为引起爆炸物爆炸并造成严重后果的行为，还可以表现为行为人在海上固定平台、浮动平台上因过失行为引起爆炸物爆炸并造成严重后果的行为。

【犯罪构成】

本罪的犯罪构成表现在如下四个方面：

第一，本罪侵犯的客体是公共安全，即不特定或多数人的生命、健康或者重大公私财产的安全。

第二，本罪的客观方面表现为行为人因过失引发爆炸物爆炸，致人重伤、死亡或者使公私财产遭受重大损失、危害公共安全的行为。

第三，本罪的主体为一般主体，即年满 16 周岁且具备刑事责任能力的自然人。

第四，本罪的主观方面表现为过失，即行为人对其引起爆炸物爆炸并可能造成他人重伤、死亡或者公私财产重大损失的严重后果应当预见，由于疏忽大意而没有预见，或者行为人虽然预见到其引起爆炸物爆炸并可能造成他人重伤、死亡或者公私财产重大损失的严重后果，但轻信能够避免，以致发生了这种后果。

【犯罪认定】

1. 划清罪与非罪的界限

过失爆炸罪是过失犯罪，要求必须具备法定的严重后果才能构成犯罪，即只有行为人过失引起爆炸物爆炸的行为，导致他人重伤、死亡或者使公私财产遭受重大损失的危害后果，才能构成本罪。如果行为人因过失行为引起爆炸物爆炸，但并未造成重伤、死亡或公私财产重大损失的严重后果，则不构成过失爆炸罪。

2. 划清本罪与爆炸罪的界限

过失爆炸罪与爆炸罪的共同点在于，二者都是因爆炸行为而危害公共安全的犯罪。两罪的主要区别如下：第一，主观的罪过形式不同。过失爆炸罪的主观方面表现为过失，即应当预见却没有预见到引起爆炸物爆炸危害公共安全，或者已经预见到可能引起爆炸物爆炸危害公共安全但轻信能够避免的心理态度；爆炸罪的主观方面表现为故意，即行为人明知自己的行为会引起爆炸物爆炸危害公共安全，但希望或者放任危害结果的发生。第二，行为人过失引起爆炸物爆炸的行为必须造成人员重伤、死亡或者公私财产重大损失的严重后果，才能构成过失爆炸罪，而爆炸罪则不以造成人员重伤、死亡或者公私财产重大损失的严重后果作为构成要件，只要行为人实施了足以危害公共安全的引发爆炸物的行为，即构成爆炸罪。第三，爆炸罪有既遂和未遂之分，但由于过失爆炸罪是过失犯罪，以发生严重后果作为法定构成要件，遂不存在犯罪未遂形态。

3. 划清本罪与危险物品肇事罪的界限

危险物品肇事罪，是指违反爆炸性、易燃性、放射性、毒害性、腐蚀性物品的管理规定，在生产、储存、运输、使用中发生重大事故，造成严重后果的行为。危险物品肇事罪与过失爆炸罪的主观方面均为过失，只有造成严重后果才能构成犯罪。危险物品肇事罪与过失爆炸罪的主要区别如下：第一，两罪的犯罪主体虽然都是一般主体，但危险物品肇事罪的主体多为从事生产、储存、运输、使用危险物品的职工。第二，危险物品肇事罪的客观方面不仅仅限于发生爆炸，还可能出现物品燃烧、放射性泄漏、毒害性泄漏和腐蚀性泄漏等，而过失爆炸罪的客观方面只能是引发了爆炸；危险物品肇事罪只能发生在生产、储存、运输、使用危险物品的过程中，而过失爆炸罪则可能发生在其他任何场所。第三，危险物品肇事罪行为人因违反爆炸性、易燃性、放射性、毒害性、腐蚀性物品的管理规定而出现过失，过失爆炸罪则为普通过失。

【立案标准】

行为人涉嫌因过失引起爆炸物爆炸，出现下列情形的，应予以立案：

1. 过失引起爆炸物爆炸，致人重伤、死亡的；

2. 过失引起爆炸物爆炸，致使公私财产遭受重大损失的。

【法条链接】

《刑法》第一百一十五条　放火、决水、爆炸以及投放毒害性、放射性、传染病病原体等物质或者以其他危险方法致人重伤、死亡或者使公私财产遭受重大损失的，处十年以上有期徒刑、无期徒刑或者死刑。

过失犯前款罪的，处三年以上七年以下有期徒刑；情节较轻的，处三年以下有期徒刑或者拘役。

五、破坏交通工具罪

【罪名释义】

破坏交通工具罪，是指故意破坏火车、汽车、电车、船只、航空器，足以使火车、汽车、电车、船只、航空器发生倾覆、毁坏危险，危害公共安全的行为。

【海上犯罪】

海上交通工具，系指各类排水或非排水船只、水上飞机、水上地效飞行器、潜水器和移动式平台。在海上犯罪中，破坏交通工具罪可以表现为不同形式，既可以表现为行为人对普通海上交通、作业工具，如货船、客船、滚装船、科考船、大型渔船等故意实施破坏，危害公共安全的行为，也可以表现为行为人对海上浮动平台及海底管道铺设、维修用的海上移动作业设备故意实施破坏，危害公共安全的行为，还可以表现为行为人对水上飞机、水上地效飞行器及大型水下潜航器、潜水器故意实施破坏，危害公共安全的行为。

【犯罪构成】

本罪的犯罪构成表现为如下四个方面：

第一，本罪侵害的客体是交通运输安全。破坏交通工具的行为不仅对运输安全造成严重威胁，同时也严重危害了国家经济建设和公民个人的生命、财产安全。仅就海上犯罪而言，本罪的犯罪对象包括正在使用中的货船、客船、滚装船、科考船、油轮、气垫船、大型渔船、水上飞机、水上地效飞行器及大型水下潜航器、潜水器等海上交通工具，破坏独木舟、舢板、皮划艇等简单海上交通工具的行为通常不会威胁到交通运输安全，不应按破坏交通工具罪处理。“正在使用中”的交通工具，包括正在运行中的交通工具和虽然没有运行但随时可能开动以执行交通运输任务的交通工具。如果破坏正在制造尚未出厂的交通工具，或者处于静止状态待修、待售的交通工具，因为通常不会危害到公共安全，不应构成破坏交通工具罪。由此，破坏正在船厂建造或者准备维修的船只，不应按破坏交通工具罪处理。

第二，本罪的客观方面表现为行为人实施了破坏货船、客船、滚装船、科考船、油轮、气垫船、大型渔船、水上飞机、海上地效飞行器及大型水下潜航器、潜水器等海上交通工具，足以使上述海上交通工具发生倾覆、毁坏危险的危害公共安全的行为。“破坏”是指以拆卸、打砸、碰撞、在燃料中掺以杂质等方法破坏交通工具危害公共安全的行为。“倾覆”是指船只翻沉，水上飞机、海上地效飞行器坠毁，大型水下潜航器、潜水器进水沉没等情形。“毁坏”是指使交通工具受到严重破坏或者完全报废，以致不能行驶或者不能安全行驶。“足以使上述海上交通工具发生倾覆、毁坏危险”，是指虽未造成交通工具的实际倾覆、毁坏，但具有使之倾覆、毁坏的实际危险性和现实可能性。在海上犯罪中，本罪的客观方面主要表现为破坏在海上航行或暂时停靠在港口、码头的船只，足以使船只发生翻沉危险的行为。破坏交通工具罪属于危险犯，只要达到足以使船只发生倾覆、毁坏的危险即可，不要求实际发生船只倾覆或者毁坏的严重后果，一旦发生了船只倾覆或者毁坏的严重后果，应当作为本罪的加重结果，提高量刑幅度。

第三，本罪的主体为一般主体。凡年满 16 周岁且具备刑事责任能力的自然人都可能成为本罪的主体，单位不能成为破坏交通工具罪的犯罪主体。

第四，本罪的主观方面由故意构成。即行为人明知自己破坏货船、客船、滚装船、科考船、油轮、气垫船、大型渔船、水上飞机、海上地效飞行器及大型水下潜航器、潜水器等海上交通工具的行为，足以使上述海上交通工具发生倾覆、毁坏危险，却希望或放任危害结果发生的心理态度，犯罪动机不影响本罪的成立。

【犯罪认定】

1. 划清罪与非罪的界限

成立破坏交通工具罪，要求行为人对交通工具的破坏行为足以使交通工具发生倾覆、毁坏危险。实践中，行为人破坏的通常是对交通工具的运行具有重要意义的部位或部件，如交通工具的刹车系统、制动系统、转向系统以及导航系统等，只有破坏对交通工具运行具有重要意义的关键部位和部件，才会使交通工具发生倾覆、毁坏的危险，进而危害公共安全。如果行为人破坏的并非交通工具的重要部件或部位，如行为人只破坏了船只的门窗玻璃、座椅、扶手等并不影响船只运输安全的辅助设备的，则不构成本罪。

2. 划清本罪与放火罪、爆炸罪的界限

以放火、爆炸的手段实施破坏交通工具的犯罪行为与放火罪、爆炸罪在犯罪客体、犯罪方法及犯罪的主观方面存在一致性。以放火、爆炸的手段实施破坏交通工具的犯罪与放火罪、爆炸罪的主要区别如下：第一，犯罪主体存在差异。破坏交通工具罪的犯罪主体是一般主体，即年满 16 周岁且具备刑事责任能力的自然人，放火罪、爆炸罪的犯罪主体除上述一般主体外，还包括已满 14 周岁不满16周岁的具备刑事责任能力的自然人。第二，犯罪对象不同。破坏交通工具罪侵害的对象是正在使用中的火车、汽车、电车、船只、航空器等交通工具，放火罪侵害的对象是对公共安全具有体现意义的公私财物，爆炸罪侵害的对象是不特定或多数人的生命、健康及公私财产。可见，放火罪、爆炸罪的犯罪对象大于破坏交通工具罪的犯罪对象。如果行为人以放火或爆炸手段破坏交通工具，只要足以使交通工具发生倾覆、毁坏的危险，就应以破坏交通工具罪定罪处罚。如果行为人使用放火、爆炸的手段破坏尚未交付使用的交通工具的，则应当根据具体案情，分别以放火罪、爆炸罪或者故意毁坏财物罪定罪处罚。

【立案标准】

行为人涉嫌故意破坏货船、客船、滚装船、科考船、油轮、气垫船、大型渔船、水上飞机、海上地效飞行器及大型水下潜航器、潜水器等海上交通工具，足以使上述海上交通工具发生倾覆、毁坏危险的危害公共安全行为的，应予以立案。

【法条链接】

《刑法》第一百一十六条　破坏火车、汽车、电车、船只、航空器，足以使火车、汽车、电车、船只、航空器发生倾覆、毁坏危险，尚未造成严重后果的，处三年以上十年以下有期徒刑。

第一百一十九条第一款　破坏交通工具、交通设施、电力设备、燃气设备、易燃易爆设备，造成严重后果的，处十年以上有期徒刑、无期徒刑或者死刑。

六、破坏交通设施罪

【罪名释义】

破坏交通设施罪，是指故意破坏轨道、桥梁、隧道、公路、机场、航道、灯塔、标志或者进行其他破坏活动，足以使火车、汽车、电车、船只、航空器发生倾覆、毁坏危险，危害公共安全的行为。

【海上犯罪】

海上交通设施，是指用于保障、引领海上交通、作业工具安全、有序航行的各种水上、水下固定或浮动装置、设施、建筑及固定平台等。在海上犯罪中，破坏交通设施罪既可以表现为行为人故意破坏灯塔、航道标志、海上浮标以及其他助航标志、导航设施的行为，也可以表现为行为人故意破坏港口、码头系泊设施、锚地设施的行为。

【犯罪构成】

本罪的犯罪构成表现为如下四个方面：

第一，本罪侵犯的客体是交通运输安全。仅就海上犯罪而言，本罪的犯罪对象是正在使用中的用于保障、引领海上交通、作业工具安全、有序航行的各种水上、水下固定或浮动装置、设施、建筑及固定平台等，如灯塔、航道标志、海上浮标、系泊设施、锚地设施等。

第二，本罪的客观方面表现为行为人实施的故意破坏轨道、桥梁、隧道、公路、机场、航道、灯塔、标志或者进行其他破坏活动，足以使火车、汽车、电车、船只、航空器发生倾覆、毁坏危险，危害公共安全的行为。在海上犯罪中，本罪的客观方面表现为行为人实施的破坏正在使用中的用于保障、引领海上交通、作业工具安全、有序航行的各种水上、水下固定或浮动装置、设施、建筑及固定平台，足以使船只、水上飞机、海上地效飞行器及大型水下潜航器、潜水器发生倾覆、毁坏危险的行为。“破坏”不仅包括使交通设施遭受有形的损坏，还包括对交通设施正常功能的无形损害，如使用特殊手段使无线电信号发射装置无法发射信号，致使正常行驶中的交通工具与调度、指挥、导航系统无法取得联系，处于极大的危险之中的行为。“其他破坏活动”，是指破坏除已列明的灯塔、航道标志、海上浮标、系泊设施、锚地设施以外的其他海上交通设施的行为，或者虽然没有直接破坏海上交通设施，但其破坏其他相关设施的行为却足以使船只、水上飞机、海上地效飞行器及大型水下潜航器、潜水器发生倾覆、毁坏危险的行为。本罪是危险犯，只要达到足以使船只发生倾覆、毁坏的危险即可，不要求实际发生船只倾覆或者毁坏的严重后果。船只倾覆或者毁坏的严重后果应当作为本罪的加重结果，提高量刑幅度，这里的船只主要是指客运船、公务船、科考船、渔船等。

第三，本罪的主体为一般主体。凡年满 16 周岁且具有刑事责任能力的自然人，都可以成为本罪的主体。单位不能成为破坏交通设施罪的犯罪主体。

第四，本罪的主观方面由故意构成，包括直接故意和间接故意，犯罪动机可能是多种多样的，但动机不影响本罪的成立。

【犯罪认定】

1. 划清罪与非罪的界限

应将破坏交通设施罪与一般违法行为相区别，如果行为人实施的破坏交通设施的行为已经造成交通工具倾覆或毁坏，或者行为人实施的破坏交通设施的行为具备足以造成交通工具倾覆或毁坏的危险时，才能以破坏交通设施罪论处。如果行为人实施的破坏交通设施的行为只是对交通运输安全造成有限影响，不可能使交通工具发生倾覆、毁坏危险，则不应以破坏交通设施罪论处，可以作为一般违法行为予以处理。

2. 划清本罪与以盗窃交通设施方式实施的盗窃罪的界限

破坏交通设施罪与以盗窃交通设施方式实施的盗窃罪在犯罪主体、主观罪过形式、犯罪手段方面具有一致性。在司法实践中，以非法占有为目的盗窃交通设施，如偷割使用中的铁路专用电缆、盗窃火车轨道枕木、偷拆交通电器元件等，严重危害了交通运输安全。破坏交通设施罪与以盗窃交通设施方式实施的盗窃罪的区别如下：第一，两罪的犯罪客体不同。破坏交通设施罪侵害的客体是交通运输安全，以盗窃交通设施方式实施的盗窃罪侵害的客体是公私财产所有权。第二，以盗窃交通设施方式实施的盗窃罪以具有非法占有的犯罪目的作为构成要件，破坏交通设施罪的犯罪目的不影响犯罪的成立。第三，破坏交通设施罪的危害后果比以盗窃交通设施方式实施的盗窃罪严重，因此破坏交通设施罪的法定刑高于以盗窃交通设施方式实施的盗窃罪。行为人以盗窃交通设施方式实施的盗窃罪，符合想象竞合犯的特征，在司法实践中，应按想象竞合犯的要求从一重罪处断。

3. 划清本罪与破坏交通工具罪的界限

破坏交通设施罪和破坏交通工具罪都是危害交通运输安全的犯罪，两者的主要区别在于侵犯的对象不同。破坏交通设施罪侵犯的对象是正在使用中的轨道、桥梁、隧道、公路、机场、航道、灯塔、标志等保证交通工具正常行驶的交通设施，行为人对上述交通设施的破坏行为足以引起船只、火车、汽车等交通工具发生倾覆、毁坏危险；破坏交通工具罪侵犯的对象则直接指向正在使用中的火车、汽车、电车、船只、航空器等交通工具本身，行为人对交通工具本身的破坏行为足以引起交通工具发生倾覆、毁坏的危险。

由于现实生活中交通设施与交通工具之间存在着相互依存的密切关系，破坏交通设施的行为往往会导致交通工具的倾覆、毁坏，而直接破坏交通工具的行为也通常会引起交通设施的损坏。在上述情况下，对行为人究竟是按破坏交通设施罪处罚，还是按破坏交通工具罪处罚，应视具体行为的直接指向和危害后果的前后因果关系而定。如果具体行为指向交通设施，直接破坏交通设施的行为引发了交通工具的倾覆、毁坏，应以破坏交通设施罪论处；如果具体行为直接指向交通工具本身，因交通工具的破坏导致其运行中对交通设施造成了毁损，则应以破坏交通工具罪论处。

【立案标准】

行为人涉嫌故意破坏正在使用中的轨道、隧道、桥梁、机场、公路、航道、灯塔、标志等交通设施或者进行其他破坏活动，足以使船只、火车、汽车、电车、航空器等发生倾覆、毁坏的危险，危害公共安全的行为，应予以立案。

【法条链接】

《刑法》第一百一十七条　破坏轨道、桥梁、隧道、公路、机场、航道、灯塔、标志或者进行其他破坏活动，足以使火车、汽车、电车、船只、航空器发生倾覆、毁坏危险，尚未造成严重后果的，处三年以上十年以下有期徒刑。

第一百一十九条第一款　破坏交通工具、交通设施、电力设备、燃气设备、易燃易爆设备，造成严重后果的，处十年以上有期徒刑、无期徒刑或者死刑。

七、破坏易燃易爆设备罪

【罪名释义】

破坏易燃易爆设备罪，是指故意破坏燃气或者其他易燃易爆设备，已经造成或足以造成危害公共安全后果的行为。

【海上犯罪】

在海上犯罪中，破坏易燃易爆设备罪有多种表现形式。在犯罪场所方面，既可以表现为行为人在海上大型固定平台、浮动平台上故意破坏易燃易爆设备、危害公共安全的行为，还可以表现为行为人在海底管道铺设、维修过程中故意破坏易燃易爆设备、危害公共安全的行为；在犯罪方法上，既可以表现为行为人使用普通工具、器械故意破坏易燃易爆设备、危害公共安全的行为，也可以表现为行为人使用专业海上作业工具或专业器械故意破坏易燃易爆设备、危害公共安全的行为。

【犯罪构成】

本罪的犯罪构成表现为如下四个方面：

第一，本罪侵害的客体是社会的公共安全，犯罪对象是正在使用中的燃气或者其他易燃易爆设备。“燃气设备”，主要是指生产、储存、输送燃气的设施设备及正在使用或即将使用的各种燃气设施设备，如天然气管道、煤气管道、天然气罐、煤气罐、燃气锅炉等。“其他易燃易爆设备”主要是指除上述燃气设备以外的生产、储存和输送易燃易爆物品的设备，如加油站、石油管道、易燃易爆化学物品的生产、储存、运输设备等。具体到涉海的破坏易燃易爆设备罪，犯罪对象主要是指海底天然气管道、石油管道、海上油轮的易燃易爆设备和部件以及海上交通工具内部的易燃易爆设备和部件，或者大型海上固定平台、浮动平台上的易燃易爆设备和部件等。

第二，本罪的客观方面表现为故意破坏正在使用中的燃气或者其他易燃易爆设备，危害公共安全的行为，破坏易燃易爆设备的方法多种多样，如爆炸、放火、毁坏、拆卸重要机件，割断、拆除输气管道，故意违反操作规程使设备损毁等。行为人实施的破坏易燃易爆设备的行为必须足以危害公共安全，即可能引起不特定或多数人伤亡、公私财产遭受重大损失或者使社会生产、生活秩序遭受严重影响，才能构成本罪。在海上犯罪中，行为人破坏易燃易爆设备，多表现为使用放火、爆炸、毁坏、拆卸重要机件或故意违反操作规程等手段使海上油轮等输送易燃易爆物品的船只发生泄漏危害公共安全的行为，对海上钻井平台易燃易爆设备进行破坏危害公共安全的行为，或者割断、拆除、故意毁坏海底的天然气输送管道、石油输送管道，可能引起不特定或多数人员伤亡、公私财产遭受重大损失或者海洋生态环境遭受严重破坏的行为。

第三，本罪的主体是一般主体。凡年满16周岁且具备刑事责任能力的自然人都可以成为本罪的主体，单位不能成为破坏易燃易爆设备罪的犯罪主体。

第四，本罪的主观方面由故意构成，包括直接故意和间接故意。即行为人明知自己破坏易燃易爆设备的行为会发生危害公共安全的结果，并且希望或者放任这种结果的发生。破坏易燃易爆设备罪的犯罪动机可能是多种多样的，但无论出于何种动机，均不影响本罪的成立。

【犯罪认定】

1. 划清罪与非罪的界限

构成本罪要求行为人的破坏行为必须足以使易燃易爆设备发生毁坏，具有危害公共安全的现实危险。如果破坏行为不可能使易燃易爆设备发生毁坏，不可能危及公共安全的，则不构成本罪。

2. 划清本罪与放火罪、爆炸罪的界限

使用放火、爆炸的方法构成破坏易燃易爆设备罪同放火罪、爆炸罪的犯罪方法相同，这三种犯罪侵犯的客体也相同，都是危害了公共安全。以放火、爆炸的方法构成破坏易燃易爆设备罪同放火罪、爆炸罪的主要区别如下：第一，犯罪主体不同。使用放火、爆炸的方法构成破坏易燃易爆设备罪的主体是一般主体，凡年满16周岁且具备刑事责任能力的自然人都可以成为本罪的主体，放火罪、爆炸罪的犯罪主体除上述一般主体外，还包括已满14周岁不满16周岁的具备刑事责任能力的自然人。第二，犯罪对象不同。使用放火、爆炸的方法构成破坏易燃易爆设备罪的犯罪对象是易燃易爆设备，放火罪的犯罪对象是公私财产安全，爆炸罪的犯罪对象是公共场所或其他公私财产安全。由于刑法将易燃易爆设备作为特定对象加以保护，所以无论以何种方法破坏易燃易爆设备，只要足以危害到公共安全的，就构成破坏易燃易爆设备罪。

【立案标准】

行为人涉嫌故意破坏正在使用中的燃气或其他易燃易爆设备，足以危害公共安全的，应予以立案。

【法条链接】

《刑法》第一百一十八条　破坏电力、燃气或者其他易燃易爆设备，危害公共安全，尚未造成严重后果的，处三年以上十年以下有期徒刑。

第一百一十九条第一款　破坏交通工具、交通设施、电力设备、燃气设备、易燃易爆设备，造成严重后果的，处十年以上有期徒刑、无期徒刑或者死刑。

八、过失损坏交通工具罪

【罪名释义】

过失损坏交通工具罪，是指由于过失损坏火车、汽车、电车、船只、航空器，使火车、汽车、电车、船只、航空器发生倾覆、毁坏的严重后果，危害公共安全的行为。

【海上犯罪】

海上交通工具，系指各类排水或非排水的船只、水上飞机、水上地效飞行器、潜水器和移动式平台。在海上犯罪中，过失损坏交通工具罪可以表现为不同形式，既可以表现为行为人因过失造成普通海上交通、作业工具，如货船、客船、滚装船、科考船、大型渔船等损坏并产生严重后果的行为，也可以表现为行为人因过失造成海上浮动平台及海底管道铺设、维修用的海上移动作业设备损坏并产生严重后果的行为，还可以表现为行为人因过失造成水上飞机、水上地效飞行器及大型水下潜航器、潜水器损坏并产生严重后果的行为。

【犯罪构成】

本罪的犯罪构成表现为如下四个方面：

第一，本罪侵犯的客体是交通运输安全。仅就海上犯罪而言，本罪的犯罪对象包括正在使用中的货船、客船、滚装船、科考船、油轮、气垫船、大型渔船、水上飞机、水上地效飞行器及大型水下潜航器、潜水器等海上交通工具，行为人因过失行为导致独木舟、舢板、皮划艇等简单海上交通工具损坏的，通常不会造成危害公共安全的严重后果，不应按过失损坏交通工具罪处理。

第二，本罪的客观方面表现为过失损坏火车、汽车、电车、船只、航空器，使火车、汽车、电车、船只、航空器发生倾覆、毁坏的严重结果，危害公共安全的行为。“损坏”，是指行为人由于主观过失实施了拆卸、碰撞、毁损等行为，使交通工具实际发生了倾覆、毁坏的严重后果并危害公共安全的行为。“倾覆”，是指火车出轨、颠覆，汽车、电车翻车、撞毁，船只翻沉，航空器坠毁等。“毁坏”，是指使交通工具受到严重破坏或者完全报废，以致不能行驶或者安全行驶。就海上犯罪而言，本罪的客观方面主要表现为行为人过失损坏了正在海上运行或暂时停靠港口、码头的正在使用中的海上交通运输工具，包括水面船只、水上飞机、水下民用潜艇及依托水面航行的地效飞行器等。这里的船只主要是指客运船、货运船、滚装船、公务船、科考船、大型渔船等。因为本罪是结果犯，构成本罪要求实际发生了船只、水上地效飞行器、潜航器等倾覆、坠毁或者毁坏的危害结果。

第三，本罪的主体为一般主体。凡年满 16 周岁且具备刑事责任能力的自然人都可以成为本罪的主体，单位不能成为过失损坏交通工具罪的犯罪主体。

第四，本罪的主观方面由过失构成。即行为人应当预见自己的行为可能造成交通工具的倾覆、毁坏的危害结果，但因为疏忽大意而没有预见，或者虽然已经预见到自己行为可能造成交通工具的倾覆、毁坏而轻信能够避免的主观心理态度。

【犯罪认定】

1. 划清罪与非罪的界限

过失损坏交通工具罪要求行为必须造成了火车、汽车、电车、船只、航空器发生了实际倾覆、毁坏的严重后果，才能构成本罪。实践中，如果行为人因过失实施的危害行为仅对交通工具的运行造成了一定影响，并未造成交通工具实际倾覆、毁坏的严重后果，不应以本罪论处。

2. 划清本罪与破坏交通工具罪的界限

过失损坏交通工具罪和破坏交通工具罪侵害的客体都是交通运输安全，犯罪对象都是正在使用中的交通工具，两者的主要区别在于：第一，主观的罪过形式不同。前者是过失犯罪，而后者是故意犯罪。第二，对危害结果的要求不同。只有行为实际造成了火车、汽车、电车、船只、航空器倾覆、毁坏的严重后果才能构成过失损坏交通工具罪，如果行为人过失实施了损坏交通工具的行为，但没有造成严重后果的，不构成本罪；破坏交通工具罪则对是否发生严重后果不做要求，只要行为人故意实施了破坏交通工具的行为，足以使火车、汽车、电车、船只、航空器发生倾覆、毁坏危险的，就构成破坏交通工具罪。

3. 划清本罪与交通肇事罪的界限

过失损坏交通工具罪与交通肇事罪都是过失犯罪，侵害的客体都是交通运输安全，两罪主要区别如下：第一，过失损坏交通工具罪与交通肇事罪的主体存在差异。虽然构成两罪的主体均为一般主体，但在司法实践中，构成交通肇事罪的主体多为从事交通运输的人员，即具体从事水路交通运输业务或公路交通运输业务及与保障交通运输安全有直接关系的人员。第二，两罪客观方面表现不同。过失损坏交通工具罪主要表现为行为人因过失实施的导致火车、汽车、电车、船只、航空器发生倾覆、毁坏的严重后果，危害公共安全的行为；交通肇事罪则表现为行为人违反交通运输管理法规因而造成重大事故，致人重伤、死亡或者使公私财产遭受重大损失的行为。由此，如果海上交通运输人员在驾驶船舶、民用潜艇等海上交通运输工具过程中，违反海上交通运输管理法规，发生重大事故，致人重伤、死亡或者使公私财产遭受重大损失的同时，也导致了海上交通运输工具倾覆或毁坏的，不应构成过失损坏交通工具罪，而应构成交通肇事罪。

【立案标准】

行为人涉嫌因过失行为导致正在使用中的船只、火车、汽车、电车、航空器等交通工具遭受严重破坏，造成严重后果的行为，应予以立案。

【法条链接】

《刑法》第一百一十九条　破坏交通工具、交通设施、电力设备、燃气设备、易燃易爆设备，造成严重后果的，处十年以上有期徒刑、无期徒刑或者死刑。

过失犯前款罪的，处三年以上七年以下有期徒刑；情节较轻的，处三年以下有期徒刑或者拘役。

九、过失损坏交通设施罪

【罪名释义】

过失损坏交通设施罪，是指由于过失损坏轨道、桥梁、隧道、公路、机场、航道、灯塔、标志等交通设施，致使火车、汽车、电车、船只、航空器等发生倾覆、毁坏的严重后果，危害公共安全的行为。

【海上犯罪】

海上交通设施，是指用于保障、引领海上交通、作业工具安全、有序航行的各种水上、水下固定或浮动装置、设施、建筑及固定平台等。在海上犯罪中，过失损坏交通设施罪既可以表现为行为人因过失行为导致灯塔、航道标志、海上浮标以及其他助航标志、导航设施损坏，并造成严重后果的行为，也可以表现为行为人因过失行为导致港口、码头系泊设施、锚地设施损坏，并造成严重后果的行为。

【犯罪构成】

本罪的犯罪构成表现为如下四个方面：

第一，本罪侵犯的客体是交通运输安全。仅就海上犯罪而言，犯罪对象是正在使用中的用于保障、引领海上交通、作业工具安全、有序航行的各种水上、水下固定或浮动装置、设施、建筑及固定平台等，如灯塔、航道标志、海上浮标以及其他助航标志、导航设施、系泊设施、锚地设施等。

第二，本罪客观方面表现为过失损坏轨道、桥梁、隧道、公路、机场、航道、灯塔、标志等交通设施，致使火车、汽车、电车、船只、航空器发生倾覆、毁坏等严重后果的行为。“损坏”不仅包括使交通设施遭受有形的损害，还包括对交通设施正常功能的损害，如使用无线电干扰信号，致使正常行驶中的交通工具与调度、指挥、导航系统无法取得联系，而实际发生倾覆、毁坏严重后果的行为。在海上犯罪中，该罪的客观方面表现为过失损坏灯塔、浮标等助航标志或定位导航设施等行为，致使水面船只、水下民用潜艇或依托海面飞行的地效飞行器发生实际倾覆、毁坏的严重危害后果的行为，这里的船只主要是指客运船、货运船、滚装船、公务船、科考船、大型渔船等。本罪是结果犯，只有实际发生船只倾覆、毁坏等严重后果才构成犯罪。

第三，本罪的主体为一般主体。凡年满16周岁且具备刑事责任能力的自然人都可以成为本罪主体，单位不能成为过失损坏交通设施罪的犯罪主体。

第四，本罪的主观方面表现为过失。即行为人应当预见自己的行为可能损坏轨道、桥梁、隧道、公路、机场、航道、灯塔、标志等交通设施并可能造成交通工具的倾覆、毁坏的严重危害后果，但因为疏忽大意而没有预见，或者虽然已经预见到自己的行为可能损坏交通设施并造成交通工具的倾覆、毁坏后果而轻信能够避免的主观心理态度。

【犯罪认定】

1. 划清罪与非罪的界限

过失损坏交通设施罪要求行为人因主观过失而实行的损坏轨道、桥梁、隧道、公路、机场、航道、灯塔、标志等交通设施的行为，必须造成了火车、汽车、电车、船只、航空器发生了实际倾覆、毁坏的严重后果，才能构成本罪。实践中，如果行为人因过失实施的损坏交通设施的行为仅对交通工具的运行造成了一定影响，并未造成交通工具实际倾覆、毁坏的严重后果，不应以本罪论处。

2. 划清本罪与破坏交通设施罪的界限

过失损坏交通设施罪和破坏交通设施罪侵害的客体都是交通运

输安全，犯罪对象都是对交通工具的运行具备重要意义的轨道、桥梁、隧道、公路、机场、航道、灯塔、标志等交通设施，两罪的主要区别在于：第一，主观的罪过形式不同。前者是过失犯罪，而后者是故意犯罪。第二，对危害结果的要求不同。只有过失损坏交通设施的行为实际造成了火车、汽车、电车、船只、航空器倾覆、毁坏的严重后果才能构成过失损坏交通设施罪，如果行为人虽因过失实施了损坏交通设施的行为，但没有造成严重后果的，不构成本罪；破坏交通设施罪则对是否发生严重后果不做要求，只要行为人故意实施了破坏交通设施的行为，足以使火车、汽车、电车、船只、航空器发生倾覆、毁坏危险的，就构成破坏交通设施罪。

3. 划清本罪与交通肇事罪的界限

过失损坏交通设施罪与交通肇事罪都是过失犯罪，侵害的客体都是交通运输安全，二者的主要区别如下：第一，过失损坏交通设施罪与交通肇事罪的主体不尽相同。虽然构成两罪的主体均为一般主体，但在司法实践中，构成交通肇事罪的主体多为从事交通运输的人员，即具体从事水路交通运输业务或公路交通运输业务或与保障交通运输安全有直接关系的人员。第二，两罪客观方面表现不同。过失损坏交通设施罪主要表现为行为人因过失实施的损坏轨道、桥梁、隧道、公路、机场、航道、灯塔、标志等交通设施的行为导致了火车、汽车、电车、船只、航空器发生倾覆、毁坏的严重后果，危害了公共安全。交通肇事罪则表现为行为人违反交通运输管理法规因而造成重大事故，致人重伤、死亡或者使公私财产遭受重大损失的行为。如果海上交通运输人员在驾驶船舶、民用潜艇等海上交通运输工具的过程中，违反海上交通运输管理法规，发生重大事故，致人重伤、死亡或者使公私财产遭受重大损失，同时也导致了海上助航标志、导航设备等海上交通设施损坏的，不应构成过失损坏交通设施罪，而应构成交通肇事罪。

【立案标准】

行为人涉嫌因过失损坏正在使用中的航道、灯塔、轨道、隧道、公路、桥梁、机场、标志等交通设施，致使船只、航空器、火车、汽车、电车等发生倾覆或毁坏，造成严重后果的，应予以立案。

【法条链接】

《刑法》第一百一十九条　破坏交通工具、交通设施、电力设备、燃气设备、易燃易爆设备，造成严重后果的，处十年以上有期徒刑、无期徒刑或者死刑。

过失犯前款罪的，处三年以上七年以下有期徒刑；情节较轻的，处三年以下有期徒刑或者拘役。

十、过失损坏易燃易爆设备罪

【罪名释义】

过失损坏易燃易爆设备罪，是指由于过失致使燃气或者其他易燃易爆设备毁坏，造成严重后果，危害公共安全的行为。

【海上犯罪】

在海上犯罪中，过失损坏易燃易爆设备罪有多种表现形式。在犯罪场所方面，既可以表现为行为人在海上大型固定平台、浮动平台上，因主观过失导致易燃易爆设备损坏，造成严重后果、危害公共安全的行为，还可以表现为行为人在海底管道铺设、维修过程中因主观过失导致易燃易爆设备损坏，造成严重后果、危害公共安全的行为；在犯罪方法上，既可以表现为行为人使用普通工具、器械因过失导致易燃易爆设备损坏，造成严重后果、危害公共安全的行为，也可以表现为行为人使用专业海上作业工具或专业器械因过失导致易燃易爆设备损坏，造成严重后果、危害公共安全的行为。

【犯罪构成】

本罪的犯罪构成表现为如下四个方面：

第一，本罪侵害的客体是社会的公共安全。犯罪对象是正在使用中的燃气或者其他易燃易爆设备。“燃气设备”主要是指生产、储存、输送燃气的设施设备及正在使用或即将使用的各种燃气设施设备，如天然气管道、煤气管道、天然气罐、煤气罐、燃气锅炉等。“其他易燃易爆设备”主要是指除上述燃气设备以外的生产、储存和输送易燃易爆物品的设备，如燃气管道、石油管道、易燃易爆化学物品的生产、储存、运输设备等。

第二，本罪客观方面表现为过失损坏正在使用中的燃气或者其他易燃易爆设备，致使燃气或者其他易燃易爆设备损坏，造成严重后果，危害公共安全的行为。构成本罪必须已经造成了不特定或多数人员伤亡、公私财产重大损失，或者社会的生产、生活秩序遭受严重影响的实际危害后果。在海上犯罪中，行为人过失损坏易燃易爆设备，多表现为违反操作规程或严重不负责任不当检修、不当安装、不当拆卸及使用致使海上油轮等输送易燃易爆物品的船只重要部件损坏，造成严重后果并危害公共安全的行为，过失损坏海上钻井平台易燃易爆设备、造成严重后果并危害公共安全的行为，或者由于主观过失割断、拆除、损坏海底的天然气输送管道、石油输送管道并造成不特定或多数人员伤亡、公私财产重大损失或者海洋生态环境严重破坏的行为。行为人过失损坏易燃易爆设备的行为，只有造成了严重的危害后果才可构成本罪。

第三，本罪的主体为一般主体。凡年满 16 周岁且具备刑事责任能力的自然人都可以成为本罪的主体，单位不能成为过失损坏易燃易爆设备罪的犯罪主体。

第四，本罪的主观方面由过失构成。即行为人应当预见自己的行为可能导致燃气或者其他易燃易爆设备毁坏并造成严重后果危害公共安全，因为疏忽大意而没有预见，或者行为人虽然已经预见到自己的行为可能导致燃气或者其他易燃易爆设备毁坏并造成严重后果危害公共安全，但轻信能够避免的主观心理态度。

【犯罪认定】

1. 划清罪与非罪的界限

过失损坏易燃易爆设备罪的成立要求行为人由于主观过失实施

的致使燃气或者其他易燃易爆设备毁坏的行为，已经造成了不特定或多数人员伤亡、公私财产重大损失，或者社会的生产、生活秩序遭受重大影响的严重后果。如果行为人因过失实施的致使燃气或者其他易燃易爆设备毁坏的行为，仅对易燃易爆设备造成了有限影响，并未造成不特定或多数人员伤亡、公私财产重大损失，或者社会的生产、生活秩序遭受重大影响的严重后果，则不应以本罪论处。

2. 划清本罪同破坏易燃易爆设备罪的界限

过失损坏易燃易爆设备罪与破坏易燃易爆设备罪侵害的客体都是公共安全，犯罪对象都是易燃易爆设备，二者的主要区别如下：第一，过失损坏易燃易爆设备罪与破坏易燃易爆设备罪的主观罪过形式不同。前者是过失犯罪，后者是故意犯罪。第二，两罪对危害结果的要求不同。过失损坏易燃易爆设备罪以发生严重的危害后果作为构成犯罪的法定要件，如果行为人因主观过失实施的损坏易燃易爆设备的行为，没有造成不特定或多数人员伤亡、公私财产重大损失或者社会的生产、生活秩序遭受重大影响的严重后果，则不能构成本罪；破坏易燃易爆设备罪则对是否发生严重后果不做要求，只要行为人故意实施了破坏易燃易爆设备的行为，足以危害到公共安全，即使没有发生不特定或多数人员伤亡、公私财产重大损失或者社会的生产、生活秩序遭受重大影响的严重后果，也构成破坏易燃易爆设备罪。

【立案标准】

行为人涉嫌因主观过失而实施的损坏正在使用或即将使用的燃气或者其他易燃易爆设备，已经造成不特定或多数人员伤亡、公私财产重大损失，或者社会的生产、生活秩序遭受重大影响的严重后果，危害公共安全的行为，应予以立案。

【法条链接】

《刑法》第一百一十九条　破坏交通工具、交通设施、电力设备、燃气设备、易燃易爆设备，造成严重后果的，处十年以上有期徒刑、无期徒刑或者死刑。

过失犯前款罪的，处三年以上七年以下有期徒刑；情节较轻的，处三年以下有期徒刑或者拘役。

十一、劫持船只、汽车罪

【罪名释义】

劫持船只、汽车罪，是指以暴力、胁迫或者其他方法劫持船只、汽车，危害公共安全的行为。

【海上犯罪】

在海上犯罪中，劫持船只、汽车罪既可以表现为行为人以暴力、胁迫或者其他方法劫持货船、客船、滚装船、科考船、大型渔船，危害公共安全的行为，也可以表现为行为人以暴力、胁迫或者其他方法劫持海上浮动平台及海底管道铺设、维修用的海上移动作业设备，危害公共安全的行为，还可以表现为行为人以暴力、胁迫或者其他方法劫持大型水下潜航器，危害公共安全的行为。

【犯罪构成】

本罪的犯罪构成表现为如下四个方面：

第一，本罪侵犯的客体是公共安全，即承载不特定或多数旅客和乘务组人员的生命、健康及公私财产的船只、汽车的运输安全。犯罪对象是正在使用中的船只、汽车。涉海的劫持船只、汽车罪的犯罪对象主要是指各类船只，包括客运船、货运船、滚装船、公务船、科考船、大型渔船等，还包括可以在海上缓慢行进的浮动平台以及大型水下潜航器等。

第二，本罪的客观方面表现为以暴力、胁迫或者其他方法劫持船只、汽车的行为。所谓“暴力”，是指行为人对船只、汽车上的人员，尤其是船长、轮机长、驾驶人员、乘务人员等实施殴打、伤害等行为，迫使船只、汽车改变行驶方向或者使用上述手段使驾驶人员丧失驾驶能力而自己驾驶船只、汽车的行为。所谓“胁迫”，是指行为人对船只、汽车上的人员尤其是船长、轮机长、驾驶人员、乘务人员等施以暴力恐吓或精神强制，使驾驶、操控人员或其他人员不敢反抗或不能反抗，服从行为人指挥或者由行为人自己驾驶船只、汽车的行为。“其他方法”是指其他与上述暴力、胁迫行为相当的，可以对船只、汽车上的人员实施身体或精神强制，从而使驾驶人员或其他人员陷于不敢反抗、不能反抗境地的劫持方法。“劫持”，是指行为人以上述方法按照自己的意志强行控制船只、汽车的驶停及行进路线、行进方向的行为。“船只”是指各种运送旅客或者物资的水上运输工具，通常包括客运船、货运船、滚装船、公务船、科考船、大型渔船等。

第三，本罪的主体是一般主体，凡年满16周岁且具备刑事责任能力的自然人都可以成为本罪的主体，单位不能成为劫持船只、汽车罪的犯罪主体。这里的“自然人”包括中国人、外国人和无国籍人。

第四，本罪的主观方面由故意构成，即行为人明知自己以暴力、胁迫或者其他方法劫持船只、汽车的行为会危害公共安全，但希望或者放任危害结果发生的主观心理态度，犯罪动机不影响本罪的成立。

【犯罪认定】

1. 划清罪与非罪的界限

劫持船只、汽车罪属于行为犯，即只要行为人实施了暴力、胁迫或者其他劫持行为，所劫持船只、汽车最后是否为劫持人所控制并不影响本罪的成立。行为是否“造成严重后果”只是本罪的量刑情节而非定罪情节，无论行为人的劫持行为是否导致严重后果的出现，都成立本罪既遂。

2. 划清一罪与数罪的界限

行为人在劫持船只、汽车过程中，因劫持行为使船只、汽车翻倒、倾覆而导致人员伤亡的，应按本罪中已经“造成严重后果”

的情况定罪量刑；如果行为人使用暴力方法将驾驶人员、乘务人员或者其他乘客直接杀死、打伤，并且行为人的杀伤行为并不是由于劫持行为导致撞车、沉船致人死伤的，则应当以劫持船只、汽车罪与故意杀人罪或者故意伤害罪实行数罪并罚。

3. 划清本罪与破坏交通工具罪的界限

劫持船只、汽车罪与破坏交通工具罪侵犯的客体都是公共安全，主观方面都只能由故意构成，犯罪对象都可以是船只和汽车，两罪的主要区别如下：第一，犯罪目的不尽相同。劫持船只、汽车罪的行为人的主观目的通常不是要对船只、汽车造成某种程度的破坏，而是为了达成其他政治、经济或泄愤目的而劫持船只、汽车；破坏交通工具罪的行为人的主观目的则多是为了直接对船只、汽车造成破坏，或通过破坏船只、汽车达到危害不特定或多数人生命、健康的目的。第二，客观方面的表现不同，前者在劫持船只、汽车的过程中由于使用暴力可能使船只、汽车遭到破坏，也有可能不造成破坏；破坏交通工具罪的行为人必定实施了破坏船只、汽车的行为，并因其破坏行为而使船只、汽车发生倾覆、毁坏的危险或者已经发生倾覆、毁坏的结果。

4. 划清本罪与抢劫罪的界限

劫持船只、汽车罪与抢劫罪的主观方面都由故意构成，犯罪手段都表现为暴力、胁迫等方式，两罪的主要区别如下：第一，主观目的不同。行为人实施劫持船只、汽车行为的主要目的不是抢劫车、船所载货物及财产，其主观目的有的是绑架人质，有的是逃避追捕，有的是以劫持船只、汽车为要挟手段以求达到其他犯罪目的；抢劫罪则属于侵犯财产的犯罪，犯罪目的就是非法占有财物。第二，犯罪主体不同，劫持船只、汽车罪的主体是一般主体，凡年满 16 周岁且具备刑事责任能力的自然人都可以成为本罪的主体；抢劫罪的犯罪主体除上述一般主体外，还包括已满 14 周岁不满 16 周岁的具备刑事责任能力的自然人。第三，犯罪客体不同。劫持船只、汽车罪侵害的客体是单一客体，即社会的公共安全；抢劫罪侵害的客体是复杂客体，即公私财产所有权和公民的人身权利。

【立案标准】

行为人涉嫌以暴力、胁迫或其他方法劫持正在使用中的船只、汽车，危害公共安全的行为，应予以立案。

【法条链接】

《刑法》第一百二十二条　以暴力、胁迫或者其他方法劫持船只、汽车的，处五年以上十年以下有期徒刑；造成严重后果的，处十年以上有期徒刑或者无期徒刑。

十二、非法制造、买卖、运输、邮寄、储存枪支、弹药、爆炸物罪

【罪名释义】

非法制造、买卖、运输、邮寄、储存枪支、弹药、爆炸物罪，是指违反国家有关枪支、弹药、爆炸物管理的法律、法规，非法制造、买卖、运输、邮寄、储存枪支、弹药、爆炸物，危害公共安全的行为。

【海上犯罪】

非法制造、买卖、运输、邮寄、储存枪支、弹药、爆炸物罪是行为及对象选择性罪名。在海上犯罪中，通常只涉及枪支、弹药、爆炸物的买卖、运输、邮寄、储存行为。实践中，非法制造、买卖、运输、邮寄、储存枪支、弹药、爆炸物罪既可以表现为行为人作为海上交通、作业工具的乘客、职员、所有者或经营者，在客船、货船、滚装船、大型渔船、水上飞机、海上地效飞行器上实施的非法买卖、运输、储存枪支、弹药、爆炸物的行为，也可以表现为行为人在海上大型固定平台、浮动平台上实施的非法买卖、储存枪支、弹药、爆炸物的行为，还可以表现为行为人在港口、码头实施的非法买卖、运输、邮寄、储存枪支、弹药、爆炸物的行为。另

外，行为人非法邮寄枪支、弹药、爆炸物，在海上被查获的也是海上犯罪的管辖范围。

【犯罪构成】

本罪的犯罪构成表现为如下四个方面：

第一，本罪侵犯的客体是社会公共安全和国家对枪支、弹药、爆炸物的管理制度，犯罪对象是枪支、弹药、爆炸物。所谓“枪支”，根据《枪支管理办法》的规定，是指以火药或者压缩气体等为动力，利用管状器具发射金属弹丸或者其他物质，足以致人伤亡或者丧失知觉的各种枪支，包括军用枪支、民用枪支、公务枪支、射击运动枪支、狩猎枪支等。目前，我国对仿真枪入刑的参考标准主要有三个：即《仿真枪认定标准》（2008）、《枪支致伤力的法庭科学鉴定判据》（2008）、《公安机关涉案枪支弹药性能鉴定工作规定》（2010），根据我国《枪支致伤力的法庭科学鉴定判据》的规定，当所发射弹丸的枪口比动能大于等于 $1.8J/cm^2$ 时，一律认定为枪支。所谓“弹药”，一般由战斗部、投射部和稳定部等部分组成，按投射方式可将弹药分为：射击式弹药（如枪弹、炮弹等）、自推式弹药（如导弹、火箭弹、鱼雷等）、投掷式弹药（如手榴弹、手雷、航空炸弹等）和布设式弹药（如地雷、水雷等）。所谓“爆炸物”，是指《民用爆炸物品安全管理条例》中规定的能够引起爆炸现象的物质，如各种炸药、雷管、起爆药、导火索、导爆索等，虽然烟花、鞭炮、粉尘、可燃气体、燃油、锯末等在特定条件下也可以引起爆炸，但不应作为刑法意义上的“爆炸物”加以理解。

第二，本罪的客观方面表现为非法制造、买卖、运输、邮寄、储存枪支、弹药、爆炸物的行为。“非法制造”，是指未经国家相关主管部门许可或没有法律上的依据，私自制造枪支、弹药、爆炸物的行为。这里的“制造”既包括制作也包括加工、修理、改装等行为。行为人只要实施了制造行为，无论其主观的制造目的是什么，都依法构成本罪。“非法买卖”是指违反相关法律规定私自购买或出售枪支、弹药、爆炸物的行为。“非法运输”是指违反相关法律规定运输枪支、弹药、爆炸物的行为，运输的方式和目的不影响本罪的成立。“非法邮寄”是指违反相关法律规定，通过邮局寄送、快递等方式将枪支、弹药、爆炸物寄往目的地的行为。“非法储存”是指明知是他人非法制造、买卖、运输、邮寄的枪支、弹药、爆炸物而为其存放的行为。按照法律的规定，本罪为选择性罪名，行为人只要实施了非法制造、买卖、运输、邮寄、储存枪支、弹药、爆炸物中的一种行为就可构成本罪，如果行为人同时实施了两种以上行为的，仍只构成一罪，不实行数罪并罚。

第三，本罪的主体为一般主体，凡年满 16 周岁且具备刑事责任能力的自然人都可以成为本罪的主体，单位可以成为非法制造、买卖、运输、邮寄、储存枪支、弹药、爆炸物罪的犯罪主体。

第四，本罪的主观方面只能由故意构成，包括直接故意和间接故意，过失不构成罪。

【犯罪认定】

1. 划清罪与非罪及构罪不罚的界限

非法制造、买卖、运输、邮寄、储存枪支、弹药、爆炸物罪要求行为人主观上具有故意的心理态度，行为人明知是枪支、弹药、爆炸物而故意实施非法制造、买卖、运输、邮寄、储存的行为才能构成本罪，如果行为人被欺骗、蒙蔽或利用不具备主观上的故意，而为他人非法制造、买卖、运输、邮寄、储存枪支、弹药、爆炸物的，不应构成本罪。

行为人因筑路、建房、打井、整修宅基地和土地等正常生产、生活需要，或者因从事合法的生产经营活动而非法制造、买卖、运输、邮寄、储存爆炸物，数量虽然达到 2009 年修改的最高人民法院《关于审理非法制造、买卖、运输枪支、弹药、爆炸物等刑事案件具体应用法律若干问题的解释》第 1 条规定的标准，但情节轻微的，可以免除处罚。

2. 划清本罪与非法持有、私藏枪支、弹药罪的界限

非法制造、买卖、运输、邮寄、储存枪支、弹药、爆炸物罪与

非法持有、私藏枪支、弹药罪的犯罪主体、犯罪客体、犯罪主观方面都具有相同点，两罪区分的关键在于行为人实施的非法持有、私藏行为是否与非法制造、买卖、运输、邮寄行为具备客观上的必然联系。如果行为人因非法制造、买卖、运输、邮寄等先行行为而非法持有、私藏枪支、弹药的，应构成非法制造、买卖、运输、邮寄、储存枪支、弹药、爆炸物罪；如果行为人并非由于非法制造、买卖、运输等先行行为而非法持有、私藏枪支、弹药的，则应构成非法持有、私藏枪支、弹药罪。

【立案标准】

行为人涉嫌下列情形的应予以立案：

1. 非法制造、买卖、运输、邮寄、储存军用枪支 1 支以上的；

2. 非法制造、买卖、运输、邮寄、储存以火药为动力发射枪弹的非军用枪支 1 支以上或者以压缩气体等为动力的其他非军用枪支 2 支以上的；

3. 非法制造、买卖、运输、邮寄、储存军用子弹 10 发以上、气枪铅弹 500 发以上或者其他非军用子弹 100 发以上的；

4. 非法制造、买卖、运输、邮寄、储存手榴弹 1 枚以上的；

5. 非法制造、买卖、运输、邮寄、储存爆炸装置的；

6. 非法制造、买卖、运输、邮寄、储存炸药、发射药、黑火药 1 千克以上或者烟火药 3 千克以上、雷管 30 枚以上或者导火索、导爆索 30 米以上的；

7. 具有生产爆炸物品资格的单位不按照规定的品种制造，或者具有销售、使用爆炸物品资格的单位超过限额买卖炸药、发射药、黑火药 10 千克以上或者烟火药 30 千克以上、雷管 300 枚以上或者导火索、导爆索 300 米以上的；

8. 多次非法制造、买卖、运输、邮寄、储存弹药、爆炸物的；

9. 虽未达到上述最低数量标准，但具有造成严重后果等其他恶劣情节的。介绍买卖枪支、弹药、爆炸物的，以非法买卖枪支、弹药、爆炸物罪的共犯论处。

【法条链接】

《刑法》第一百二十五条第一、三款　非法制造、买卖、运输、邮寄、储存枪支、弹药、爆炸物的，处三年以上十年以下有期徒刑；情节严重的，处十年以上有期徒刑、无期徒刑或者死刑。

单位犯前两款罪的，对单位判处罚金，并对其直接负责的主管人员和其他直接责任人员，依照第一款的规定处罚。

2010年1月1日施行的最高人民法院《关于审理非法制造、买卖、运输枪支、弹药、爆炸物等刑事案件具体应用法律若干问题的解释》

第一条　个人或者单位非法制造、买卖、运输、邮寄、储存枪支、弹药、爆炸物，具有下列情形之一的，依照刑法第一百二十五条第一款的规定，以非法制造、买卖、运输、邮寄、储存枪支、弹药、爆炸物罪定罪处罚：

（一）非法制造、买卖、运输、邮寄、储存军用枪支一支以上的；

（二）非法制造、买卖、运输、邮寄、储存以火药为动力发射枪弹的非军用枪支一支以上或者以压缩气体等为动力的其他非军用枪支二支以上的；

（三）非法制造、买卖、运输、邮寄、储存军用子弹十发以上、气枪铅弹五百发以上或者其他非军用子弹一百发以上的；

（四）非法制造、买卖、运输、邮寄、储存手榴弹一枚以上的；

（五）非法制造、买卖、运输、邮寄、储存爆炸装置的；

（六）非法制造、买卖、运输、邮寄、储存炸药、发射药、黑火药一千克以上或者烟火药三千克以上、雷管三十枚以上或者导火索、导爆索三十米以上的；

（七）具有生产爆炸物品资格的单位不按照规定的品种制造，或者具有销售、使用爆炸物品资格的单位超过限额买卖炸药、发射药、黑火药十千克以上或者烟火药三十千克以上、雷管三百枚以上或者导火索、导爆索三百米以上的；

（八）多次非法制造、买卖、运输、邮寄、储存弹药、爆炸物的；

（九）虽未达到上述最低数量标准，但具有造成严重后果等其他恶劣情节的。

介绍买卖枪支、弹药、爆炸物的，以买卖枪支、弹药、爆炸物罪的共犯论处。

第二条　非法制造、买卖、运输、邮寄、储存枪支、弹药、爆炸物，具有下列情形之一的，属于刑法第一百二十五条第一款规定的“情节严重”：

（一）非法制造、买卖、运输、邮寄、储存枪支、弹药、爆炸物的数量达到本解释第一条第（一）、（二）、（三）、（六）、（七）项规定的最低数量标准五倍以上的；

（二）非法制造、买卖、运输、邮寄、储存手榴弹三枚以上的；

（三）非法制造、买卖、运输、邮寄、储存爆炸装置，危害严重的；

（四）达到本解释第一条规定的最低数量标准，并具有造成严重后果等其他恶劣情节的。

第八条第一款　刑法第一百二十五条第一款规定的“非法储存”，是指明知是他人非法制造、买卖、运输、邮寄的枪支、弹药而为其存放的行为，或者非法存放爆炸物的行为。

第九条第一款　因筑路、建房、打井、整修宅基地和土地等正常生产、生活需要，以及因从事合法的生产经营活动而非法制造、买卖、运输、邮寄、储存爆炸物，数量达到本解释第一条规定标准，没有造成严重社会危害，并确有悔改表现的，可依法从轻处罚；情节轻微的，可以免除处罚。

十三、非法制造、买卖、运输、储存危险物质罪

【罪名释义】

非法制造、买卖、运输、储存危险物质罪，是指违反国家有关毒害性、放射性、传染病病原体等危险物质管理法规，非法制造、买卖、运输、储存毒害性、放射性、传染病病原体等危险物质，危害公共安全的行为。

【海上犯罪】

非法制造、买卖、运输、储存危险物质罪是行为选择性罪名，在海上犯罪中，通常只涉及危险物质的买卖、运输、储存行为。实践中，非法制造、买卖、运输、储存危险物质罪既可以表现为行为人作为海上交通、作业工具的乘客、职员、所有者或经营者，在客船、货船、滚装船、大型渔船、水上飞机、海上地效飞行器上实施的非法买卖、运输、储存危险物质的行为，也可以表现为行为人在海上大型固定平台、浮动平台上实施的非法买卖、储存危险物质的行为，还可以表现为行为人在港口、码头实施的非法买卖、运输、储存危险物质的行为。

【犯罪构成】

本罪的犯罪构成表现为如下四个方面：

第一，本罪侵犯的客体是公共安全，即不特定或多数人的生命、健康和公私财产安全。犯罪对象是危险物质，包括毒害性、放射性、传染病病原体等危险物质。所谓“毒害性”物质，是指能够对人或动物产生毒害并可能致人患病、死亡的有毒物质。“毒害性”物质范围较广，在司法实践中，多为剧毒性化学毒害物质。剧毒性化学毒害物质是指具有剧烈急性毒性危害的化学品，包括人工合成的化学品及其混合物和天然毒素，还包括具有急性毒性易造成公共安全危害的化学品，如氰化钠、砒霜（三氧化二砷）、氯乙酸、毒鼠强等。对剧毒性化学毒害物质，应依照 2015 年安全监管

总局会同工业和信息化部、公安部、环境保护部、交通运输部、农业部、国家卫生计生委、质检总局、铁路局、民航局制定的《危险化学品目录（2015 版）》加以确定。所谓“放射性”物质，是指能自然向外部辐射能量、放出射线的物质，“放射性”物质所释放的能量或射线是人类无法感知的，只有使用专业的仪器、仪表才能准确测定其存在，如铀、钚、钋、镭等可以产生裂变反应或聚合反应的核材料都属于“放射性”物质。对于“放射性”物质的具体理解，可以参照《放射性污染防治法》、《放射性物质安全运输规程》、《放射性同位素与射线装置安全和防护条例》（2014 年修订）等法律法规的相关规定。所谓“传染病病原体”，是指可能导致各种传染病传播的菌种、毒种和寄生微生物，如细菌、病毒、真菌、螺旋体、衣原体、支原体、寄生虫等。对于“传染病病原体”的具体理解，可以参照《传染病防治法》等法律法规的相关规定。

第二，本罪客观方面表现为违反国家有关毒害性、放射性、传染病病原体等危险物质的管理法规，非法制造、买卖、运输、储存毒害性、放射性、传染病病原体等危险物质的行为。这里的“非法”是指违反国家关于毒害性、放射性、传染病病原体等危险物质管理法律法规，没有制造、买卖、运输、储存危险物质的权限而实施了制造、买卖、运输、储存危险物质的行为。本罪为选择性罪名，行为人只要实施了非法制造、买卖、运输、储存危险物质中的一种行为即可构成本罪，如果行为人同时实施了两种以上行为的，仍只构成一罪，不实行数罪并罚。“非法制造”是指未经国家有关部门批准或者超越批准权限，私自生产、合成、研制、开发毒害性、放射性、传染病病原体等危险物质的行为；“非法买卖”是指未经国家允许私自购买或者销售毒害性、放射性、传染病病原体等物质的行为，买卖双方均无权限或单独一方没有权限都可构成本罪；“非法运输”是指未经国家允许私自运输毒害性、放射性、传染病病原体等物质的行为，非法运输的具体形式既包括使用机械运输工具和设备，通过陆运、空运、水运的途径实施的非法运输行为，也包括使用简单运输工具如手推车、畜力车、自行车等实施的非法运输行为，还包括行为人个人通过肩挑背扛、随身携带等方式实施的非法运输行为；“非法储存”是指违反国家相关危险物品管理规定，私自存放毒害性、放射性、传染病病原体等物质的行为。

第三，本罪的主体为一般主体，即年满 16 周岁且具备刑事责任能力的自然人都可以成为本罪的犯罪主体。单位实施非法制造、买卖、运输、储存危险物质行为的，也可以构成本罪。

第四，本罪的主观方面表现为故意，即行为人明知是毒害性、放射性、传染病病原体等危险物质仍然实施了非法制造、买卖、运输、储存的行为。这里所谓的“明知”，是对犯罪对象的明知，并不要求行为人对所实施行为的危害后果具备明知的心理态度，对于可能发生的危害后果，行为人只要具备一般的认识可能性即可。如果行为人确实由于受他人欺骗、蒙蔽或利用，主观上根本不知道自己制造、买卖、运输、储存的对象是毒害性、放射性、传染病病原体等危险物质的，则不应构成本罪。犯罪动机不影响本罪的成立。

【犯罪认定】

1. 划清罪与非罪的界限

非法制造、买卖、运输、储存危险物质罪在犯罪形态上属于行为犯，只要行为人实施了非法制造、买卖、运输、储存行为之一即可构成本罪。具体而言，对于行为人是否构成非法制造、买卖、运输、储存危险物质罪，可以从三个方面加以考察：首先应考察行为的非法性，只有行为人非法实施了制造、买卖、运输、储存危险物质的行为才能构成本罪。国家对于毒害性、放射性、传染病病原体等危险物质并非一律禁止实施制造、买卖、运输、储存行为，而是上述行为必须得到国家相关主管部门的批准，并严格按照相关法律规定的方式和程序才能实施，如果行为人制造、买卖、运输、储存毒害性、放射性、传染病病原体等危险物质的行为具备合法性，如工厂依法生产农药，实验室依法培养菌种、毒种等，则不能构成本罪。其次应考察行为人主观上是否出于故意，行为人必须明知是毒害性、放射性、传染病病原体等危险物质而故意实施制造、买卖、运输、储存行为的，才能构成本罪，行为人基于主观过失实施了上述行为则不构成本罪。最后应考察行为是否符合“情节显著轻微，危害不大”的规定，行为人构成非法制造、买卖、运输、储存危险物质罪，并无情节上的要求，但如果行为人非法制造、买卖、运输、储存毒害性、放射性、传染病病原体等物质的量很少，情节显著轻微、危害不大，不足以危及公共安全的，则不应以犯罪论处。

2. 划清本罪与危险物品肇事罪的界限

非法制造、买卖、运输、储存危险物质罪与危险物品肇事罪侵害的客体都是公共安全，犯罪对象都包括毒害性、放射性等危险物质，两罪的主要区别在于：第一，犯罪主体不同。两罪的犯罪主体虽然都是一般主体，但非法制造、买卖、运输、储存危险物质罪的犯罪主体还包括单位，而危险物品肇事罪的犯罪主体只能是已满16周岁且具备刑事责任能力的自然人，并且实践中多为从事生产、保管、运输和使用危险物品的单位职工。第二，主观的罪过形式不同。非法制造、买卖、运输、储存危险物质罪是故意犯罪，危险物品肇事罪是过失犯罪。第三，对危害结果的要求不同。非法制造、买卖、运输、储存危险物质罪属于行为犯，行为人只要实施了非法制造、买卖、运输、储存危险物质的行为即可构成本罪，是否实际发生了严重危害后果只具有量刑意义，并不影响本罪的成立。而对于危险物品肇事罪而言，只有行为人违反爆炸性、易燃性、放射性、毒害性、腐蚀性物品的管理规定，在生产、储存、运输、使用中发生重大事故，实际造成了严重后果的行为才能构成危险物品肇事罪，如果行为人虽因过失违反了危险物品的管理规定，但其行为并未导致发生重大事故或造成严重后果，则不能构成危险物品肇事罪。

【立案标准】

行为人涉嫌下列情形的应予以立案：

1. 造成人员重伤或者死亡的；

2. 造成直接经济损失 10 万元以上；

3. 非法制造、买卖、运输、储存毒鼠强、氟乙酰胺、氟乙酰钠、毒鼠硅、甘氟原粉、原液、制剂 50 克以上，或者饵料 2000 克以上的；

4. 造成急性中毒、放射性疾病或者造成传染病流行、暴发的；

5. 造成严重环境污染的；

6. 造成毒害性、放射性、传染病病原体等危险物质丢失、被盗、被抢或者被他人利用进行违法犯罪活动的；

7. 其他危害公共安全的情形。

【法条链接】

《刑法》第一百二十五条第二、三款　非法制造、买卖、运输、储存毒害性、放射性、传染病病原体等物质，危害公共安全的，依照前款的规定处罚。

单位犯前两款罪的，对单位判处罚金，并对其直接负责的主管人员和其他直接责任人员，依照第一款的规定处罚。

2008 年 6 月发布的最高人民检察院、公安部《关于公安机关管辖的刑事案件立案追诉标准的规定（一）》

第二条［非法制造、买卖、运输、储存危险物质案（刑法第一百二十五条第二款）］　非法制造、买卖、运输、储存毒害性、放射性、传染病病原体等物质，危害公共安全，涉嫌下列情形之一的，应予立案追诉：

（一）造成人员重伤或者死亡的；

（二）造成直接经济损失十万元以上的；

（三）非法制造、买卖、运输、储存毒鼠强、氟乙酰胺、氟乙酸钠、毒鼠硅、甘氟原粉、原液、制剂五十克以上，或者饵料二千克以上的；

（四）造成急性中毒、放射性疾病或者造成传染病流行、暴发的；

（五）造成严重环境污染的；

（六）造成毒害性、放射性、传染病病原体等危险物质丢失、被盗、被抢或者被他人利用进行违法犯罪活动的；

（七）其他危害公共安全的情形。

2003 年 10 月 1 日起实施的最高人民法院、最高人民检察院《关于办理非法制造、买卖、运输、储存毒鼠强等禁用剧毒化学品刑事案件具体应用法律若干问题的解释》

第一条　非法制造、买卖、运输、储存毒鼠强等禁用剧毒化学品，危害公共安全，具有下列情形之一的，依照刑法第一百二十五条的规定，以非法制造、买卖、运输、储存危险物质罪，处三年以上十年以下有期徒刑：

（一）非法制造、买卖、运输、储存原粉、原液、制剂 50 克以上，或者饵料 2 千克以上的；

（二）在非法制造、买卖、运输、储存过程中致人重伤、死亡或者造成公私财产损失 10 万元以上的。

第二条　非法制造、买卖、运输、储存毒鼠强等禁用剧毒化学品，具有下列情形之一的，属于刑法第一百二十五条规定的“情节严重”，处十年以上有期徒刑、无期徒刑或者死刑：

（一）非法制造、买卖、运输、储存原粉、原液、制剂 500 克以上，或者饵料 20 千克以上的；

（二）在非法制造、买卖、运输、储存过程中致 3 人以上重伤、死亡，或者造成公私财产损失 20 万元以上的；

（三）非法制造、买卖、运输、储存原粉、原药、制剂 50 克以上不满 500 克，或者饵料 2 千克以上不满 20 千克，并具有其他严重情节的。

第三条　单位非法制造、买卖、运输、储存毒鼠强等禁用剧毒化学品的，依照本解释第一条、第二条规定的定罪量刑标准执行。

第四条　对非法制造、买卖、运输、储存毒鼠强等禁用剧毒化学品行为负有查处职责的国家机关工作人员，滥用职权或者玩忽职守，致使公共财产、国家和人民利益遭受重大损失的，依照刑法第三百九十七条的规定，以滥用职权罪或者玩忽职守罪追究刑事责任。

第五条 本解释施行以前，确因生产、生活需要而非法制造、买卖、运输、储存毒鼠强等禁用剧毒化学品饵料自用，没有造成严重社会危害的，可以依照刑法第十三条的规定，不作为犯罪处理。

本解释施行以后，确因生产、生活需要而非法制造、买卖、运输、储存毒鼠强等禁用剧毒化学品饵料自用，构成犯罪，但没有造成严重社会危害，经教育确有悔改表现的，可以依法从轻、减轻或者免除处罚。

第六条 本解释所称“毒鼠强等禁用剧毒化学品”，是指国家明令禁止的毒鼠强、氟乙酰胺、氟乙酸钠、毒鼠硅、甘氟。

十四、交通肇事罪

【罪名释义】

交通肇事罪，是指违反交通运输管理法规，因而发生重大事故，致人重伤、死亡或者使公私财产遭受重大损失的行为。

【海上犯罪】

船舶航行必须遵守《海上交通安全法》和其他有关海上交通安全的法律、法规、规章、守则，保障船舶、设施（如海上浮动平台）的航行、停泊和作业的安全。在海上犯罪中，交通肇事罪既可以表现为行为人未按规定航道行驶或违反避碰规则行驶，导致发生重大事故的行为，也可以表现为行为人驾驶船舶未按引航员指引进出港口或通过交通管制区、通航密集区和航行条件受到限制的区域，或未按规定移泊、系泊、停靠，导致发生重大事故的行为，还可以表现为船舶处于不适航或不适拖状态，而行为人强行航行或拖曳，导致发生重大事故的行为。

【犯罪构成】

本罪的犯罪构成表现在如下四个方面：

第一，本罪侵犯的客体是交通运输的正常秩序和交通运输安全。因为刑法对铁路运输、航空运输的交通肇事行为单独作出了规定，所以本罪中的“交通运输”仅指普通陆路交通运输和水路交通运输。就海上犯罪而言，是指发生于可航水上的交通运输行为，包括在内水、领海、群岛水域、毗连区、专属经济区及公海领域内进行的交通运输行为。

第二，本罪的客观方面表现为违反交通运输管理法规，因而发生重大交通事故，致人重伤、死亡或者使公私财产遭受重大损失的行为。司法实践中主要从以下四个相互联系的方面加以考察：一是行为人实施的行为必须违反了交通运输管理法规。所谓“交通运输管理法规”，是指国家相关部门制定的保证交通运输正常进行和交通运输安全的法律、法规和规章等，涉海的交通运输管理法规主要包括《海上交通安全法》、《港口法》、《内河交通安全管理条例》、《内河避碰规则》、《沿海码头靠泊能力管理规定》、《船舶引航管理规定》等。在司法实践中，违反交通运输管理法规的行为多表现为违反劳动纪律或操作规程违章指挥、违章作业、违章行驶，或者在正常作业过程中玩忽职守、擅离职守等情形，如船只强行横越、不按章避让、超速抢行、不按规定锚泊或停靠等。行为人违反交通运输管理法规的行为可以表现为作为与不作为两种方式，作为的方式如超速行驶、超载行驶、抢行猛拐等；不作为的方式如不按规定鸣笛示警、不按规定航道行驶、夜间航行不开照明灯等。二是行为人的行为必须导致发生重大事故，出现致人重伤、死亡或者使公私财产遭受重大损失的严重后果，严重后果的出现是构成交通肇事罪的必要条件之一，如果行为人虽然违反了交通运输管理法规，实施了违法操作行为，但并未造成重伤、死亡或者使公私财产遭受重大损失的严重后果，则不应构成本罪。三是重伤、死亡或者使公私财产遭受重大损失的严重后果必须是由行为人的违法行为引起的，行为与结果之间存在着法律上的因果关系，如果行为人的违法行为与重伤、死亡或者使公私财产遭受重大损失的严重后果之间不具备法律意义上的因果关系，则不应对行为人按本罪论处。四是行为人违反交通运输管理法规的行为必须发生在公共交通管理范围内，即发生在普通陆路运输或海上运输的管理范围内，如公路、可航内水、领海、始发站、终点站、码头、值班室等场所。另外，行为人的行为即包括交通肇事过程中的实际驾驶、引领、指挥行为，还包括交通肇事前的强令违章驾驶行为及交通肇事后的指使逃逸行为。在公共交通管理的范围外，如在工厂、矿山、林场、建筑工地、企事业单位、院落内进行作业，驾驶机动车辆或者使用其他交通工具致人重伤、死亡或者使公私财产遭受重大损失的行为，应区分不同情况分别按照刑法规定的重大责任事故罪、重大劳动安全事故罪或过失致人死亡罪定罪处罚。

第三，本罪的主体为一般主体。即年满 16 周岁且具备刑事责任能力的自然人都可以成为本罪的犯罪主体。实践中主要包括如下人员：一是直接从事相关交通运输工作或交通运输管理工作的人员，包括普通公路交通运输人员和水路交通运输人员，如船长、轮机长、领航员、调度员、机动车驾驶员等。二是在交通肇事行为发生后，因指使肇事人逃逸致使被害人因得不到及时有效救助而死亡的单位主管人员、交通工具所有人、承包人及乘车人。三是交通肇事行为发生前，指使或强令他人违章驾驶以致发生重大交通事故的单位主管人员、交通工具所有人、承包人。四是其他达到刑事责任年龄具备刑事责任能力的行为人。

第四，本罪的主观方面必须是过失，包括疏忽大意的过失和过于自信的过失。即行为人对自己违反交通运输管理法规会导致重大交通事故的情况应当预见，由于疏忽大意而没有预见，或者虽然已经预见但行为人认为凭借自己的能力、技巧、经验等能够避免的主观心理态度。实践中，行为人对违反交通运输管理法规行为的认识可能是故意，但是对于因此而造成严重交通事故的危害后果的认识则必须是过失。

【犯罪认定】

1. 划清罪与非罪的界限

首先，应注意区分交通肇事罪与一般交通意外事件的界限。交通肇事罪与一般交通意外事件虽然都是发生了重大交通事故，导致人员重伤、死亡或者公私财产遭受重大损失的危害后果，但交通肇事罪的行为人是由于违反了交通运输管理法规，对危害结果的出现具有主观上的过失，而一般交通意外事件则是由于不能预见或不能抗拒的原因引起的，行为人对危害结果的出现不具有主观上的过失，交通意外事件的行为人不能按犯罪处理。

其次，应注意区分交通肇事罪与一般交通事故的界限。交通肇事罪与一般交通事故的发生虽然都源于行为人违反交通运输管理法规的行为，但一般交通事故并未造成人员重伤、死亡或者公私财产遭受重大损失的严重后果，对行为人不应以犯罪论处。只有当行为人违反交通运输管理法规的行为造成了人员重伤、死亡或者公私财产遭受重大损失的严重后果，才能构成本罪。

2. 划清本罪与破坏交通工具罪的界限

交通肇事罪与破坏交通工具罪侵犯的客体都是交通运输安全和公共安全，犯罪主体都是年满 16 周岁且具备刑事责任能力的自然人。两罪的主要区别在于：第一，客观方面表现不同。交通肇事罪表现为违反交通运输管理法规因而发生重大交通事故，致使人员重伤、死亡或使公私财产遭受重大损失的行为；破坏交通工具罪表现为实施破坏火车、汽车、电车、船只、航空器，足以使火车、汽车、电车、船只、航空器发生倾覆、毁坏危险，危害公共安全的行为。第二，主观方面的内容不同。交通肇事罪的主观方面表现为过失；破坏交通工具罪的主观方面表现为故意。

3. 划清本罪与危险驾驶罪的界限

《刑法修正案（八）》在交通肇事罪后增设了危险驾驶罪，危险驾驶罪是指在道路上驾驶机动车追逐竞驶情节恶劣的行为及醉酒驾驶机动车的行为。交通肇事罪的适用范围宽于危险驾驶罪，危险驾驶罪只能适用于陆路交通中的道路上追逐竞驶及酒后驾驶等行为；交通肇事罪则既可以适用于陆路交通也可以适用于水路交通。交通肇事罪与危险驾驶罪的主观方面不同，交通肇事罪要求行为人主观上具有过失的心理态度，而危险驾驶罪的主观方面为故意。交通肇事罪与危险驾驶罪对危害结果的要求不同，危险驾驶罪为危险犯，只要行为人实施了在道路上驾驶机动车追逐竞驶、醉酒驾驶的行为，即使没有造成严重危害后果也可构成犯罪；交通肇事罪只有造成人员重伤、死亡或者公私财产遭受重大损失的严重后果，才能构成犯罪。实践中，如果行为人实施了危险驾驶行为，同时还构成交通肇事罪或者以危险方法危害公共安全罪的，应依照处罚较重的罪名处罚，不实行数罪并罚。

4. 划清本罪与以危险方法危害公共安全罪的界限

交通肇事罪与以危险方法危害公共安全罪（驾车冲撞人群）侵犯的客体都是公共安全，两罪的主要区别在于：第一，犯罪主体不尽相同。两罪的犯罪主体虽然都是一般主体，即年满 16 周岁且具备刑事责任能力的自然人，但交通肇事罪的犯罪主体多为直接从事相关交通运输工作或交通运输管理工作的人员以及指使、强令他人违章驾驶或指使肇事人逃逸的单位主管人员、交通工具所有人、承包人及乘客。第二，主观的罪过形式不同。以危险方法危害公共安全罪是故意犯罪，交通肇事罪是过失犯罪。第三，对危害结果的要求不同。以危险方法危害公共安全罪（驾车冲撞人群）属于行为犯，行为人只要实施了驾驶交通工具冲撞人群、服用致幻药品（毒品、致幻剂、精神药物等）驾驶交通工具的行为即可构成犯罪，是否实际发生了致人重伤、死亡或者公私财产遭受重大损失的严重危害后果只具有量刑意义，并不影响犯罪的成立。而对于交通肇事罪而言，只有行为人违反交通运输管理法规的行为已经导致发生重大事故，出现了致人重伤、死亡或者使公私财产遭受重大损失的严重后果，才能构成本罪，如果行为人违反交通运输管理法规的行为并未导致发生重大事故或造成严重后果，则不能构成交通肇事罪，只能按一般交通事故处理。

【立案标准】

行为人涉嫌违反交通运输管理法规出现下列情形的应予以立案：

1. 死亡1人或者重伤3人以上，负事故全部或者主要责任的；

2. 死亡3人以上，负事故同等责任的；

3. 造成公共财产或者他人财产直接损失，负事故全部或者主要责任，无能力赔偿数额在30万元以上的。

交通肇事致1人以上重伤，负事故全部或者主要责任，并具有下列情形之一的应予以立案：

1. 酒后、吸食毒品后驾驶机动车辆的；

2. 无驾驶资格驾驶机动车辆的；

3. 明知是安全装置不全或者安全机件失灵的机动车辆而驾驶的；

4. 明知是无牌证或者已报废的机动车辆而驾驶的；

5. 严重超载驾驶的；

6. 为逃避法律追究逃离事故现场的。

【法条链接】

《刑法》第一百三十三条　违反交通运输管理法规，因而发生重大事故，致人重伤、死亡或者使公私财产遭受重大损失的，处三年以下有期徒刑或者拘役；交通运输肇事后逃逸或者有其他特别恶劣情节的，处三年以上七年以下有期徒刑；因逃逸致人死亡的，处七年以上有期徒刑。

2000年发布的最高人民法院《关于审理交通肇事刑事案件具体应用法律若干问题的解释》

第二条　交通肇事具有下列情形之一的，处三年以下有期徒刑或者拘役：

（一）死亡一人或者重伤三人以上，负事故全部或者主要责任的；

（二）死亡三人以上，负事故同等责任的；

（三）造成公共财产或者他人财产直接损失，负事故全部或者主要责任，无能力赔偿数额在三十万元以上的。

交通肇事致一人以上重伤，负事故全部或者主要责任，并具有下列情形之一的，以交通肇事罪定罪处罚：

（一）酒后、吸食毒品后驾驶机动车辆的；

（二）无驾驶资格驾驶机动车辆的；

（三）明知是安全装置不全或者安全机件失灵的机动车辆而驾驶的；

（四）明知是无牌证或者已报废的机动车辆而驾驶的；

（五）严重超载驾驶的；

（六）为逃避法律追究逃离事故现场的。

第四条　交通肇事具有下列情形之一的，属于“有其他特别恶劣情节”，处三年以上七年以下有期徒刑：

（一）死亡二人以上或者重伤五人以上，负事故全部或者主要责任的；

（二）死亡六人以上，负事故同等责任的；

（三）造成公共财产或者他人财产直接损失，负事故全部或者主要责任，无能力赔偿数额在六十万元以上的。

第八条　在实行公共交通管理的范围内发生重大交通事故的，依照刑法第一百三十三条（交通肇事罪）和本解释的有关规定办理。

在公共交通管理的范围外，驾驶机动车辆或者使用其他交通工具致人伤亡或者致使公共财产或者他人财产遭受重大损失，构成犯罪的，分别依照刑法第一百三十四条（重大责任事故罪）、第一百三十五条（重大劳动安全事故罪）、第二百三十三条（过失致人死亡罪）等规定定罪处罚。

十五、重大责任事故罪

【罪名释义】

重大责任事故罪，是指在生产、作业中违反有关安全管理的规定，因而发生重大伤亡事故或者造成其他严重后果的行为。

【海上犯罪】

在海上犯罪中，重大责任事故罪主要发生在海上平台石油开采、大型海上平台建设、跨海大桥和海底隧道建设以及海底石油管道、燃气管道、光缆管道的铺设和渔船出海捕捞等海上生产作业方面。

【犯罪构成】

本罪的犯罪构成表现在如下四个方面：

第一，本罪侵犯的客体是生产、作业安全，即从事生产、作业的不特定或多数人的生命、健康的安全和重大公私财产的安全。行为人在海上平台石油开采、海底石油管道和燃气管道铺设、渔船出海捕捞等生产作业活动中，违反有关安全管理的规定，发生重大责任事故，就会侵害不特定或多数人的生命、健康的安全和重大公私财产的安全。

第二，本罪的客观方面表现为行为人在生产、作业活动中，不服管理、不负责任、违反相关安全管理规定，因而发生重大伤亡事故或者给公私财产造成重大损失的行为。“不服管理”是指从事生产、施工、作业的工作人员不服从本单位管理人员的管理，或者不服从本单位领导出于安全生产考虑对工作的安排。“不负责任”是指从事生产、施工、作业的安全管理人员、主要负责人及工作人员漫不经心、消极懈怠，漠视国家、地方及单位制定的相关安全生产法律、法规、规章、制度。“违反相关安全管理规定”包括四个层面的内容，其一，国家为保障和促进各单位的生产、作业安全所发布的相关法律、法规、规章、条例等。其二，各单位的上级主管部门及各单位自身为保障和促进生产、作业安全所发布的相关规则、规程、守则、章程等，我国《安全生产法》第 54 条明确规定："从业人员在作业过程中，应当严格遵守本单位的安全生产规章制度和操作规程，服从管理，正确佩戴和使用劳动防护用品。"其三，各单位所属行业协会为保障和促进生产、作业安全所发布的相关标准、规定等。其四，虽然没有明文规定，但各单位管理人员、直接责任人员及具体工作人员应该遵循的约定俗成、行之有效的操作习惯和惯例等。从事海上生产、作业人员必须具备如下三个方面的客观要件才能构成重大责任事故罪：一是海上生产、作业人员实施了违反相关安全管理规定的管理、操作行为；二是海上生产、作业人员所实施的违反安全管理规定的管理、操作行为造成了重大伤亡事故或其他严重后果；三是该行为及后果发生在海上生产、作业活动中，或者与生产、作业密切相关。

第三，本罪的主体为一般主体。即年满 16 周岁且具备刑事责任能力的自然人。具体包括对生产、作业负有组织、指挥或者管理职责的负责人、管理人员、实际控制人、投资人等人员，以及直接从事生产、作业的人员。"实际控制人"是指虽然在名义上不是企业的法定代表人或者具体的管理人员，但是实际上却指挥、控制着企业的生产、经营、安全、投资和人事任免等重大事项和重要事务，对重大决策起决定作用的人员。"实际控制人"的产生原因主要有三个方面：其一，由于没有法律依据，实际控制人不能出面担任生产、作业单位的法人或其他经营管理人员，如具备国家工作人员背景的实际控制人；其二，实际控制人害怕承担生产、作业单位所产生的相关管理责任，而主动避免以生产、作业单位的法人或其他经营管理人员的身份出现；其三，行为人虽然不是公司的股东，但通过投资关系、协议或者其他安排，能够实际支配公司行为的实际控制人。这里的"投资人"主要是指负责生产经营管理的投资人，该投资人对劳动安全设施和其他安全生产条件的投入和维护负有资金投入义务，而基于投资权益，投资人一般都享有生产经营管理权，对于实际没有参与生产经营管理的投资人，则不应追究其刑事责任。单位不能构成本罪主体。

第四，本罪的主观方面表现为过失。行为人在生产、作业过程中对相关安全管理规定的违反可能是出于明知或故意，但对于行为所引发的严重后果则只能是过失，包括疏忽大意的过失和过于自信的过失。

【犯罪认定】

1. 划清罪与非罪的界限

首先，应注意区分本罪与意外事件的界限。意外事件是指行为在客观上虽然造成了损害后果，但不是出于行为人的故意或者过失，而是由于不能预见或不能抗拒的原因所引起的。在生产、作业过程中可能遇到的意外事件包括行为人无任何责任的自然事故、技术事故、科学实验事故等，其共同点在于，受限于当时的自然条件、科学发展、技术条件及设备条件等，所发生的伤亡事故或公私财产遭受损失的严重后果是行为人无法预见、不能避免的。区分重大责任事故罪与意外事件的关键在于行为人客观上是否有违反安全管理规定的行为，主观上是否对所造成的严重后果具有过失的心理态度。如果发生的重大伤亡事故或其他严重后果是由于行为人违反安全管理规定引起的，且行为人主观上存在过失，则可以构成重大责任事故罪；如果行为人并未违反安全管理规定，且行为人主观上也不存在过失，即使发生重大伤亡事故或其他严重后果，行为人也不能构成犯罪，只能按意外事件处理。

其次，应注意区分本罪与违反有关安全管理规定造成一般性事故的界限。重大责任事故罪与一般性事故虽然都发生在生产、作业过程中，并且都是因为行为人实施了违反安全管理规定的管理、操作行为而导致出现了一定的损害后果，但两者之间在损害程度上有明显区别。一般性事故所造成的损害后果较轻，没有出现重大伤亡事故或者其他严重后果，并未达到构成重大责任事故罪的标准，如事故中只是造成了个别人轻伤或少量财产损失的，不应按犯罪处理，可以依照《安全生产法》给予处罚。只有行为人违反安全管理规定的行为造成了重大伤亡事故或者其他严重后果，达到了法定的构罪标准，才能对行为人按重大责任事故罪处罚。

2. 划清本罪与危险物品肇事罪的界限

危险物品肇事罪是指违反爆炸性、易燃性、放射性、毒害性、腐蚀性物品的管理规定，在生产、储存、运输、使用中发生重大事故，造成严重后果的行为。重大责任事故罪与危险物品肇事罪都是过失犯罪，在客观方面都表现为行为人违反相关管理规定并导致严重危害后果出现的情形。两罪的主要区别在于：第一，犯罪主体范围不尽相同。两罪的犯罪主体虽然都是一般主体，但重大责任事故罪的主体是从事生产、作业的人员，包括对生产、作业负有组织、指挥或者管理职责的负责人、管理人员、实际控制人、投资人等人员，以及直接从事生产、作业的人员；危险物品肇事罪则多为从事生产、储存、运输、使用爆炸性、易燃性、放射性、毒害性、腐蚀性危险物品工作人员。第二，行为发生的场合不尽相同。重大责任事故罪发生在生产、作业过程中，生产、作业的对象是普通物品；危险物品肇事罪则发生在生产、储存、运输、使用危险物品的过程中，对象是具有爆炸性、易燃性、放射性、毒害性、腐蚀性的危险物品。如果行为人在生产具有爆炸性、易燃性、放射性、毒害性、腐蚀性危险物品时，因违反相关安全管理规定，发生重大事故、造成严重后果的，应按照危险物品肇事罪定罪处刑。

3. 划清本罪与过失爆炸罪、过失投放危险物质罪、失火罪的界限

重大责任事故罪与过失爆炸罪、过失投放危险物质罪、失火罪都是过失犯罪；在客观危害方面都可能表现为爆炸、中毒、火灾等重大事故或严重后果。重大责任事故罪与其他三个罪名区别的关键在于客观行为发生的场合不尽相同。重大责任事故罪的行为发生在单位正常生产、作业活动中，由于行为人违反有关安全管理的规定而发生重大伤亡事故或者造成了其他严重后果；过失爆炸罪、过失

投放危险物质罪、失火罪的行为则不是发生在正常生产、作业过程中，实践中多是由于行为人在日常生活中缺乏安全意识或安全意识淡薄、不负责任、违规操作而引发了爆炸、中毒或者火灾等重大事故。

4. 划清本罪与玩忽职守罪的界限

玩忽职守罪是指国家机关工作人员玩忽职守、严重不负责任，致使公共财产、国家和人民利益遭受重大损失的行为。重大责任事故罪与玩忽职守罪都是过失犯罪，两罪的主要区别在于：第一，犯罪主体不同。重大责任事故罪的主体是从事生产、作业的人员，包括对生产、作业负有组织、指挥或者管理职责的负责人、管理人员、实际控制人、投资人等人员，以及直接从事生产、作业的人员；玩忽职守罪的主体是国家机关工作人员，是国家机关中从事公务的人员，不包括从事劳务的人员。第二，犯罪行为侵犯的客体不同。重大责任事故罪的犯罪客体是各相关单位的生产、作业安全；玩忽职守罪侵犯的客体是国家机关的正常管理活动。第三，犯罪客观方面不同。重大责任事故罪的客观方面表现为行为人在生产、作业活动中，不服管理、不负责任、违反相关安全管理规定，因而发生重大伤亡事故或者给公私财产造成重大损失的行为；玩忽职守罪发生在国家机关工作人员执行国家管理职能的公务活动中，表现为行为人严重不负责任，不履行或者不正确履行职责，致使公共财产，国家、集体和人民利益遭受重大损失的行为。

【立案标准】

行为人涉嫌违反相关安全管理规定，出现下列情形的应予以立案：

1. 造成死亡 1 人以上，或者重伤 3 人以上的；
2. 造成直接经济损失 100 万元以上的；
3. 其他造成严重后果或者重大安全事故的情形。

【法条链接】

《刑法》第一百三十四条第一款　在生产、作业中违反有关安全管理的规定，因而发生重大伤亡事故或者造成其他严重后果的，处三年以下有期徒刑或者拘役；情节特别恶劣的，处三年以上七年以下有期徒刑。

2015年最高人民法院、最高人民检察院联合发布的《关于办理危害生产安全刑事案件适用法律若干问题的解释》

第一条　刑法第一百三十四条第一款（重大责任事故罪）规定的犯罪主体，包括对生产、作业负有组织、指挥或者管理职责的负责人、管理人员、实际控制人、投资人等人员，以及直接从事生产、作业的人员。

第六条第一款 实施刑法第一百三十二条（铁路运营安全事故罪）、第一百三十四条第一款（重大责任事故罪）、第一百三十五条（重大劳动安全事故罪）、第一百三十五条之一（大型群众性活动重大安全事故罪）、第一百三十六条（危险物品肇事罪）、第一百三十九条（消防责任事故罪）规定的行为，因而发生安全事故，具有下列情形之一的，应当认定为"造成严重后果"或者"发生重大伤亡事故或者造成其他严重后果"，对相关责任人员，处三年以下有期徒刑或者拘役：（一）造成死亡一人以上，或者重伤三人以上的；（二）造成直接经济损失一百万元以上的；（三）其他造成严重后果或者重大安全事故的情形。

第七条第一款　实施刑法第一百三十二条（铁路运营安全事故罪）、第一百三十四条第一款（重大责任事故罪）、第一百三十五条（重大劳动安全事故罪）、第一百三十五条之一（大型群众性活动重大安全事故罪）、第一百三十六条（危险物品肇事罪）、第一百三十九条（消防责任事故罪）规定的行为，因而发生安全事故，具有下列情形之一的，对相关责任人员，处三年以上七年以下有期徒刑：

（一）造成死亡三人以上或者重伤十人以上，负事故主要责任的；

（二）造成直接经济损失五百万元以上，负事故主要责任的；

（三）其他造成特别严重后果、情节特别恶劣或者后果特别严重的情形。

十六、强令违章冒险作业罪

【罪名释义】

强令违章冒险作业罪，是指强令他人违章冒险作业，因而发生重大伤亡事故或者造成其他严重后果的行为。

【海上犯罪】

在海上犯罪中，强令违章冒险作业罪主要发生在海上平台石油开采、大型海上平台建设、海底隧道建设以及海底石油管道、燃气管道、光缆管道的铺设和渔船出海捕捞等海上生产作业方面。

【犯罪构成】

本罪的犯罪构成表现在如下四个方面：

第一，本罪侵犯的客体的是生产、作业的安全，即从事生产、作业的不特定或多数人的生命、健康的安全和重大公私财产的安全。

第二，本罪的客观方面表现为强令他人违章冒险作业，因而发生重大伤亡事故或者造成其他严重后果的行为。根据最高人民法院、最高人民检察院2015年联合发布的《关于办理危害生产安全刑事案件适用法律若干问题的解释》第5条规定，明知存在事故隐患、继续作业存在危险，仍然违反有关安全管理的规定，实施下列行为之一的，应当认定为刑法第一百三十四条第二款规定的“强令他人违章冒险作业”：（1）利用组织、指挥、管理职权，强制他人违章作业的；（2）采取威逼、胁迫、恐吓等手段，强制他人违章作业的；（3）故意掩盖事故隐患，组织他人违章作业的；（4）其他强令他人违章作业的行为。对于何种行为能达到“强令”的程度，不应单纯从行为外在表现形式机械地理解，应以是否足以对被强令者产生心理、精神强制并促使其实施违章冒险作业为标准。

第三，本罪的主体为一般主体。即年满 16 周岁且具备刑事责任能力的自然人。具体包括对生产、作业负有组织、指挥或者管理职责的负责人、管理人员、实际控制人、投资人等人员。“实际控制人”是指虽然在名义上不是企业的法定代表人或者具体的管理人员，但是实际上却指挥、控制着企业的生产、经营、安全、投资和人事任免等重大事项和重要事务，对重大决策起决定作用的人员。“实际控制人”的产生原因主要有三个方面：其一，由于没有法律依据，实际控制人不能出面担任生产、作业单位的法人或其他经营管理人员，如具备国家工作人员背景的实际控制人；其二，实际控制人害怕承担生产、作业单位所产生的相关管理责任，而主动避免以生产、作业单位的法人或其他经营管理人员的身份出现；其三，行为人虽然不是公司的股东，但通过投资关系、协议或者其他安排，能够实际支配公司行为的实际控制人。这里的“投资人”主要是指负责生产经营管理的投资人，该投资人对劳动安全设施和其他安全生产条件的投入和维护负有资金投入义务，而基于投资权益，投资人一般都享有生产经营管理权，对于实际没有参与生产经营管理的投资人则不应追究其刑事责任。单位不能构成本罪主体。

第四，本罪的主观方面表现为过失，即行为人应当预见自己强令他人违章冒险作业，可能会发生重大伤亡事故或者造成其他严重后果，因为疏忽大意而没有预见或虽然已经预见但轻信能够避免的心理态度。行为人对自己强令他人违章冒险作业的行为应该是出于明知或故意，但对于强令他人违章冒险作业行为所引发的严重后果则只能是过失。

【犯罪认定】

1. 划清罪与非罪的界限

首先，应注意区分本罪与意外事件的界限。意外事件是指行为在客观上虽然造成了损害后果，但不是出于行为人的故意或者过失，而是由于不能预见或不能抗拒的原因所引起的。在生产、作业过程中可能遇到的意外事件包括行为人无任何责任的自然事故、技术事故、科学实验事故等，其共同点在于，受限于当时的自然条件、科学发展、技术条件及设备条件等，所发生的伤亡事故或公私财产遭受损失的严重后果是行为人无法预见、不能避免的。强令违章冒险作业罪与意外事件虽然在客观上都造成了重大伤亡事故或者其他严重后果，但两者存在着明显的差别，区分的关键在于行为人客观上是否实施了强令他人违章冒险作业的行为，主观上是否对所造成的严重后果具有过失的心理态度。如果发生的重大伤亡事故或其他严重后果是由于行为人强令他人违章冒险作业引起的，且行为人主观上存在过失，则可以构成强令违章冒险作业罪；如果行为人并未实施强令他人违章冒险作业的行为，且行为人主观上也不存在过失，即使发生重大伤亡事故或其他严重后果，行为人也不能构成犯罪，只能按意外事件处理。

其次，应注意区分本罪与强令违章冒险作业造成一般性事故的界限。强令违章冒险作业罪与强令违章冒险作业造成一般性事故虽然都发生在生产、作业过程中，并且都是因为行为人实施了强令违章冒险作业的行为而导致出现了一定的损害后果，但两者之间在损害程度上有明显区别。一般性事故所造成的损害后果较轻，没有出现重大伤亡事故或者其他严重后果，并未达到构成强令违章冒险作业罪的标准，如事故中只是造成了个别人轻伤或少量财产损失的，不应按犯罪处理。只有行为人强令违章冒险作业的行为造成了重大伤亡事故或者其他严重后果，达到了法定的构罪标准，才能对行为人按强令违章冒险作业罪处罚。

2. 划清本罪与重大责任事故罪的界限

虽然强令违章冒险作业罪与重大责任事故罪的主观方面都是出于过失，侵犯的客体都是生产、作业安全，客观上也都造成了重大伤亡事故或者其他严重后果，但二者仍存在着差别。强令违章冒险作业罪与重大责任事故罪是一般与特殊的关系，行为人在生产、作业过程中违反有关安全管理的规定，因而发生重大伤亡事故或造成其他严重后果的行为，按重大责任事故罪处理。如果行为人违反安全管理规定造成的严重后果，是因为实施了强令他人违章冒险作业造成的，则应以强令违章冒险作业罪定罪处罚。强令他人违章冒险作业是违反安全管理规定的行为表现之一，对社会的危害程度更加严重，所以强令违章冒险作业罪的法定刑重于重大责任事故罪的法定刑。

3. 划清本罪与重大劳动安全事故罪的界限

强令违章冒险作业罪与重大劳动安全事故罪的主观方面都是出于过失，侵犯的客体都是生产、作业安全，客观上也都造成了重大伤亡事故或者其他严重后果，但二者仍存在着差别。重大劳动安全事故罪是指由于安全生产条件或安全生产设施不符合国家相关规定，因而发生重大伤亡事故或者造成其他严重后果的行为。强令违章冒险作业罪主要表现为行为人在生产、作业过程中强令他人违章冒险作业，引发安全事故的行为，一般表现为作为的方式，重大劳动安全事故罪主要表现为劳动场所的硬件设施或者向劳动者提供的安全生产防护用品和防护措施不符合国家规定，经有关部门或单位提出后，对事故隐患仍不采取措施的行为，一般表现为不作为的方式。

【立案标准】

行为人涉嫌强令他人违章冒险作业，出现下列情形的应予以立案：

1. 造成死亡1人以上，或者重伤3人以上的；
2. 造成直接经济损失100万元以上的；
3. 其他造成严重后果或者重大安全事故的情形。

【法条链接】

《刑法》第一百三十四条第二款　强令他人违章冒险作业，因而发生重大伤亡事故或者造成其他严重后果的，处五年以下有期徒刑或者拘役；情节特别恶劣的，处五年以上有期徒刑。

2015年最高人民法院、最高人民检察院联合发布的《关于办理危害生产安全刑事案件适用法律若干问题的解释》

第二条　刑法第一百三十四条第二款（强令违章冒险作业罪）规定的犯罪主体，包括对生产、作业负有组织、指挥或者管理职责的负责人、管理人员、实际控制人、投资人等人员。

第五条　明知存在事故隐患、继续作业存在危险，仍然违反有关安全管理的规定，实施下列行为之一的，应当认定为刑法第一百三十四条第二款（强令违章冒险作业罪）规定的“强令他人违章冒险作业”：

（一）利用组织、指挥、管理职权，强制他人违章作业的；

（二）采取威逼、胁迫、恐吓等手段，强制他人违章作业的；

（三）故意掩盖事故隐患，组织他人违章作业的；

（四）其他强令他人违章作业的行为。

第七条第一、二款　实施刑法第一百三十二条（铁路运营安全事故罪）、第一百三十四条第一款（重大责任事故罪）、第一百三十五条（重大劳动安全事故罪）、第一百三十五条之一（大型群众性活动重大安全事故罪）、第一百三十六条（危险物品肇事罪）、第一百三十九条（消防责任事故罪）规定的行为，因而发生安全事故，具有下列情形之一的，对相关责任人员，处三年以上七年以下有期徒刑：

（一）造成死亡三人以上或者重伤十人以上，负事故主要责任的；

（二）造成直接经济损失五百万元以上，负事故主要责任的；

（三）其他造成特别严重后果、情节特别恶劣或者后果特别严重的情形。

实施刑法第一百三十四条第二款（强令违章冒险作业罪）规定的行为，因而发生安全事故，具有本条第一款规定情形的，对相关责任人员，处五年以上有期徒刑。

十七、重大劳动安全事故罪

【罪名释义】

重大劳动安全事故罪，是指安全生产设施或者安全生产条件不符合国家相关规定，因而发生重大伤亡事故或者造成其他严重后果的行为。

【海上犯罪】

在海上犯罪中，重大劳动安全事故罪主要发生在海上平台石油开采、大型海上平台建设、海底隧道建设以及海底石油管道、燃气管道、光缆管道的铺设和渔船出海捕捞等海上生产作业方面。

【犯罪构成】

本罪的犯罪构成表现在如下四个方面：

第一，本罪的客体是生产、作业安全，即从事生产、作业的不特定或多数人生命、健康的安全和重大公私财产的安全。

第二，本罪的客观方面表现为安全生产设施或者安全生产条件不符合国家规定，并因而发生重大伤亡事故或者造成其他严重后果的行为。这里的安全生产设施或者安全生产条件“不符合国家规定”，既包括生产、作业单位或场所完全没有安全生产设施或者安全生产条件，也包括生产、作业单位或场所虽有安全生产设施或者安全生产条件但并未达到国家要求的标准或不完全符合国家相关规定。所谓“安全生产设施”，是指为了防止和消除在生产过程中可能发生的伤亡事故，防止生产设备遭到破坏或造成重大财产损失，用以保障劳动者、生产设备、重大财产安全的技术设备、设施和各种用品。主要包括：（1）保险装置，即能自动消除生产、作业中由于设备故障或部件损害而可能引起的人身伤亡事故危险的装置，如安全阀、自动跳闸、卷扬限制器等；（2）防护装置，即以屏护、阻隔的方法将人体与生产、作业中可能发生危险的部分相隔离的装置；（3）信号装置，即在生产、作业活动遇到特定危险时发出信号、警报对生产作业人员予以警告、提示的报警装置，如烟感器、临界点报警器、电器指示灯等；（4）危险警示牌和识别标志，即生产、作业场所的危险告知标志以及借助醒目颜色或图形提醒生产作业人员判断是否安全的标志。“安全生产条件”主要是指有关安全生产的资格、岗位设置、技术保障、生产作业人员培训和规章制度等确保安全生产的要素。构成重大劳动安全事故罪，客观方面必须具备两个构成要素，一是生产、作业单位或场所的安全生产设施或者安全生产条件不符合国家规定；二是由于安全生产设施或者安全生产条件不符合国家规定而发生了重大伤亡事故或者造成了其他严重后果。

第三，本罪的主体为一般主体，实践中体现为对生产、作业活动直接负责的主管人员和其他直接责任人员。具体包括：对安全生产设施或者安全生产条件不符合国家规定负有直接责任的生产经营单位负责人、管理人员、实际控制人、投资人，以及其他对安全生产设施或者安全生产条件负有管理、维护职责的人员。“实际控制人”是指虽然在名义上不是企业的法定代表人或者具体的管理人员，但是实际上却指挥、控制着企业的生产、经营、安全、投资和人事任免等重大事项和重要事务，对重大决策起决定作用的人员。“实际控制人”的产生原因主要有三个方面：其一，由于没有法律依据，实际控制人不能出面担任生产、作业单位的法人或其他经营管理人员，如具备国家工作人员背景的实际控制人；其二，实际控制人害怕承担生产、作业单位所产生的相关管理责任，而主动避免以生产、作业单位的法人或其他经营管理人员的身份出现；其三，行为人虽然不是公司的股东，但通过投资关系、协议或者其他安排，能够实际支配公司行为的实际控制人。这里的“投资人”主要是指负责生产经营管理的投资人，该投资人对劳动安全设施和其他安全生产条件的投入和维护负有资金投入义务，而基于投资权益，投资人一般都享有生产经营管理权，对于实际没有参与生产经营管理的投资人，则不应追究其刑事责任。

第四，本罪的主观方面为过失，即行为人对发生的重大伤亡事故或者造成的其他严重后果应当预见，但是由于疏忽大意而没有预见或者虽然已经预见但是轻信能够避免的心理态度。对于安全生产设施或者安全生产条件不符合国家规定而没有采取改进措施的情况，行为人的主观方面既可以是故意也可以是过失。

【犯罪认定】

1. 划清罪与非罪的界限

首先，应注意区分本罪与意外事件的界限。意外事件是指行为在客观上虽然造成了损害后果，但不是出于行为人的故意或者过失，而是由于不能预见或不能抗拒的原因所引起的。在生产、作业过程中可能遇到的意外事件包括行为人无任何责任的自然事故、技术事故、科学实验事故等，其共同点在于，受限于当时的自然条件、科学发展、技术条件及设备条件等，所发生的伤亡事故或公私财产遭受损失的严重后果是行为人无法预见、不能避免的。重大劳动安全事故罪与意外事件虽然在客观上都造成了重大伤亡事故或者其他严重后果，但两者存在着明显的差别，区分的关键在于生产、作业单位或场所的安全生产设施或者安全生产条件是否符合国家相关规定，行为人主观上是否对所造成的严重后果具有过失的心理态度。如果发生的重大伤亡事故或其他严重后果是由于生产、作业单位或场所的安全生产设施、安全生产条件不符合国家相关规定引起的，且行为人主观上存在过失，则可以构成重大劳动安全事故罪；如果生产、作业单位或场所的安全生产设施、安全生产条件完全符合国家相关规定，且行为人主观上也不存在过失，即使发生重大伤亡事故或其他严重后果，行为人也不能构成犯罪，只能按意外事件处理。

其次，应注意区分本罪与安全生产设施、安全生产条件不符合国家相关规定而导致的一般性事故的界限。重大劳动安全事故罪与安全生产设施、安全生产条件不符合国家相关规定而导致的一般性事故虽然都发生在生产、作业过程中，并且都是因为安全生产设施、安全生产条件不符合国家相关规定而导致出现了一定的损害后果，但两者之间在损害程度上有明显区别。一般性事故所造成的损害后果较轻，没有出现重大伤亡事故或者其他严重后果，并未达到构成重大劳动安全事故罪的标准，如事故中只是造成了个别人轻伤或少量财产损失的，不应按犯罪处理。只有因为安全生产设施、安全生产条件不符合国家相关规定造成了重大伤亡事故或者其他严重后果，达到了法定的构罪标准，才能对行为人按重大劳动安全事故罪处罚。

2. 划清本罪与重大责任事故罪的界限

重大劳动安全事故罪与重大责任事故罪的主观方面都是出于过失，侵犯的客体都是生产、作业安全，客观上也都造成了重大伤亡事故或者其他严重后果，两罪的主要区别在于：第一，犯罪主体不同。重大劳动安全事故罪的主体是对生产、作业活动直接负责的主管人员和其他直接责任人员，具体包括对安全生产设施或者安全生产条件不符合国家规定负有直接责任的生产经营单位负责人、管理人员、实际控制人、投资人，以及其他对安全生产设施或者安全生产条件负有管理、维护职责的人员，并不包括直接从事生产、作业的人员；重大责任事故罪的主体涵盖了全部从事生产、作业的人员，包括对生产、作业负有组织、指挥或者管理职责的负责人、管理人员、实际控制人、投资人等人员，以及直接从事生产、作业的人员。由此可见，重大责任事故罪的主体范围大于重大劳动安全事故罪的主体范围。第二，犯罪客观方面表现不尽相同。重大劳动安全事故罪的客观方面表现为安全生产设施或者安全生产条件不符合国家规定，因而发生重大伤亡事故或者造成其他严重后果的行为，实践中多表现为不作为的方式；重大责任事故罪的客观方面表现为行为人在生产、作业活动中，不服管理、不负责任、违反相关安全管理规定，因而发生重大伤亡事故或者给公私财产造成重大损失的行为。

3. 划清本罪与强令违章冒险作业罪的界限

重大劳动安全事故罪与强令违章冒险作业罪的主观方面都是出

于过失，侵犯的客体都是生产、作业安全，客观上也都造成了重大伤亡事故或者其他严重后果，但两罪仍存在差别。强令违章冒险作业罪，是指强令他人违章冒险作业，因而发生重大伤亡事故或者造成其他严重后果的行为。重大劳动安全事故罪主要表现为劳动场所的硬件设施或者向劳动者提供的安全生产防护用品和防护措施不符合国家规定，经有关部门或单位提出后，对事故隐患仍不采取措施的行为，一般表现为不作为的方式。强令违章冒险作业罪主要表现为行为人在生产、作业过程中强令他人违章冒险作业，引发安全事故的行为，一般表现为作为的方式，

【立案标准】

行为人涉嫌因安全生产设施或者安全生产条件不符合国家相关规定而造成严重后果，出现下列情形的应予以立案：

1. 造成死亡 1 人以上，或者重伤 3 人以上的；
2. 造成直接经济损失 100 万元以上的；
3. 其他造成严重后果或者重大安全事故的情形。

【法条链接】

《刑法》第一百三十五条　安全生产设施或者安全生产条件不符合国家规定，因而发生重大伤亡事故或者造成其他严重后果的，对直接负责的主管人员和其他直接责任人员，处三年以下有期徒刑或者拘役；情节特别恶劣的，处三年以上七年以下有期徒刑。

2015 年最高人民法院、最高人民检察院联合发布的《关于办理危害生产安全刑事案件适用法律若干问题的解释》

第三条　刑法第一百三十五条规定的“直接负责的主管人员和其他直接责任人员”，是指对安全生产设施或者安全生产条件不符合国家规定负有直接责任的生产经营单位负责人、管理人员、实际控制人、投资人，以及其他对安全生产设施或者安全生产条件负有管理、维护职责的人员。

第七条第一、二款　实施刑法第一百三十二条（铁路运营安

全事故罪)、第一百三十四条第一款（重大责任事故罪)、第一百三十五条（重大劳动安全事故罪)、第一百三十五条之一（大型群众性活动重大安全事故罪)、第一百三十六条（危险物品肇事罪)、第一百三十九条（消防责任事故罪）规定的行为，因而发生安全事故，具有下列情形之一的，对相关责任人员，处三年以上七年以下有期徒刑：

（一）造成死亡三人以上或者重伤十人以上，负事故主要责任的；

（二）造成直接经济损失五百万元以上，负事故主要责任的；

（三）其他造成特别严重后果、情节特别恶劣或者后果特别严重的情形。

实施刑法第一百三十四条第二款（强令违章冒险作业罪）规定的行为，因而发生安全事故，具有本条第一款规定情形的，对相关责任人员，处五年以上有期徒刑。

十八、大型群众性活动重大安全事故罪

【罪名释义】

大型群众性活动重大安全事故罪，是指举办大型群众性活动违反安全管理规定，因而发生重大伤亡事故或者造成其他严重后果的行为。

【海上犯罪】

在海上犯罪中，大型群众性活动重大安全事故罪主要发生在海上客轮、豪华游轮以及大型海上平台等处所。活动组织者利用客轮、游轮等海上交通工具或海上平台组织大型的观光、游览、庆祝等活动，此类活动通常内容丰富，参加人员众多，受活动空间及救助措施限制，一旦发生安全事故，极有可能造成人员伤亡和重大财产损失的严重后果。

【犯罪构成】

本罪的犯罪构成表现在如下四个方面：

第一，本罪的客体是具有公共安全意义的公众人身和财产安全。实践中，一些大型活动的组织者、管理人员只顾谋取经济利益，漠视人民群众的人身和财产安全，不顾及国家对相关活动的安全管理规定或由于活动安排及现场管理不当，致使大型群众性活动现场秩序严重混乱失控、造成人员挤压踩踏，因而发生了重大伤亡事故或者造成了其他严重后果。

第二，本罪的客观方面表现为举办大型群众性活动违反安全管理规定，因而发生重大伤亡事故或者造成其他严重后果的行为。构成大型群众性活动重大安全事故罪，客观方面必须具备两个构成要素，一是行为人举办大型群众性活动时违反了相关安全管理规定；二是所举办的大型群众性活动发生了重大伤亡事故或者造成了其他严重后果。这里的“举办”既包括有偿举办也包括无偿举办，既可以是民间举办也可以是官方举办。这里的“大型群众性活动”是指在特定举办人的组织管理下，不特定多数人为某一事项而聚集在一起的活动，可以参照 2007 年 10 月 1 日起实施的《大型群众性活动安全管理条例》加以理解。该条例规定，“大型群众性活动”是指法人或者其他组织面向社会公众举办的每场次预计参加人数达到 1000 人以上的下列活动：（1）体育比赛活动；（2）演唱会、音乐会等文艺演出活动；（3）展览、展销等活动；（4）游园、灯会、庙会、花会、焰火晚会等活动；（5）人才招聘会、现场开奖的彩票销售等活动。“违反安全管理规定”中的“安全管理规定”主要包括但不限于以下内容：（1）进行安全风险预测或者评估，制定安全工作方案和处置突发事件应急预案；（2）配备与大型活动安全工作需要相适应的专职保安人员以及其他安全工作人员；（3）建立并落实安全责任制度，确定安全责任人，明确安全措施、岗位职责；（4）为大型活动的安全工作提供必需的物质保障；（5）组织实施现场安全工作，开展安全检查，发现安全隐患并及时消除；（6）活动人数在千人以上的，应报公安机关审批。

第三，本罪的主体为一般主体，即举办大型群众性活动的“直接负责的主管人员和其他直接责任人员”，既包括对举办大型群众性活动负有组织、指挥、领导、管理职责的人员，也包括在大型群众性活动中负责群众安全，负有现场落实、执行职责的具体工作人员，如安全检查员、安全督导员、安全疏散员等。

第四，本罪的主观方面表现为过失。即在举办大型群众性活动时，行为人应当预见自己违反安全管理规定的行为可能引发重大伤亡事故或者造成其他严重后果，因为疏忽大意而没有预见，或者虽然已经预见但轻信能够避免的心理态度。行为人对行为所造成的严重后果是过失，但对自己违反安全管理规定的情况则通常表现为明知或故意的心理态度。

【犯罪认定】

1. 划清罪与非罪的界限

首先，应注意区分本罪与意外事件的界限。意外事件是指行为在客观上虽然造成了损害后果，但不是出于行为人的故意或者过失，而是由于不能预见或不能抗拒的原因所引起的。意外事件是由于受限于当时的自然条件、科学发展、技术条件及设备条件等，所发生的伤亡事故或公私财产遭受损失的严重后果是行为人无法预见、不能避免的。大型群众性活动重大安全事故罪与意外事件虽然在客观上都造成了重大伤亡事故或者其他严重后果，但两者存在着明显的差别，区分的关键在于行为人是否违反了国家相关安全管理规定，行为人主观上是否对所造成的严重后果具有过失的心理态度。如果发生的重大伤亡事故或其他严重后果是行为人违反国家相关安全管理规定的行为引起的，且行为人主观上存在过失，则可以构成大型群众性活动重大安全事故罪；如果行为人并未违反国家相关安全管理规定，且行为人主观上也不存在过失，即使发生重大伤亡事故或其他严重后果，行为人也不能构成犯罪，只能按意外事件处理。

其次，应注意区分本罪与举办大型群众性活动违反安全管理规定导致的一般性事故的界限。大型群众性活动重大安全事故罪与举办大型群众性活动违反安全管理规定导致的一般性事故虽然都发生在大型群众性活动过程中，并且都是因为行为人违反了国家相关安全管理规定而导致出现了一定的损害后果，但两者之间在损害程度上有明显区别。一般性事故所造成的损害后果较轻，没有出现重大伤亡事故或者其他严重后果，并未达到构成大型群众性活动重大安全事故罪的标准，如事故中只是造成了个别人轻伤或少量财产损失的，不应按犯罪处理。只有因为行为人违反了国家相关安全管理规定造成了重大伤亡事故或者其他严重后果，达到了法定的构罪标准，才能对行为人按大型群众性活动重大安全事故罪处罚。

2. 划清本罪与重大责任事故罪、重大劳动安全事故罪的界限

本罪与重大责任事故罪及重大劳动安全事故罪的主观方面都是出于过失，客观上也都造成了重大伤亡事故或者其他严重后果，本罪与其他两罪的主要区别在于：第一，犯罪主体不尽相同。虽然三罪的主体都是一般主体，但大型群众性活动重大安全事故罪的主体是举办大型群众性活动的“直接负责的主管人员和其他直接责任人员”，而重大责任事故罪和重大劳动安全事故罪的主体则是与生产作业活动密切相关的人员。重大责任事故罪的主体包括全部从事生产、作业的人员，既包括对生产、作业负有组织、指挥或者管理职责的负责人、管理人员、实际控制人、投资人等人员，也包括直接从事生产、作业的人员，重大劳动安全事故罪的主体则是对生产、作业活动直接负责的主管人员和其他直接责任人员，具体包括对安全生产设施或者安全生产条件不符合国家规定负有直接责任的生产经营单位负责人、管理人员、实际控制人、投资人，以及其他对安全生产设施或者安全生产条件负有管理、维护职责的人员。第二，犯罪客观方面表现不尽相同。大型群众性活动重大安全事故罪的客观方面表现为举办大型群众性活动违反安全管理规定，因而发生重大伤亡事故或者造成其他严重后果的行为；重大责任事故罪的

客观方面表现为行为人在生产、作业活动中，不服管理、不负责任、违反相关安全管理规定，因而发生重大伤亡事故或者给公私财产造成重大损失的行为；重大劳动安全事故罪的客观方面表现为安全生产设施或者安全生产条件不符合国家规定，因而发生重大伤亡事故或者造成其他严重后果的行为。另外，上述三罪的发生场所也存在差别，重大责任事故罪和重大劳动安全事故罪通常发生在与生产、作业活动密切相关的场所，而大型群众性活动重大安全事故罪则发生在适合举办大型群众性活动的场所。

【立案标准】

行为人涉嫌举办大型群众性活动违反安全管理规定而造成严重后果，出现下列情形的应予以立案：

1. 造成死亡 1 人以上，或者重伤 3 人以上的；
2. 造成直接经济损失 100 万元以上的；
3. 其他造成严重后果或者重大安全事故的情形。

【法条链接】

《刑法》第一百三十五条之一　举办大型群众性活动违反安全管理规定，因而发生重大伤亡事故或者造成其他严重后果的，对直接负责的主管人员和其他直接责任人员，处三年以下有期徒刑或者拘役；情节特别恶劣的，处三年以上七年以下有期徒刑。

2015 年最高人民法院、最高人民检察院联合发布的《关于办理危害生产安全刑事案件适用法律若干问题的解释》

第六条第一款　实施刑法第一百三十二条（铁路运营安全事故罪）、第一百三十四条第一款（重大责任事故罪）、第一百三十五条（重大劳动安全事故罪）、第一百三十五条之一（大型群众性活动重大安全事故罪）、第一百三十六条（危险物品肇事罪）、第一百三十九条（消防责任事故罪）规定的行为，因而发生安全事故，具有下列情形之一的，应当认定为“造成严重后果”或者“发生重大伤亡事故或者造成其他严重后果”，对相关责任人员，处三年以下有期徒刑或者拘役：

（一）造成死亡一人以上，或者重伤三人以上的；

（二）造成直接经济损失一百万元以上的；

（三）其他造成严重后果或者重大安全事故的情形。

第七条第一款　实施刑法第一百三十二条（铁路运营安全事故罪）、第一百三十四条第一款（重大责任事故罪）、第一百三十五条（重大劳动安全事故罪）、第一百三十五条之一（大型群众性活动重大安全事故罪）、第一百三十六条（危险物品肇事罪）、第一百三十九条（消防责任事故罪）规定的行为，因而发生安全事故，具有下列情形之一的，对相关责任人员，处三年以上七年以下有期徒刑：

（一）造成死亡三人以上或者重伤十人以上，负事故主要责任的；

（二）造成直接经济损失五百万元以上，负事故主要责任的；

（三）其他造成特别严重后果、情节特别恶劣或者后果特别严重的情形。

十九、危险物品肇事罪

【罪名释义】

危险物品肇事罪，是指违反爆炸性、易燃性、放射性、毒害性、腐蚀性物品的管理规定，在生产、储存、运输、使用中发生重大事故，造成严重后果的行为。

【海上犯罪】

在海上犯罪中，危险物品肇事罪既可能发生在使用海上交通运输工具运输爆炸性、易燃性、放射性、毒害性、腐蚀性物品的过程中，也可能发生在海上平台或海上交通工具对爆炸性、易燃性、放射性、毒害性、腐蚀性物品的使用过程中，还可能发生在利用海底管道输送天然气、石油的过程中。

【犯罪构成】

本罪的犯罪构成表现在如下四个方面：

第一，本罪侵犯的客体是公共安全，即爆炸性、易燃性、放射性、毒害性、腐蚀性物品在生产、储存、运输、使用中的安全。

第二，本罪的客观方面表现为行为人违反爆炸性、易燃性、放射性、毒害性、腐蚀性物品的管理规定，在生产、储存、运输、使用中发生重大事故，造成严重后果的行为。“爆炸性”物品是指能引起爆炸的物质，如雷管、起爆药、导火索、导爆索、非电导爆系统等各种起爆器材，硝基化合物类炸药、硝基胺类炸药、硝酸类炸药、高能混合炸药、爆破剂、雷汞、雷银等各类炸药，以及信号弹、焰火剂、烟花爆竹等。“易燃性”物品是指易于燃烧的物质，如汽油、酒精、煤油、液化气、天然气、氢气、乙炔以及其他易燃液体、易燃固体、自燃物品等。所谓“放射性”物品，是指能自然向外部辐射能量、放出射线的物质，“放射性”物品所释放的能量或射线是人类无法感知的，只有使用专业的仪器、仪表才能准确测定其存在，如铀、钚、钋、镭等可以产生裂变反应或聚合反应的核材料都属于“放射性”物质。对于“放射性”物品的具体理解，可以参照《放射性污染防治法》、《放射性物质安全运输规程》、《放射性同位素与射线装置安全和防护条例》（2014 年修订）等法律法规的相关规定。“毒害性”物品是指能够对人或动物产生毒害并可能致人患病、死亡的有毒物质。“毒害性”物品范围较广，在司法实践中多为剧毒性化学毒害物质。剧毒性化学毒害物质是指具有剧烈急性毒性危害的化学品，既包括人工合成的化学品及其混合物和天然毒素，还包括具有急性毒性易造成公共安全危害的化学品，如氰化钠、砒霜（三氧化二砷）、氯乙酸、毒鼠强等。对剧毒性化学毒害物质，应依照 2015 年安全监管总局会同工业和信息化部、公安部、环境保护部、交通运输部、农业部、国家卫生计生委、质检总局、铁路局、民航局制定的《危险化学品目录（2015 版）》加以确定。“腐蚀性”物品是指能引起其他物质发生腐蚀性破坏的物质，如硝酸、硫酸、王水、盐酸等。“违反管理规定”的行为可以表现在对爆炸性、易燃性、放射性、毒害性、腐蚀性物品的生产、储存、运输、使用方面。在生产方面主要表现为未按国家相关规定设置防爆、防火、防毒、防潮、防静电、避雷、通风、降温、监测、报警、隔离等安全设施；在储存方面主要表现为违反国家相关规定在不符合要求的地点、场所储存危险物品，或未按国家相关规定的要求在储存场所设置相应的防爆、防火、防晒、防雷、消除静电、隔离、报警等安全设施；在运输方面主要表现为客货混装、未设置防静电接地、未按规定分运分卸、未按规定限速行驶、运输中无专人看管等；在使用方面主要表现为不按规定的计量方法、计量标准、使用范围等违规使用爆炸性、易燃性、放射性、毒害性、腐蚀性物品，或者对上述物品的使用未采取必要、有效的防护措施等。

第三，本罪的主体为一般主体，即年满 16 周岁且具备刑事责任能力的自然人。实践中，本罪主体通常是从事生产、储存、运输、使用危险物品工作的人员。

第四，本罪的主观方面表现为过失，包括疏忽大意的过失和过于自信的过失。即行为人应当预见自己违反爆炸性、易燃性、放射性、毒害性、腐蚀性物品管理规定的行为可能会发生重大伤亡事故或造成其他严重后果，因为疏忽大意而没有预见，或者虽然已经预见但轻信能够避免的心理态度。行为人对发生的重大伤亡事故或造成的严重后果的心理态度是过失，但对违反爆炸性、易燃性、放射性、毒害性、腐蚀性物品管理规定的心理态度则可能是明知或故意。

【犯罪认定】

1. 划清罪与非罪的界限

首先，应注意区分本罪与意外事件的界限。意外事件是指行为在客观上虽然造成了损害后果，但不是出于行为人的故意或者过失，而是由于不能预见或不能抗拒的原因所引起的。意外事件是由于受限于当时的自然条件、科学发展、技术条件及设备条件等，所发生的伤亡事故或公私财产遭受损失的严重后果是行为人无法预见、不能避免的。危险物品肇事罪与意外事件虽然在客观上都造成了重大伤亡事故或者其他严重后果，但两者存在着明显的差别，区分的关键在于行为人是否违反了爆炸性、易燃性、放射性、毒害性、腐蚀性物品的管理规定，行为人主观上是否对所造成的严重后果具有过失的心理态度。如果发生的重大伤亡事故或其他严重后果是行为人违反爆炸性、易燃性、放射性、毒害性、腐蚀性物品管理规定的行为引起的，且行为人主观上存在过失，则可以构成危险物品肇事罪；如果行为人并未违反爆炸性、易燃性、放射性、毒害性、腐蚀性物品的管理规定，且行为人主观上也不存在过失，即使发生重大伤亡事故或其他严重后果，行为人也不能构成犯罪，只能按意外事件处理。

其次，应注意区分本罪与违反爆炸性、易燃性、放射性、毒害性、腐蚀性物品管理规定导致的一般性事故的界限。危险物品肇事罪与违反爆炸性、易燃性、放射性、毒害性、腐蚀性物品管理规定导致的一般性事故虽然都是由于行为人违反了爆炸性、易燃性、放射性、毒害性、腐蚀性物品的管理规定，并且也都发生了一定的损害后果，但两者之间在损害程度上有明显区别。一般性事故所造成的损害后果较轻，没有出现重大伤亡事故或者其他严重后果，并未达到构成危险物品肇事罪的标准，如事故中只是造成了个别人轻伤或少量财产损失的，不应按犯罪处理。只有当行为人违反了爆炸性、易燃性、放射性、毒害性、腐蚀性物品管理规定的行为造成了重大伤亡事故或者其他严重后果，达到了法定的构罪标准，才能对行为人按危险物品肇事罪处罚。

2. 划清本罪与非法储存爆炸物罪的界限

非法储存爆炸物罪是指违反国家相关规定，私自存放爆炸物的行为。危险物品肇事罪与非法储存爆炸物罪的犯罪对象都是危险物品，也都违反了相关危险物品的管理规定。两罪的区别主要表现在：一是犯罪主体不尽相同。两罪的犯罪主体虽然都是一般主体，但危险物品肇事罪的主体通常是从事危险物品生产、储存、运输和使用工作的人员；非法储存爆炸物罪的主体则可以是任何达到刑事责任年龄、具备刑事责任能力的人。二是犯罪客观方面表现不同。危险物品肇事罪的行为人具备生产、储存、运输和使用危险物品的权限，只是行为违反了生产、储存、运输和使用危险物品的相关管理规定；非法储存爆炸物罪的行为人则没有储存爆炸物的权限，违反的是不得私自储存爆炸物的规定，至于储存的方法是否得当，并不影响该罪的成立。三是两罪的主观方面及对犯罪结果的要求不同。危险物品肇事罪是过失犯，只有发生重大伤亡事故、造成严重后果的才构成犯罪；非法储存爆炸物罪是故意犯，只要行为人实施了非法储存爆炸物的行为，不论是否造成严重后果都构成犯罪。

3. 划清本罪与重大责任事故罪的界限

危险物品肇事罪与重大责任事故罪的主观方面都是出于过失，客观方面都造成了重大伤亡事故或者其他严重后果，两罪的主要区别在于：第一，犯罪主体不尽相同。危险物品肇事罪与重大责任事故罪的犯罪主体虽然都是一般主体，但危险物品肇事罪的主体通常是从事生产、储存、运输、使用危险物品工作的人员；重大责任事故罪的犯罪主体则包括对生产、作业负有组织、指挥或者管理职责的负责人、管理人员、实际控制人、投资人等人员，以及直接从事生产、作业的人员。第二，犯罪客观方面表现不同。危险物品肇事罪表现为行为人违反爆炸性、易燃性、放射性、毒害性、腐蚀性物品的管理规定，在生产、储存、运输、使用中发生重大事故，造成严重后果的行为；重大责任事故罪则表现为行为人在生产、作业活动中，不服管理、不负责任、违反相关安全管理规定，因而发生重大伤亡事故或者给公私财产造成重大损失的行为。

【立案标准】

行为人涉嫌违反爆炸性、易燃性、放射性、毒害性、腐蚀性物品的管理规定造成严重后果，出现下列情形的应予以立案：

1. 造成死亡1人以上，或者重伤3人以上的；
2. 造成直接经济损失100万元以上的；
3. 其他造成严重后果或者重大安全事故的情形。

【法条链接】

《刑法》第一百三十六条　违反爆炸性、易燃性、放射性、毒害性、腐蚀性物品的管理规定，在生产、储存、运输、使用中发生重大事故，造成严重后果的，处三年以下有期徒刑或者拘役；后果特别严重的，处三年以上七年以下有期徒刑。

2015年最高人民法院、最高人民检察院联合发布的《关于办理危害生产安全刑事案件适用法律若干问题的解释》

第六条第一款　实施刑法第一百三十二条（铁路运营安全事故罪）、第一百三十四条第一款（重大责任事故罪）、第一百三十五条（重大劳动安全事故罪）、第一百三十五条之一（大型群众性活动重大安全事故罪）、第一百三十六条（危险物品肇事罪）、第一百三十九条（消防责任事故罪）规定的行为，因而发生安全事故，具有下列情形之一的，应当认定为“造成严重后果”或者“发生重大伤亡事故或者造成其他严重后果”，对相关责任人员，处三年以下有期徒刑或者拘役：

（一）造成死亡一人以上，或者重伤三人以上的；
（二）造成直接经济损失一百万元以上的；
（三）其他造成严重后果或者重大安全事故的情形。

第七条第一款　实施刑法第一百三十二条（铁路运营安全事故罪）、第一百三十四条第一款（重大责任事故罪）、第一百三十五条（重大劳动安全事故罪）、第一百三十五条之一（大型群众性活动重大安全事故罪）、第一百三十六条（危险物品肇事罪）、第一百三十九条（消防责任事故罪）规定的行为，因而发生安全事故，具有下列情形之一的，对相关责任人员，处三年以上七年以下有期徒刑：

（一）造成死亡三人以上或者重伤十人以上，负事故主要责任的；

（二）造成直接经济损失五百万元以上，负事故主要责任的；

（三）其他造成特别严重后果、情节特别恶劣或者后果特别严重的情形。

二十、工程重大安全事故罪

【罪名释义】

工程重大安全事故罪，是指建设单位、设计单位、施工单位、工程监理单位违反国家规定，降低工程质量标准，造成重大安全事故的行为。

【海上犯罪】

在海上犯罪中，工程重大安全事故罪既可能发生在大型海上平台的搭设、建造过程中，也可能发生在海底隧道、岛屿扩建的建设、施工过程中，还可能发生在海底石油管道、燃气管道、光缆管道的固定、支撑、铺设工程的建造过程中。

【犯罪构成】

本罪的犯罪构成表现在如下四个方面：

第一，本罪侵犯的客体是相关建筑工程质量标准的规定以及不特定或多数人的生命、健康和重大公私财产的安全。人类的生产、生活离不开建筑工程，每一项建筑工程都与人民群众的生命和财产安全密不可分，如果建设单位、设计单位、施工单位、工程监理单位违反国家规定，为牟取暴利而偷工减料，一旦建筑物发生倒塌或倾覆，会对人民群众的生命和财产安全造成极大的损害。在海上，跨海大桥和海底隧道具有重要的交通运输功能，如果工程建设单位、设计单位、施工单位、工程监理单位为谋取非法利益，偷工减料或者使用不达标、不合格的材料，就会埋下巨大的安全隐患，最终可能导致跨海大桥、海底隧道的倾覆、坍塌，使公民的生命、健康遭受严重危害，公私财产遭受重大损失。

第二，本罪的客观方面表现为建设单位、设计单位、施工单位、工程监理单位违反国家规定，降低工程质量标准，造成重大安全事故的行为。对于建设单位而言，降低工程质量主要表现为：在不符合勘察设计安全要求的地点建造设施，擅自增加建筑工程负荷，盲目压缩工程造价，故意采购不符合国家标准的建筑材料、建筑配件和设备，为降低成本要求设计、施工单位删减必要的安全设施，要求或同意工程监理单位对不合格的工程验收通过等；对于设计单位而言，降低工程质量主要表现为：违反国家相关设计标准擅自设计，为单位或个人私利强制推荐或采用不符合国家标准的材料、设备、配件，盲从建设单位降低工程质量标准的要求降低设计标准等；对于施工单位而言，降低工程质量主要表现为：在施工中为降低成本弄虚作假、偷工减料，使用不符合国家标准的建筑材料、建筑配件或设备，为谋取不当利益违反施工图要求进行施工，低价雇用不具备相应资质和上岗资格的施工人员、技术人员等；对于工程监理单位而言，降低工程质量主要表现为：为谋取私利默许建设单位、施工单位降低工程质量标准建造、施工，不认真履行职责、玩忽职守、疏于监督、严重失职等。所谓“重大安全事故”，是指工程在建造过程中或者交付使用后，因未达到相应质量标准导致建筑倒塌、桥梁断裂等造成人员伤亡或重大公私财产损失的情形。本罪是结果犯，只有客观上造成了重大安全事故才能构成本罪，如果违反国家规定、降低工程质量标准的行为没有造成重大安全事故，则不应以本罪论处。同时，违反国家规定、降低工程质量标准的行为必须与严重后果之间具有因果关系，即必须是因为建设单位、设计单位、施工单位、工程监理单位违反国家规定、降低工程质量标准，因而造成重大安全事故的发生才成立本罪。

第三，本罪的主体是特殊主体，即建设单位、设计单位、施工单位、工程监理单位中实施了违反国家规定、降低工程质量标准行为并造成重大安全事故的直接责任人，其他与工程建筑、设计、施工、监理无关的单位人员不能成为本罪的主体。“建设单位”是指出资建造并对工程拥有产权的投资单位。“设计单位”是指通过公开招投标或接受建设单位聘请、指定，负责工程具体方案设计、施工设计的单位。“施工单位”是指通过公开招投标或接受建设单位聘请、指定，根据建设单位要求和设计单位图纸要求而承担具体施工任务的单位。“工程监理单位”是指通过公开招投标或接受建设单位聘请、指定，对建筑工程进行监督管理并承担工程质量监督管理责任的单位。

第四，本罪的主观方面表现为过失，即建设单位、设计单位、施工单位、工程监理单位的直接责任人员应当预见违反国家规定、降低工程质量的行为可能造成重大安全事故，因为疏忽大意而没有预见，或者虽然已经预见但轻信能够避免的心理态度。行为人在主观方面对造成的重大安全事故结果是出于过失，但对于自己违反国家规定、降低工程质量的行为则是故意或明知。

【犯罪认定】

1. 划清罪与非罪的界限

首先，应注意区分工程重大安全事故罪与意外事件的界限。意外事件是指行为在客观上虽然造成了损害后果，但不是出于行为人的故意或者过失，而是由于不能预见或不能抗拒的原因所引起的。工程重大安全事故罪与意外事件虽然在客观上都造成了重大伤亡事故或者其他严重后果，但两者存在着明显的差别，区分的关键在于行为人是否违反国家规定、降低了工程质量标准，行为人主观上是否对所造成的严重后果具有过失的心理态度。如果发生的重大伤亡事故或其他严重后果是行为人违反国家规定、降低工程质量标准的行为引起的，且行为人主观上存在过失，则可以构成工程重大安全事故罪；如果行为人并未违反国家规定、降低工程质量，且行为人主观上也不存在过失，即使发生重大伤亡事故或其他严重后果，行为人也不能构成犯罪，只能按意外事件处理。

其次，应注意区分工程重大安全事故罪与违反国家规定、降低工程质量标准导致的一般性事故的界限。工程重大安全事故罪与违反国家规定、降低工程质量标准导致的一般性事故虽然都是由于行为人实施了违反国家规定、降低工程质量标准的行为，并且也都发生了一定的损害后果，但两者之间在损害程度上有明显区别。一般性事故所造成的损害后果较轻，没有出现重大伤亡事故或者其他严重后果，并未达到构成工程重大安全事故罪的标准，如事故中只是造成了个别人轻伤或少量财产损失的，不应按犯罪处理。只有当行为人违反国家规定、降低工程质量标准的行为造成了重大安全事故，即造成人员重大伤亡事故或者其他严重后果，达到了法定的构罪标准，才能对行为人按工程重大安全事故罪处罚。

2. 划清本罪与重大劳动安全事故罪的界限

工程重大安全事故罪与重大劳动安全事故罪罪名相似，两罪所侵犯的客体都是公共安全，主观方面也都表现为过失，容易发生混淆。两罪的不同之处表现在以下两个方面。第一，犯罪主体不同。工程重大安全事故罪的主体是建设单位、设计单位、施工单位、工程监理单位的直接责任人员，其他与工程无关的单位人员不能成为本罪的主体；重大劳动安全事故罪的犯罪主体多为对生产、作业活动直接负责的主管人员和其他直接责任人员，具体包括：对安全生产设施或者安全生产条件不符合国家规定负有直接责任的生产经营单位负责人、管理人员、实际控制人、投资人，以及其他对安全生产设施或者安全生产条件负有管理、维护职责的人员。第二，客观方面的表现形式不同。工程重大安全事故罪表现为建设单位、设计单位、施工单位、工程监理单位违反国家规定，降低工程质量标准，造成重大安全事故的行为；重大劳动安全事故罪则表现为安全生产设施或者安全生产条件不符合国家规定，并因而发生重大伤亡事故或者造成其他严重后果的行为。

3. 划清本罪与重大责任事故罪的界限

工程重大安全事故罪与重大责任事故罪都是过失犯罪，都以出现法定的严重后果作为构成犯罪的必备要件，但两罪仍存在着明显的差别，主要表现为：第一，犯罪主体不同。工程重大安全事故罪的犯罪主体是建设单位、设计单位、施工单位、工程监理单位的直接责任人员，其他与工程无关的单位人员不能成为本罪的主体。重大责任事故罪的主体则包括对生产、作业负有组织、指挥或者管理职责的负责人、管理人员、实际控制人、投资人等人员，以及直接从事生产、作业的人员。第二，犯罪行为客观表现形式不同。工程重大安全事故罪表现为建设单位、设计单位、施工单位、工程监理单位违反国家规定，降低工程质量标准，造成重大安全事故的行为；重大责任事故罪则表现为行为人在生产、作业活动中，不服管理、不负责任、违反相关安全管理规定，因而发生重大伤亡事故或者给公私财产造成重大损失的行为。第三，犯罪行为发生的时空范围不同。工程重大安全事故罪发生在工程建设、设计、施工及监理的过程之中；重大责任事故罪则不局限于此，凡是在生产、作业过程中，除法律另有特别规定以外，都有可能出现此类犯罪。

【立案标准】

建设单位、设计单位、施工单位、工程监理单位的行为人涉嫌违反国家规定、降低工程质量造成重大安全事故，出现下列情形的应予以立案：

1. 造成死亡1人以上，或者重伤3人以上的；
2. 造成直接经济损失100万元以上的；
3. 其他造成严重后果或者重大安全事故的情形。

【法条链接】

《刑法》第一百三十七条　建设单位、设计单位、施工单位、工程监理单位违反国家规定，降低工程质量标准，造成重大安全事故的，对直接责任人员，处五年以下有期徒刑或者拘役，并处罚金；后果特别严重的，处五年以上十年以下有期徒刑，并处罚金。

2015年最高人民法院、最高人民检察院联合发布的《关于办理危害生产安全刑事案件适用法律若干问题的解释》

第六条第一、三款　实施刑法第一百三十二条（铁路运营安全事故罪）、第一百三十四条第一款（重大责任事故罪）、第一百三十五条（重大劳动安全事故罪）、第一百三十五条之一（大型群众性活动重大安全事故罪）、第一百三十六条（危险物品肇事罪）、第一百三十九条规定的行为，因而发生安全事故，具有下列情形之一的，应当认定为“造成严重后果”或者“发生重大伤亡事故或者造成其他严重后果”，对相关责任人员，处三年以下有期徒刑或者拘役：

（一）造成死亡一人以上，或者重伤三人以上的；

（二）造成直接经济损失一百万元以上的；

（三）其他造成严重后果或者重大安全事故的情形。

实施刑法第一百三十七条（工程重大安全事故罪）规定的行为，因而发生安全事故，具有本条第一款规定情形的，应当认定为“造成重大安全事故”，对直接责任人员，处五年以下有期徒刑或者拘役，并处罚金。

第七条第一、三款　实施刑法第一百三十二条（铁路运营安全事故罪）、第一百三十四条第一款（重大责任事故罪）、第一百三十五条（重大劳动安全事故罪）、第一百三十五条之一（大型群众性活动重大安全事故罪）、第一百三十六条（危险物品肇事罪）、第一百三十九条（消防责任事故罪）规定的行为，因而发生安全事故，具有下列情形之一的，对相关责任人员，处三年以上七年以下有期徒刑：

（一）造成死亡三人以上或者重伤十人以上，负事故主要责任的；

（二）造成直接经济损失五百万元以上，负事故主要责任的；

（三）其他造成特别严重后果、情节特别恶劣或者后果特别严重的情形。

实施刑法第一百三十七条规定的行为，因而发生安全事故，具有本条第一款规定情形的，对直接责任人员，处五年以上十年以下有期徒刑，并处罚金。

二十一、消防责任事故罪

【罪名释义】

消防责任事故罪，是指违反消防管理法规，经消防监督机构通知采取改正措施而拒绝执行，造成严重后果的行为。

【海上犯罪】

在海上犯罪中，消防责任事故罪既可能发生在海上交通工具如货船、油轮、客船、滚装船、科考船、大型渔船上，也可能发生在大型海上平台、海底隧道等的建设、施工过程中，还可能发生在海底石油管道、燃气管道、光缆管道的固定、支撑、铺设工程的建造过程中。

【犯罪构成】

本罪的犯罪构成表现在如下四个方面：

第一，本罪侵犯的客体是国家的消防管理制度和公共安全。

第二，本罪的客观方面表现为违反消防管理法规，经消防监督机构通知采取改正措施而拒绝执行，造成严重后果的行为。“违反消防管理法规”是指违反国家有关消防方面的法律、法规和消防管理部门制定的有关规定等，具体包括《消防法》、《公共娱乐场所消防安全管理规定》、《烟花爆竹安全管理条例》、《消防监督检查规定》、《建设工程消防监督管理规定》等。“消防监督机构”是指根据国家法律、法规设定的专门负责消防监督管理工作的机构。实践中，船舶的消防安全既要接受公安消防和港务监督等国家专门机构的监督和检查，也要接受单位内部的消防监督员、海务监督员、机务监督员、劳动安全监督员的检查和监督。作为消防责任人的船长对检查中发现的各类消防隐患必须立即整改，整改有困难的，要采取必要的安全防范措施，并报单位船舶管理处，由船舶管理处负责协助船舶解决消防隐患。“造成严重后果”是指因违反消防管理法规、拒绝执行改正措施而导致发生重大火灾，造成人员伤亡或者公私财产遭受重大损失的情形。

第三，本罪的主体为一般主体，实践中通常是对消防工作负有直接责任的工作人员，如船长对船舶整体消防安全负全面责任，大副、轮机长对各自职责范围内的消防安全负责。

第四，本罪的主观方面由过失构成，包括疏忽大意的过失和过于自信的过失，即行为人应当预见自己实施的违反消防管理法规、拒绝执行改正措施的行为可能造成严重后果因为疏忽大意而没有预见，或者虽然已经预见但轻信能够避免的心理态度。行为人对造成的严重后果存在过失的心理态度，但对自己违反消防管理法规、拒绝执行改正措施的行为则是明知或故意。

【犯罪认定】

1. 划清罪与非罪的界限

首先，应注意区分消防责任事故罪与火灾意外事件的界限。火灾意外事件是指虽然发生了火灾并造成了损害后果，但不是出于行为人的故意或者过失，而是由于不能预见或不能抗拒的原因所引起的。消防责任事故罪与火灾意外事件虽然在客观上都造成了重大伤亡事故或者其他严重后果，但两者存在着明显的差别，区分的关键在于行为人是否违反了消防管理法规，经消防监督机构通知采取改正措施而拒绝执行，行为人主观上是否对所造成的严重后果具有过失的心理态度。如果发生的火灾事故及造成的严重后果是行为人违反消防管理法规、拒绝执行改正措施的行为引起的，且行为人主观上存在过失，则可以构成消防责任事故罪；如果行为人并未违反消防管理法规、拒绝执行改正措施，且行为人主观上也不存在过失，即使发生火灾并造成严重后果，行为人也不能构成犯罪，只能按火灾意外事件处理。

其次，应注意区分消防责任事故罪与一般性火灾事故的界限。

消防责任事故罪与一般性火灾事故虽然都是由于行为人实施了违反消防管理法规、拒绝执行改正措施的行为，并且也都发生了一定的损害后果，但两者之间在损害程度上有明显区别。一般性火灾事故所造成的损害后果较轻，没有出现重大伤亡事故或者其他严重后果，并未达到构成消防责任事故罪的标准，如事故中只是造成了个别人轻伤或少量财产损失的，不应按犯罪处理。只有当行为人违反消防管理法规、拒绝执行改正措施的行为造成了严重后果，即出现人员伤亡或者公私财产遭受重大损失的严重后果，达到了法定的构罪标准，才能对行为人按消防责任事故罪定罪处罚。

2. 划清本罪与失火罪的界限

消防责任事故罪与失火罪的主观方面都由过失构成，客观方面都造成了人员伤亡或者公私财产遭受重大损失的严重后果，在犯罪客体方面也都侵犯了公共安全，但两罪仍存在着明显差别：第一，两罪犯罪主体不尽相同。消防责任事故罪的犯罪主体是对消防工作负有直接责任的工作人员，而失火罪的犯罪主体可以是任何达到刑事责任年龄具备刑事责任能力的自然人。由此可见，失火罪的犯罪主体范围宽于消防责任事故罪的犯罪主体范围。第二，两罪客观方面的表现形式不同。消防责任事故罪表现为违反消防管理法规，经消防监督机构通知采取改正措施而拒绝执行并造成严重后果的行为，失火罪则表现为行为人过失引起火灾，导致人员重伤、死亡或者使公私财产遭受重大损失的行为。

【立案标准】

行为人涉嫌违反消防管理法规、拒绝执行改正措施而造成严重后果，出现下列情形的应予以立案：

1. 造成死亡 1 人以上，或者重伤 3 人以上的；
2. 造成直接经济损失 100 万元以上的；
3. 其他造成严重后果或者重大安全事故的情形。

【法条链接】

《刑法》第一百三十九条　违反消防管理法规，经消防监督机构通知采取改正措施而拒绝执行，造成严重后果的，对直接责任人员，处三年以下有期徒刑或者拘役；后果特别严重的，处三年以上七年以下有期徒刑。

2015年最高人民法院、最高人民检察院联合发布的《关于办理危害生产安全刑事案件适用法律若干问题的解释》

第六条第一款　实施刑法第一百三十二条（铁路运营安全事故罪）、第一百三十四条第一款（重大责任事故罪）、第一百三十五条（重大劳动安全事故罪）、第一百三十五条之一（大型群众性活动重大安全事故罪）、第一百三十六条（危险物品肇事罪）、第一百三十九条（消防责任事故罪）规定的行为，因而发生安全事故，具有下列情形之一的，应当认定为“造成严重后果”或者“发生重大伤亡事故或者造成其他严重后果”，对相关责任人员，处三年以下有期徒刑或者拘役：

（一）造成死亡一人以上，或者重伤三人以上的；

（二）造成直接经济损失一百万元以上的；

（三）其他造成严重后果或者重大安全事故的情形。

第七条第一款　实施刑法第一百三十二条（铁路运营安全事故罪）、第一百三十四条第一款（重大责任事故罪）、第一百三十五条（重大劳动安全事故罪）、第一百三十五条之一（大型群众性活动重大安全事故罪）、第一百三十六条（危险物品肇事罪）、第一百三十九条（消防责任事故罪）规定的行为，因而发生安全事故，具有下列情形之一的，对相关责任人员，处三年以上七年以下有期徒刑：

（一）造成死亡三人以上或者重伤十人以上，负事故主要责任的；

（二）造成直接经济损失五百万元以上，负事故主要责任的；

（三）其他造成特别严重后果、情节特别恶劣或者后果特别严重的情形。

二十二、不报、谎报安全事故罪

【罪名释义】

不报、谎报安全事故罪，是指在安全事故发生后，负有报告职责的人员不报或者谎报事故情况，贻误事故抢救，情节严重的行为。

【海上犯罪】

当海上发生重大安全事故后，负有报告职责的人员应当第一时间将事故情况上报，请求救援，以避免危害后果的进一步扩大。在海上犯罪中，安全事故可能发生在海上交通工具如货船、油轮、客船、滚装船、科考船、大型渔船上，也可能发生在大型海上平台、海底隧道等的建设、施工过程中，还可能发生在海底石油管道、燃气管道、光缆管道的固定、支撑、铺设工程的建造过程中。对海上所发生的安全事故负有报告职责的人员不报或者谎报事故情况，贻误事故抢救，情节严重的行为会构成不报、谎报安全事故罪。

【犯罪构成】

本罪的犯罪构成表现在如下四个方面：

第一，本罪侵害的客体是安全事故的监管报告制度和公民的生命、健康权利及重大公私财产的安全。本罪主要针对近年来一些单位中对安全事故负有监管报告职责的人员在事故发生后弄虚作假、不报谎报，导致贻误事故抢救时机，造成人员伤亡和财产损失进一步扩大的情况而设置的。

第二，本罪的客观方面表现为安全事故发生后，负有报告职责的人员不报或者谎报事故情况，贻误事故抢救时机，情节严重的行为。“不报”既包括行为人没有报告，也包括只报告部分情况，不报告事故的全部情况，还包括拖延报告时间不及时报告以及只报告旧情况，对事故现场发生的新情况不予报告的情形。“谎报”是指行为人不按照事故真实情况报告，或者对于应当报告的情况隐瞒不报。行为人虽然向相关部门负责人员报告了发生安全事故的情况，但并未根据安全事故的真实情况进行汇报或者对应汇报内容有所隐瞒，如行为人在报告时掩饰事故发生原因、减少伤亡人数或者降低财产损失额度等。实践中，对行为人是否存在“不报”、“谎报”的情形，可以参照国务院发布的《生产安全事故报告和调查处理条例》加以判定，该条例第 12 条规定，事故情况应当包括：（1）事故发生单位概况；（2）事故发生的时间、地点以及事故现场情况；（3）事故的简要经过；（4）事故已经造成的或者可能造成的伤亡人数（包括下落不明的人数）和初步估计的经济损失；（5）已经采取的措施；（6）其他应当报告的情况。本罪的客观方面包括两个具有因果关系的构成要素：首先，在安全事故发生后，负有报告职责的人员实施了不报或者谎报事故情况的行为；其次，负有报告职责的人员所实施的不报或者谎报行为贻误了事故抢救时机，造成了人员伤亡和财产损失进一步扩大的严重后果。

第三，本罪的主体为一般主体，即对所发生安全事故负有报告职责的人员，包括负有组织、指挥或者管理职责的负责人、管理人员、实际控制人、投资人，以及其他负有报告职责的人员。

第四，本罪的主观方面由故意构成。即行为人明知自己应向相关部门负责人员报告所发生安全事故的真实情况，却故意实施不报、谎报行为的心理态度。这里的“故意”是针对行为人行为而言，对于因不报、谎报行为造成的人员伤亡和财产损失进一步扩大的严重后果，行为人不应存在故意的心理态度。

【犯罪认定】

1. 划清罪与非罪的界限

首先，应注意不报、谎报安全事故罪成立的因果关系，如果行为人实施的不报、谎报行为导致了安全事故现场人员伤亡情况或公私财产损失情况进一步扩大，行为与结果之间具备法律意义上的因果关系，则行为人可以构成不报、谎报安全事故罪。如果安全事故现场人员伤亡或公私财产损失进一步扩大的情况与行为人实施的不报、谎报行为没有因果关系，行为人并未贻误事故抢救时机，现场损害情况的扩大是由于不能抗拒或不能预见的原因引起的，则行为人不能构成不报、谎报安全事故罪。

其次，不报、谎报安全事故罪属情节犯，只有达到法定严重情节才能构成犯罪。即只有当行为人实施的不报、谎报行为存在致使安全事故现场人员伤亡情况或公私财产损失情况进一步扩大的严重情节，行为人才能构成不报、谎报安全事故罪。如果安全事故发生时，行为人虽然实施了不报、谎报行为，但并未贻误事故抢救时机，也没有导致人员伤亡情况或公私财产损失情况进一步扩大的严重后果，则不应对行为人按不报、谎报安全事故罪论处，可以参照《安全生产法》第 91 条对行为人作出处理。《安全生产法》第 106 条规定："生产经营单位的主要负责人在本单位发生生产安全事故时，不立即组织抢救或者在事故调查处理期间擅离职守或者逃匿的，给予降职、撤职的处分……对逃匿的处十五日以下拘留；构成犯罪的，依照刑法有关规定追究刑事责任。生产经营单位的主要负责人对生产安全事故隐瞒不报、谎报或者迟报的，依照前款规定处罚。"

2. 划清本罪与玩忽职守罪的界限

不报、谎报安全事故罪与玩忽职守罪在客观方面都造成了一定的严重后果，在司法实践中，两种罪名时常被混淆。两罪的主要区别表现在如下四个方面：第一，两罪犯罪主体不同。不报、谎报安全事故罪的主体是对所发生安全事故负有报告职责的人员，包括负有组织、指挥或者管理职责的负责人、管理人员、实际控制人、投资人以及其他负有报告职责的人员，既可以是生产经营单位的人员，也可以是国家机关工作人员；玩忽职守罪的主体只能是国家机关工作人员，即国家机关中从事公务的人员，不包括从事劳务的人员。第二，两罪侵犯的客体不同。不报、谎报安全事故罪侵犯的客体是安全事故的监管报告制度和公民的生命、健康权利及重大公私财产的安全；玩忽职守罪侵犯的客体是国家机关的正常管理活动。第三，两罪的客观方面表现不同。不报、谎报安全事故罪的客观方面表现为安全事故发生后，负有报告职责的人员不报或者谎报事故情况，贻误事故抢救，情节严重的行为；玩忽职守罪的客观方面表现为严重不负责任，不履行或不正确履行工作职责，致使公共财产、国家和人民利益遭受重大损失的行为。第四，两罪的主观方面不同。不报、谎报安全事故罪的主观方面由故意构成，即行为人明知自己应向相关部门负责人员报告所发生安全事故的真实情况，但故意实施不报、谎报行为的心理态度；玩忽职守罪的主观方面则表现为过失，即行为人应当预见自己严重不负责任、不履行或不正确履行工作职责的行为可能导致公共财产、国家和人民利益遭受重大损失，因为疏忽大意而没有预见，或者虽然已经预见但轻信能够避免的心理态度，故意不能构成本罪。

【立案标准】

行为人涉嫌不报或者谎报事故情况，贻误事故抢救时机，出现下列情形的应予以立案：

1. 导致事故后果扩大，增加死亡 1 人以上，或者增加重伤 3 人以上，或者增加直接经济损失 100 万元以上的；

2. 实施下列行为之一，致使不能及时有效开展事故抢救的：（1）决定不报、迟报、谎报事故情况或者指使、串通有关人员不报、迟报、谎报事故情况的；（2）在事故抢救期间擅离职守或者逃匿的；（3）伪造、破坏事故现场，或者转移、藏匿、毁灭遇难人员尸体，或者转移、藏匿受伤人员的；（4）毁灭、伪造、隐匿与事故有关的图纸、记录、计算机数据等资料以及其他证据的；（5）其他情节严重的情形。

【法条链接】

《刑法》第一百三十九条之一　在安全事故发生后，负有报告职责的人员不报或者谎报事故情况，贻误事故抢救，情节严重的，处三年以下有期徒刑或者拘役；情节特别严重的，处三年以上七年以下有期徒刑。

2015年最高人民法院、最高人民检察院联合发布的《关于办理危害生产安全刑事案件适用法律若干问题的解释》

第四条　刑法第一百三十九条之一（不报、谎报安全事故罪）规定的“负有报告职责的人员”，是指负有组织、指挥或者管理职责的负责人、管理人员、实际控制人、投资人，以及其他负有报告职责的人员。

第八条　在安全事故发生后，负有报告职责的人员不报或者谎报事故情况，贻误事故抢救，具有下列情形之一的，应当认定为刑法第一百三十九条之一（不报、谎报安全事故罪）规定的“情节严重”：

（一）导致事故后果扩大，增加死亡一人以上，或者增加重伤三人以上，或者增加直接经济损失一百万元以上的；

（二）实施下列行为之一，致使不能及时有效开展事故抢救的：

1. 决定不报、迟报、谎报事故情况或者指使、串通有关人员不报、迟报、谎报事故情况的；

2. 在事故抢救期间擅离职守或者逃匿的；

3. 伪造、破坏事故现场，或者转移、藏匿、毁灭遇难人员尸体，或者转移、藏匿受伤人员的；

4. 毁灭、伪造、隐匿与事故有关的图纸、记录、计算机数据等资料以及其他证据的；

（三）其他情节严重的情形。

具有下列情形之一的，应当认定为刑法第一百三十九条之一（不报、谎报安全事故罪）规定的“情节特别严重”：

（一）导致事故后果扩大，增加死亡三人以上，或者增加重伤十人以上，或者增加直接经济损失五百万元以上的；

（二）采用暴力、胁迫、命令等方式阻止他人报告事故情况，导致事故后果扩大的；

（三）其他情节特别严重的情形。

第三章　破坏社会主义市场经济秩序罪

一、走私武器、弹药罪

【罪名释义】

走私武器、弹药罪，是指违反海关法规，逃避海关监管，非法运输、携带、邮寄国家禁止进出口的武器、弹药，以及直接向走私人非法收购武器、弹药，或者在内海、领海、界河、界湖运输、收购、贩卖武器、弹药，应当追究刑事责任的行为。

【海上犯罪】

在海上犯罪中，走私武器、弹药罪有多种表现形式，既可以表现为行为人利用海上交通工具如货船、客船、滚装船、大型渔船等直接夹带、走私武器、弹药的行为，也可以表现为行为人在海上直接向走私人非法收购武器、弹药的行为，还可以表现为行为人在内海、领海、界河、界湖运输、收购、贩卖武器、弹药的行为。

【犯罪构成】

本罪的犯罪构成表现在如下四个方面：

第一，本罪侵犯的客体是国家对外贸易管制制度。我国的对外贸易管制既包括对允许进出国（边）境的货物、物品征收关税的制度，也包括对特定性质的物品禁止进出国（边）境的制度。因此，走私武器、弹药罪侵犯的直接客体是国家对外贸易管制中禁止武器、弹药进出国（边）境的管理制度。

第二，本罪的客观方面表现为违反海关法规，逃避海关监管，非法运输、携带、邮寄国家禁止进出国（边）境的武器、弹药，以及直接向走私人非法收购武器、弹药，或者在内海、领海、界河、界湖运输、收购、贩卖武器、弹药的行为。本罪的犯罪对象是“武器、弹药”，主要指军用武器、弹药和爆炸物，包括各种军用舰艇、飞机、战车、枪、炮、子弹、炮弹、地雷、手榴弹等。对于行为人走私的物品是否属于“武器、弹药”，可以根据最高人民法院、最高人民检察院《关于办理走私刑事案件适用法律若干问题的解释》第2条加以判定，即“刑法第一百五十一条第一款规定的‘武器、弹药’的种类，参照《海关进出口税则》及《禁止进出境物品表》的有关规定确定。”“违反海关法规”，主要是指违反海关法及其他相关法律法规。相关法律法规规定如下：《海关法》第82条规定，运输、携带、邮寄国家禁止或者限制进出境货物、物品进出境的，是走私行为。《禁止进出境物品表》规定，各种武器、弹药为禁止进出境物品。《枪支管理法》第33条规定，国家严格管理枪支的入境和出境，任何单位或者个人未经许可，不得私自携带枪支入境、出境。《出境入境边防检查条例》第30条规定，出境、入境的人员携带或者托运枪支、弹药，必须遵守有关法律、行政法规的规定，向边防检查站办理携带或者托运手续；未经许可，不得携带、托运枪支、弹药出境、入境。“逃避海关监管”主要是指利用通关货运渠道、旅检渠道、邮寄渠道，通过夹带、藏匿、伪报品名等手段，瞒骗、逃避海关的监督和检查，或者根本不通过海关，绕关实施的走私武器、弹药的行为。行为人走私体积大、数量多的武器、弹药，一般会选择通过货运藏匿方式进行走私，即将走私的武器、弹药藏匿于普通货物中蒙混过关；走私体积小、数量少的武器、弹药，一般会选择行李夹带或随身夹带的方式。

在司法实践中，走私武器、弹药犯罪的具体行为方式多种多样，可以细分为通关走私、绕关走私、间接走私和后续走私四种。“通关走私”是指行为人经过国家开放的进出口岸或准许进出境的国境、孔道，以藏匿、夹带、伪装、瞒报、伪报或者其他方法逃避海关监督和检查，运输、携带、邮寄武器、弹药进出境的行为。通关走私主要发生在海关监管的通关环节，因此行为人要逃避海关的监督和检查，必须采取伪报、瞒报、伪装、藏匿、夹带等欺骗手段。“绕关走私”是指行为人不经过国家开放的进出口岸或准许进出境的国境、孔道而非法携运武器、弹药进出境的行为。海上绕关走私行为人一般都拥有海上运输工具，走私船舶活动范围大、行动迅速、走私数额巨大。“间接走私”是指直接向走私人非法收购武器、弹药的行为或者在内海、领海、界河、界湖运输、收购、贩卖武器、弹药的行为。间接走私行为对直接走私起到帮助和辅助的作用，使所走私的武器、弹药得以迅速销售和扩散，是直接走私行为的延续。对于直接向走私人非法收购武器、弹药的间接走私行为，应注意如下几点：首先，间接走私行为人必须是直接向走私人收购走私武器、弹药的第一购买者，即“第一手交易”人，对第二手及其以后的购买人不能以走私武器、弹药罪论处。其次，间接走私行为人必须“明知”对方为直接走私人，即明知交易对方是直接将武器、弹药从境外走私进境的人，而故意向其收购走私进境的武器、弹药。最后，收购行为必须是非法进行的。“后续走私”是指未经海关许可擅自销售保税货物或特定减免税货物进行牟利的行为。后续走私发生在海关监管行为由口岸向内陆延伸的后续监管过程中，后续走私的对象主要是保税货物和特定的减免税货物，后续走私违反了在办结海关进出境手续前对保税货物或特定减免税货物不得擅自销售或转让的规定，后续走私武器、弹药的行为多表现为行为人擅自销售或转让保税货物或特定减免税货物时私自夹带、藏匿武器、弹药的行为。

第三，本罪的主体是一般主体，单位和年满 16 周岁且具备刑事责任能力的自然人均可构成本罪。在海上缉私实践中，个人或个人假借单位名义实施的走私武器、弹药案件占多数。走私武器、弹药罪的主体不仅限于实施走私行为的人员，与走私行为人通谋为其提供贷款、资金、账号、发票、证明，或者为其提供运输、保管、邮寄服务或者其他方便的，以走私武器、弹药罪的共犯论处。单位犯走私武器、弹药罪，应对单位判处罚金，并对其直接负责的主管人员和其他直接责任人员判处刑罚，根据单位人员在走私犯罪活动中所发挥的不同作用，对其直接负责的主管人员和其他直接责任人员，可以确定为一人或者数人，对于受单位领导指派而积极参与实施走私犯罪行为的人员，如果其行为在走私犯罪的主要环节起重要作用的，也可以认定为单位犯罪的直接责任人员。对单位犯走私武器、弹药罪应根据最高人民法院、最高人民检察院、海关总署《关于办理走私刑事案件适用法律若干问题的意见》的相关规定加以判定，根据该意见，具备下列特征可以认定为单位走私犯罪：（1）以单位的名义实施走私犯罪，即由单位集体研究决定，或者由单位的负责人或者被授权的其他人员决定、同意的；（2）为单位谋取不正当利益或者违法所得大部分归单位所有的。另外，根据最高人民法院《关于审理单位犯罪案件具体应用法律有关问题的解释》第2条规定，个人为进行违法犯罪活动而设立的公司、企业、事业单位实施犯罪的，或者个人设立公司、企业、事业单位后，以实施犯罪为主要活动的，不以单位犯罪论处。在实践中，判定单位是否以实施走私武器、弹药犯罪行为为主要活动，应根据单位实施走私行为的次数、频度、持续时间、单位进行合法经营的状况等因素综合考虑认定。

第四，本罪的主观方面表现为故意，即行为人明知自己运输、携带、邮寄武器、弹药或直接向走私人非法收购武器、弹药以及在内海、领海、界河、界湖运输、收购、贩卖武器、弹药的行为为国家所禁止，但仍然予以走私、收购、运输、贩卖的主观心理态度。过失不构成本罪，如果行为人没有走私的故意或者确实不知走私对象是武器、弹药的，则不应构成本罪。在海上缉私实践中，行为人实施走私武器、弹药行为的主观目的多有不同，有的是为了实施暴力犯罪，有的是为了实施恐怖活动犯罪，有的是为了赚钱牟利，而有的可能只是为了满足个人对枪支的爱好，无论行为人的主观犯罪动机如何，都不影响本罪的成立。

【犯罪认定】

1. 划清罪与非罪的界限

走私武器、弹药罪是行为犯，行为人只要实施了违反海关法规，逃避海关监管，非法运输、携带、邮寄国家禁止进出口的武器、弹药，以及直接向走私人非法收购武器、弹药，或者在内海、领海、界河、界湖运输、收购、贩卖武器、弹药的行为，就构成走私武器、弹药罪。但实践中如果行为人的走私行为情节显著轻微危害不大的，不应以犯罪论处。另外，如果行为人没有走私的故意或者确实不知走私对象是武器、弹药的，则不应构成本罪。

2. 划清本罪与非法制造、买卖、运输、邮寄、储存枪支、弹药、爆炸物罪的界限

非法制造、买卖、运输、邮寄、储存枪支、弹药、爆炸物罪，是指违反国家有关枪支、弹药、爆炸物管理的法律、法规，非法制造、买卖、运输、邮寄、储存枪支、弹药、爆炸物，危害公共安全的行为。走私武器、弹药罪与非法制造、买卖、运输、邮寄、储存枪支、弹药、爆炸物罪的主体都是一般主体，都可以由单位和个人构成，两罪的主观方面都表现为故意。两罪主要区别如下：第一，犯罪客体不同。走私武器、弹药罪侵犯的客体是国家对外贸易管制制度，即国家对外贸易管制中禁止武器、弹药进出国（边）境的管理制度；非法制造、买卖、运输、邮寄、储存枪支、弹药、爆炸物罪侵犯的客体是社会的公共安全和国家对枪支、弹药、爆炸物的管理制度。第二，客观方面表现不同。走私武器、弹药罪的客观方面表现为违反海关法规，逃避海关监管，非法运输、携带、邮寄国家禁止进出国（边）境的武器、弹药，以及直接向走私人非法收购武器、弹药，或者在内海、领海、界河、界湖运输、收购、贩卖武器、弹药的行为；非法制造、买卖、运输、邮寄、储存枪支、弹药、爆炸物罪的客观方面表现为非法制造、买卖、运输、邮寄、储

存枪支、弹药、爆炸物的行为，该行为发生在国（边）境之内，不存在违反海关法规、逃避海关监管的问题。第三，犯罪对象不尽相同。走私武器、弹药罪的犯罪对象是武器、弹药，主要指军用武器、弹药和爆炸物，包括各种军用舰艇、飞机、战车、枪、炮、子弹、炮弹、地雷、手榴弹等；非法制造、买卖、运输、邮寄、储存枪支、弹药、爆炸物罪的犯罪对象则是枪支、弹药、爆炸物，不仅包括军用枪支、弹药，还包括与军用武器类似的具有较大杀伤力和破坏力的民用枪支、弹药、爆炸物。

另外，走私武器、弹药的行为可能同时触犯非法制造、买卖、运输、邮寄、储存枪支、弹药、爆炸物罪，由于走私行为本身包含了运输、邮寄、携带、储存等行为，行为人犯走私武器、弹药罪的，不应重复认定为非法制造、买卖、运输、邮寄、储存枪支、弹药、爆炸物罪。但是，行为人在实施走私武器、弹药行为后，又将武器、弹药非法出售的，属于牵连犯罪，应按照处理牵连犯罪的原则，从一重罪处断。

3. 划清本罪与准备实施恐怖活动罪的界限

准备实施恐怖活动罪是指为实施恐怖活动而准备工具或进行联络、策划、培训等预备活动的行为。2015 年通过的《刑法修正案（九）》新增了准备实施恐怖活动罪，其中第 7 条规定，有下列情形之一的，处 5 年以下有期徒刑、拘役、管制或者剥夺政治权利，并处罚金；情节严重的，处 5 年以上有期徒刑，并处罚金或者没收财产：(1) 为实施恐怖活动准备凶器、危险物品或者其他工具的；(2) 组织恐怖活动培训或者积极参加恐怖活动培训的；(3) 为实施恐怖活动与境外恐怖活动组织或者人员联络的；(4) 为实施恐怖活动进行策划或者其他准备的。走私武器、弹药罪与准备实施恐怖活动罪的主观方面都由故意构成，两罪主要区别如下：第一，犯罪主体不同。走私武器、弹药罪的主体是一般主体，单位和个人均可构成本罪；准备实施恐怖活动罪的主体只包括达到刑事责任年龄、具备刑事责任能力的自然人。第二，犯罪客体不同。走私武器、弹药罪侵犯的客体是国家对外贸易管制制度，即国家对外贸易管制中禁止武器、弹药进出国（边）境的管理制度；准备实施恐怖活动罪侵犯的客体是社会的公共安全。第三，犯罪客观方面表现不同。走私武器、弹药罪的客观方面表现为违反海关法规，逃避海关监管，非法运输、携带、邮寄国家禁止进出国（边）境的武器、弹药，以及直接向走私人非法收购武器、弹药，或者在内海、领海、界河、界湖运输、收购、贩卖武器、弹药的行为；准备实施恐怖活动罪的客观方面表现为为了实施恐怖活动而准备工具或进行联络、策划、培训等预备活动的行为，该行为并未违反海关法规、逃避海关监管。如果行为人为进行恐怖活动而实施了走私武器、弹药的行为，则同时触犯了走私武器、弹药罪和准备实施恐怖活动罪两个罪名，符合想象竞合犯的特征，应依照处罚较重的罪名定罪处罚。

4. 划清本罪与非法持有、私藏枪支、弹药罪的界限

非法持有、私藏枪支、弹药罪是指违反枪支管理规定，未依法取得相关证件而非法持有枪支、弹药或者私自藏匿枪支、弹药的行为。我国《枪支管理法》规定，国家严格管制枪支及其弹药，凡配备公务用枪或配置民用枪支的单位和个人，都必须依法经枪支主管部门批准，办理持枪证件，在携带枪支及其弹药时，必须同时携带持枪证件，并随时接受主管机关的检验。走私武器、弹药罪与非法持有、私藏枪支、弹药罪的主观方面都由故意构成，两罪主要区别如下：第一，犯罪主体不同。走私武器、弹药罪的主体是一般主体，单位和个人均可构成本罪；非法持有、私藏枪支、弹药罪的主体只包括达到刑事责任年龄、具备刑事责任能力的自然人。第二，犯罪客体不同。走私武器、弹药罪侵犯的客体是国家对外贸易管制制度，即国家对外贸易管制中禁止武器、弹药进出国（边）境的管理制度；非法持有、私藏枪支、弹药罪侵犯的客体是社会的公共安全和国家对枪支、弹药的管理制度。第三，犯罪客观方面表现不同。走私武器、弹药罪的客观方面表现为违反海关法规，逃避海关

监管，非法运输、携带、邮寄国家禁止进出国（边）境的武器、弹药，以及直接向走私人非法收购武器、弹药，或者在内海、领海、界河、界湖运输、收购、贩卖武器、弹药的行为；非法持有、私藏枪支、弹药罪的客观方面表现为违反枪支管理规定，未依法取得相关证件而非法持有枪支、弹药或者私自藏匿枪支、弹药的行为。实践中，行为人实施的走私武器、弹药行为得逞后，也可能出于防身、炫耀、恐吓他人或实施其他犯罪行为的目的而继续非法持有、私藏枪支、弹药，对于上述行为人在走私武器、弹药行为既遂后又非法持有、私藏的，应视为走私武器、弹药行为的延伸，属于事后不可罚的行为，应仅认定为走私武器、弹药罪一罪，不再另定非法持有、私藏枪支、弹药罪。

5. 划清本罪与资敌罪的界限

资敌罪是指在战时供给敌人武器装备、军用物资资敌的行为。“战时”是指国家宣布进入战争状态、部队受领作战任务或者遭敌突然袭击的时段，部队执行戒严任务或者处置突发性暴力事件时应视为战时。行为人构成资敌罪必须是实施了供给敌人武器装备、军用物资的行为。走私武器、弹药罪和资敌罪的犯罪对象都可以是武器、弹药，主观方面也都由故意构成，两罪的主要区别表现在如下三个方面：第一，两罪发生的具体时段不同。走私武器、弹药罪通常发生在平时；资敌罪必须发生在战时。第二，两罪侵犯的客体不同。走私武器、弹药罪侵犯的客体是国家对外贸易管制制度，即国家对外贸易管制中禁止武器、弹药进出国（边）境的管理制度；资敌罪侵犯的客体是国防利益，即国家为防备和抵抗侵略、保卫国家主权、领土完整和安全、防止武装颠覆所进行的军事活动以及与军事相关的活动正常进行的状态。第三，两罪的客观表现形式不同。走私武器、弹药罪的客观方面表现为违反海关法规，逃避海关监管，非法运输、携带、邮寄国家禁止进出国（边）境的武器、弹药，以及直接向走私人非法收购武器、弹药，或者在内海、领海、界河、界湖运输、收购、贩卖武器、弹药的行为；资敌罪的客观方面表现为在战时供给敌人武器装备、军用物资资敌的行为。在实践中，如果行为人在战时走私武器、弹药后，又将所走私的武器、弹药提供给敌人的，则同时构成走私武器、弹药罪和资敌罪，应实行数罪并罚。

【立案标准】

行为人涉嫌违反海关法规，逃避海关监管，出现下列情形的应予以立案：

一、满足“情节较轻”，处3年以上7年以下有期徒刑并处罚金的情形：

1. 走私以压缩气体等非火药为动力发射枪弹的枪支2支以上不满5支的；

2. 走私气枪铅弹500发以上不满2500发，或者其他子弹10发以上不满50发的；

3. 未达到上述数量标准，但属于犯罪集团的首要分子，使用特种车辆从事走私活动，或者走私的武器、弹药被用于实施犯罪等情形的；

4. 走私各种口径在60毫米以下常规炮弹、手榴弹或者枪榴弹等分别或者合计不满5枚的。

二、处7年以上有期徒刑的情形：

1. 走私以火药为动力发射枪弹的枪支1支，或者以压缩气体等非火药为动力发射枪弹的枪支5支以上不满10支的；

2. 走私第1款第2项规定的弹药，数量在该项规定的最高数量以上不满最高数量5倍的；

3. 走私各种口径在60毫米以下常规炮弹、手榴弹或者枪榴弹等分别或者合计达到5枚以上不满10枚，或者各种口径超过60毫米以上常规炮弹合计不满5枚的；

4. 达到第1款第1、2、4项规定的数量标准，且属于犯罪集团的首要分子，使用特种车辆从事走私活动，或者走私的武器、弹药被用于实施犯罪等情形的。

三、满足“情节特别严重”，处无期徒刑并处没收财产的情形：

1. 走私第 2 款第 1 项规定的枪支，数量超过该项规定的数量标准的；

2. 走私第 1 款第 2 项规定的弹药，数量在该项规定的最高数量标准 5 倍以上的；

3. 走私第 2 款第 3 项规定的弹药，数量超过该项规定的数量标准，或者走私具有巨大杀伤力的非常规炮弹 1 枚以上的；

4. 达到第 2 款第 1 项至第 3 项规定的数量标准，且属于犯罪集团的首要分子，使用特种车辆从事走私活动，或者走私的武器、弹药被用于实施犯罪等情形的。

【法条链接】

《刑法》第一百五十一条第一、四款　走私武器、弹药、核材料或者伪造的货币的，处七年以上有期徒刑，并处罚金或者没收财产；情节特别严重的，处无期徒刑，并处没收财产；情节较轻的，处三年以上七年以下有期徒刑，并处罚金。

单位犯本条规定之罪的，对单位判处罚金，并对其直接负责的主管人员和其他直接责任人员，依照本条各款的规定处罚。

第一百五十五条　下列行为，以走私罪论处，依照本节的有关规定处罚：

（一）直接向走私人非法收购国家禁止进口物品的，或者直接向走私人非法收购走私进口的其他货物、物品，数额较大的；

（二）在内海、领海、界河、界湖运输、收购、贩卖国家禁止进出口物品的，或者运输、收购、贩卖国家限制进出口货物、物品，数额较大，没有合法证明的。

第一百五十六条　与走私罪犯通谋，为其提供贷款、资金、账号、发票、证明，或者为其提供运输、保管、邮寄或者其他方便的，以走私罪的共犯论处。

第一百五十七条　武装掩护走私的，依照本法第一百五十一条第一款的规定从重处罚。

以暴力、威胁方法抗拒缉私的，以走私罪和本法第二百七十七条规定的阻碍国家机关工作人员依法执行职务罪，依照数罪并罚的规定处罚。

2014年9月施行的最高人民法院、最高人民检察院《关于办理走私刑事案件适用法律若干问题的解释》

第一条　走私武器、弹药，具有下列情形之一的，可以认定为刑法第一百五十一条第一款规定的“情节较轻”：

（一）走私以压缩气体等非火药为动力发射枪弹的枪支二支以上不满五支的；

（二）走私气枪铅弹五百发以上不满二千五百发，或者其他子弹十发以上不满五十发的；

（三）未达到上述数量标准，但属于犯罪集团的首要分子，使用特种车辆从事走私活动，或者走私的武器、弹药被用于实施犯罪等情形的；

（四）走私各种口径在六十毫米以下常规炮弹、手榴弹或者枪榴弹等分别或者合计不满五枚的。

具有下列情形之一的，依照刑法第一百五十一条第一款的规定处七年以上有期徒刑，并处罚金或者没收财产：

（一）走私以火药为动力发射枪弹的枪支一支，或者以压缩气体等非火药为动力发射枪弹的枪支五支以上不满十支的；

（二）走私第一款第二项规定的弹药，数量在该项规定的最高数量以上不满最高数量五倍的；

（三）走私各种口径在六十毫米以下常规炮弹、手榴弹或者枪榴弹等分别或者合计达到五枚以上不满十枚，或者各种口径超过六十毫米以上常规炮弹合计不满五枚的；

（四）达到第一款第一、二、四项规定的数量标准，且属于犯罪集团的首要分子，使用特种车辆从事走私活动，或者走私的武器、弹药被用于实施犯罪等情形的。

具有下列情形之一的，应当认定为刑法第一百五十一条第一款规定的“情节特别严重”：

（一）走私第二款第一项规定的枪支，数量超过该项规定的数量标准的；

（二）走私第一款第二项规定的弹药，数量在该项规定的最高数量标准五倍以上的；

（三）走私第二款第三项规定的弹药，数量超过该项规定的数量标准，或者走私具有巨大杀伤力的非常规炮弹一枚以上的；

（四）达到第二款第一项至第三项规定的数量标准，且属于犯罪集团的首要分子，使用特种车辆从事走私活动，或者走私的武器、弹药被用于实施犯罪等情形的。

走私其他武器、弹药，构成犯罪的，参照本条各款规定的标准处罚。

第二条　刑法第一百五十一条第一款规定的“武器、弹药”的种类，参照《中华人民共和国海关进出口税则》及《中华人民共和国禁止进出境物品表》的有关规定确定。

第三条　走私枪支散件，构成犯罪的，依照刑法第一百五十一条第一款的规定，以走私武器罪定罪处罚。成套枪支散件以相应数量的枪支计，非成套枪支散件以每三十件为一套枪支散件计。

第四条　走私各种弹药的弹头、弹壳，构成犯罪的，依照刑法第一百五十一条第一款的规定，以走私弹药罪定罪处罚。具体的定罪量刑标准，按照本解释第一条规定的数量标准的五倍执行。

走私报废或者无法组装并使用的各种弹药的弹头、弹壳，构成犯罪的，依照刑法第一百五十三条的规定，以走私普通货物、物品罪定罪处罚；属于废物的，依照刑法第一百五十二条第二款的规定，以走私废物罪定罪处罚。

弹头、弹壳是否属于前款规定的“报废或者无法组装并使用”或者“废物”，由国家有关技术部门进行鉴定。

第五条　走私国家禁止或者限制进出口的仿真枪、管制刀具，构成犯罪的，依照刑法第一百五十一条第三款的规定，以走私国家禁止进出口的货物、物品罪定罪处罚。具体的定罪量刑标准，适用本解释第十一条第一款第六、七项和第二款的规定。

走私的仿真枪经鉴定为枪支，构成犯罪的，依照刑法第一百五十一条第一款的规定，以走私武器罪定罪处罚。不以牟利或者从事违法犯罪活动为目的，且无其他严重情节的，可以依法从轻处罚；情节轻微不需要判处刑罚的，可以免予刑事处罚。

2002 年 7 月发布的《最高人民法院、最高人民检察院、海关总署关于办理走私刑事案件适用法律若干问题的意见》

一、关于走私犯罪案件的管辖问题

根据刑事诉讼法的规定，走私犯罪案件由犯罪地的走私犯罪侦查机关立案侦查。走私犯罪案件复杂，环节多，其犯罪地可能涉及多个犯罪行为发生地，包括货物、物品的进口（境）地、出口（境）地、报关地、核销地等。如果发生刑法第一百五十四条、第一百五十五条规定的走私犯罪行为的，走私货物、物品的销售地、运输地、收购地和贩卖地均属于犯罪行为的发生地。对有多个走私犯罪行为发生地的，由最初受理的走私犯罪侦查机关或者由主要犯罪地的走私犯罪侦查机关管辖。对管辖有争议的，由共同的上级走私犯罪侦查机关指定管辖。

对发生在海（水）上的走私犯罪案件由该辖区的走私犯罪侦查机关管辖，但对走私船舶有跨辖区连续追缉情形的，由缉获走私船舶的走私犯罪侦查机关管辖。

人民检察院受理走私犯罪侦查机关提请批准逮捕、移送审查起诉的走私犯罪案件，人民法院审理人民检察院提起公诉的走私犯罪案件，按照《最高人民法院、最高人民检察院、公安部、司法部、海关总署关于走私犯罪侦查机关办理走私犯罪案件适用刑事诉讼程序若干问题的通知》（署侦〔1998〕742 号）的有关规定执行。

五、关于走私犯罪嫌疑人、被告人主观故意的认定问题

行为人明知自己的行为违反国家法律法规，逃避海关监管，偷

逃进出境货物、物品的应缴税额，或者逃避国家有关进出境的禁止性管理，并且希望或者放任危害结果发生的，应认定为具有走私的主观故意。

走私主观故意中的“明知”是指行为人知道或者应当知道所从事的行为是走私行为。具有下列情形之一的，可以认定为“明知”，但有证据证明确属被蒙骗的除外：

（一）逃避海关监管，运输、携带、邮寄国家禁止进出境的货物、物品的；

（二）用特制的设备或者运输工具走私货物、物品的；

（三）未经海关同意，在非设关的码头、海（河）岸、陆路边境等地点，运输（驳载）、收购或者贩卖非法进出境货物、物品的；

（四）提供虚假的合同、发票、证明等商业单证委托他人办理通关手续的；

（五）以明显低于货物正常进（出）口的应缴税额委托他人代理进（出）口业务的；

（六）曾因同一种走私行为受过刑事处罚或者行政处罚的；

（七）其他有证据证明的情形。

六、关于行为人对其走私的具体对象不明确的案件的处理问题

走私犯罪嫌疑人主观上具有走私犯罪故意，但对其走私的具体对象不明确的，不影响走私犯罪构成，应当根据实际的走私对象定罪处罚。但是，确有证据证明行为人因受蒙骗而对走私对象发生认识错误的，可以从轻处罚。

十四、关于海上走私犯罪案件如何追究运输人的刑事责任问题

对刑法第一百五十五条第（二）项规定的实施海上走私犯罪行为的运输人、收购人或者贩卖人应当追究刑事责任。对运输人，一般追究运输工具的负责人或者主要责任人的刑事责任，但对于事先通谋的、集资走私的、或者使用特殊的走私运输工具从事走私犯罪活动的，可以追究其他参与人员的刑事责任。

十五、关于刑法第一百五十六条规定的“与走私罪犯通谋”的理解问题

通谋是指犯罪行为人之间事先或者事中形成的共同的走私故意。下列情形可以认定为通谋：

（一）对明知他人从事走私活动而同意为其提供贷款、资金、账号、发票、证明、海关单证，提供运输、保管、邮寄或者其他方便的；

（二）多次为同一走私犯罪分子的走私行为提供前项帮助的。

十八、关于单位走私犯罪及其直接负责的主管人员和直接责任人员的认定问题

具备下列特征的，可以认定为单位走私犯罪：（1）以单位的名义实施走私犯罪，即由单位集体研究决定，或者由单位的负责人或者被授权的其他人员决定、同意；（2）为单位谋取不正当利益或者违法所得大部分归单位所有。

依照《最高人民法院关于审理单位犯罪案件具体应用法律有关问题的解释》第二条的规定，个人为进行违法犯罪活动而设立的公司、企业、事业单位实施犯罪的，或者个人设立公司、企业、事业单位后，以实施犯罪为主要活动的，不以单位犯罪论处。单位是否以实施犯罪为主要活动，应根据单位实施走私行为的次数、频度、持续时间、单位进行合法经营的状况等因素综合考虑认定。

根据单位人员在单位走私犯罪活动中所发挥的不同作用，对其直接负责的主管人员和其他直接责任人员，可以确定为一人或者数人。对于受单位领导指派而积极参与实施走私犯罪行为的人员，如果其行为在走私犯罪的主要环节起重要作用的，可以认定为单位犯罪的直接责任人员。

十九、关于单位走私犯罪后发生分立、合并或者其他资产重组情形以及单位被依法注销、宣告破产等情况下，如何追究刑事责任的问题

单位走私犯罪后，单位发生分立、合并或者其他资产重组等情

况的，只要承受该单位权利义务的单位存在，应当追究单位走私犯罪的刑事责任。走私单位发生分立、合并或者其他资产重组后，原单位名称发生更改的，仍以原单位（名称）作为被告单位。承受原单位权利义务的单位法定代表人或者负责人为诉讼代表人。

单位走私犯罪后，发生分立、合并或者其他资产重组情形，以及被依法注销、宣告破产等情况的，无论承受该单位权利义务的单位是否存在，均应追究原单位直接负责的主管人员和其他直接责任人员的刑事责任。

二、走私核材料罪

【罪名释义】

走私核材料罪，是指违反海关法规，逃避海关监管，非法运输、携带、邮寄核材料进出国（边）境以及直接向走私人非法收购进口的核材料，或者在内海、领海、界河、界湖运输、收购、贩卖核材料应当追究刑事责任的行为。

【海上犯罪】

在海上犯罪中，走私核材料罪有多种表现形式，既可以表现为行为人利用海上交通工具如货船、客船、滚装船、大型渔船等直接夹带、走私核材料的行为，也可以表现为行为人在海上直接向走私人非法收购进口核材料的行为，还可以表现为行为人在内海、领海、界河、界湖运输、收购、贩卖核材料的行为。

【犯罪构成】

本罪的犯罪构成表现在如下四个方面：

第一，本罪侵犯的客体是国家对外贸易管制制度，具体是指国家对外贸易管制中的禁止核材料进出国（边）境的管理制度。鉴于核材料所具有的巨大危险性，国际社会先后缔结了一系列国际条约以加强对核材料的管制，我国作为相关核材料公约的参加国，同样需要对核材料实行严格管控。本罪的犯罪对象是核材料。

第二，本罪的客观方面表现为违反海关法规，逃避海关监管，非法运输、携带、邮寄核材料进出国（边）境的行为，以及直接向走私人非法收购进口核材料或者在内海、领海、界河、界湖运输、收购、贩卖核材料应当追究刑事责任的行为。

所谓“违反海关法规”，主要是指违反《海关法》及其他有关禁止核材料进出国（边）境的规定。这些法律规定不仅包括《海关法》和国务院发布的《核材料管制条例》、《核出口管制条例》、《关于严格执行我国核出口政策有关问题的通知》，以及国家原子能机构、商务部、外交部和海关总署联合发布的《核出口管制清单》等国内法律法规，还包括我国参加的《核材料实物保护条约》、《不扩散核武器公约》和《核安全公约》等国际公约的有关规定。例如，《核出口管制条例》第 3 条规定：“国家对核出口实行严格管制，严格履行所承担的不扩散核武器的国际义务。国家严格限制铀浓缩设施、设备，辐照燃料后处理设施、设备，重水生产设施、设备等物项及其相关技术等核扩散敏感物项，以及可以用于核武器或者其他核爆炸装置的材料的出口。”第 4 条规定：“核出口应当遵守国家有关法律、行政法规的规定，不得损害国家安全或者社会公共利益。”第 5 条规定：“核出口审查、许可，应当遵循下列准则：（一）接受方政府保证不将中国供应的核材料、核设备或者反应堆用非核材料以及通过其使用而生产的特种可裂变材料用于任何核爆炸目的。（二）接受方政府保证对中国供应的核材料以及通过其使用而生产的特种可裂变材料采取适当的实物保护措施。（三）接受方政府同国际原子能机构订有有效的全面保障协定。本项规定不适用于同国际原子能机构订有自愿保障协定的国家。（四）接受方保证，未经中国国家原子能机构事先书面同意，不向第三方再转让中国所供应的核材料、核设备或者反应堆用非核材料及其相关技术；经事先同意进行再转让的，接受再转让的第三方应当承担相当于由中国直接供应所承担的义务。（五）接受方政府保证，未经中国政府同意，不得利用中国供应的铀浓缩设施、技术或者以此技术为基础的任何设施生产富集度高于 20%的浓缩铀。”第 6 条规定：“核出口由国务院指定的单位专营，任何其他单位或者个人不得经营。”第 15 条规定：“核出口专营单位进行核出口时，应当向海关出具核出口许可证，依照海关法的规定办理海关手续，并接受海关监管。”由此可见，正因为核材料具有高度的放射性，并且高浓度的核材料还是制造核武器的必要原料，一旦疏于管理，极有可能造成核材料的失控和扩散，严重危及公民的人身安全、生态环境安全及国家安全。所以，国家针对核材料的生产、持有、使用、存储、运输和处置行为，都制定了严格的法律法规加以约束。

所谓“逃避海关监管”，主要是指利用通关货运渠道、旅检渠道、邮寄渠道，通过夹带、藏匿、伪报品名等手段，瞒骗、逃避海关的监督和检查，或者根本不通过海关，绕关实施的走私核材料的行为。所谓“非法运输”，是指违反海关法规和禁止核材料进出国（边）境的相关规定，使用交通运输工具运送核材料进出国（边）境的行为；所谓“非法携带”，是指违反海关法规和禁止核材料进出国（边）境的相关规定，随身附带、夹带核材料进出国（边）境的行为；所谓“非法邮寄”，是指违反海关法规和禁止核材料进出国（边）境的相关规定，通过邮局将核材料寄进或寄出国（边）境的行为。在司法实践中，走私核材料的行为有多种不同的表现形式，其中多表现为以通关或绕关的方式运输、携带或邮寄核材料进出国（边）境的行为。“通关走私核材料”，是指行为人经过国家开放的进出口岸或准许进出境的国境、孔道，以藏匿、夹带、伪装、瞒报、伪报或者其他方法逃避海关监督和检查，运输、携带、邮寄核材料进出国（边）境的行为。通关走私主要发生在海关监管的通关环节，因此行为人要逃避海关的监督和检查，必须采取伪报、瞒报、伪装、藏匿、夹带等欺骗手段。“绕关走私核材料”，是指行为人不经过国家开放的进出口岸或准许进出境的国境、孔道而非法携运核材料进出国（边）境的行为，海上绕关走私行为人一般都拥有海上运输工具，走私船舶活动范围大、行动迅速、走私数额巨大。除了上述两种典型的走私核材料行为外，行为人还可能实施间接走私核材料的行为。“间接走私核材料”，是指行为人直接向走私人非法收购核材料的行为或者在内海、领海、界河、界湖非法运输、收购、贩卖核材料的行为。间接走私行为对直接走私起到帮助和辅助的作用，使所走私的核材料得以迅速销售和扩散，是直接走私行为的延续。对于直接向走私人非法收购核材料的间接走私行为，应注意如下几点：首先，间接走私行为人必须是直接向走私人收购走私核材料的第一购买者，即“第一手交易”人，对第二手及其以后的购买人不能以走私核材料罪论处。其次，间接走私行为人必须“明知”对方为直接走私人，即明知交易对方是直接将核材料从境外走私进境的人，而故意向其收购走私进境的核材料。最后，收购行为必须是非法进行的。

第三，本罪的主体是一般主体，凡达到刑事责任年龄、具备刑事责任能力的自然人和单位均可构成本罪。这里的自然人不仅包括我国公民，还包括外国人和无国籍人；单位构成走私核材料罪需要满足以下两个条件：首先，走私核材料的行为是以单位的名义实施的，即由单位集体研究决定或者由单位的负责人、被授权的其他人员决定、同意后，开始实施走私核材料的行为。其次，走私核材料的行为是为单位谋取不正当利益或者违法所得大部分归单位所有。

第四，本罪的主观方面表现为故意，包括直接故意和间接故意，行为人的犯罪目的、犯罪动机为何，并不影响本罪的成立。这里的“故意”，即行为人明知是国家禁止进出境的核材料，仍违反海关法规，逃避海关监督，携带、运输、邮寄核材料进出境的主观心理态度。“明知”是指行为人知道或者应当知道其走私的是国家严格限制进出口的核材料，如果行为人因受蒙蔽、欺骗确实不知是国家严格限制进出口的核材料而走私进出国（边）境的，不构成本罪，可视案件具体情况以走私普通货物、物品罪论处。

【犯罪认定】

1. 划清罪与非罪的界限

首先，构成走私核材料罪要求行为人的主观方面出于故意，如果行为人实施的走私核材料行为缺乏故意的主观心理态度，则不能对行为人以走私核材料罪论处。对行为人是否具备走私核材料的主观“故意”的判断，不能脱离对行为人走私核材料行为客观方面的考察，根据最高人民法院、最高人民检察院、海关总署《关于办理走私刑事案件适用法律若干问题的意见》可以考察行为人客观方面是否有以下行为：（1）逃避海关监督，运输、携带核材料进出关境的；（2）用特制的设备或者运输工具走私核材料的；（3）未经海关同意，在非设关的码头、海（河）岸、陆路边境等地点，运输（驳载）、收购或者贩卖核材料的；（4）提供虚假的合同、发票、证明等商业单证委托他人办理通关手续的；（5）曾因走私核材料受过刑事处罚或者行政处罚的。

其次，应正确认识构成走私核材料罪的犯罪对象。司法实践中，如果行为人主观上具有走私核材料的犯罪故意，但对自己具体走私的是何种核材料并不明确的，不影响走私核材料罪的成立，只要行为人实际走私的是核材料，就应当按照走私核材料罪定罪处罚；如果行为人对自己的走私行为有明确认识，但确有证据证明因为受蒙蔽或欺骗并不知道走私对象是核材料的，则对走私行为人不应以走私核材料罪论处，可视案件具体情况以走私普通货物、物品罪论处；如果确有证据证明行为人因受蒙蔽、欺骗、陷害并不知道自己实施了走私行为，更不知道自己“走私”的对象是核材料的，则对行为人不应以犯罪论处，可视案件具体情况给予相应的行政处理。

最后，应注意行为人是否存在“情节显著轻微危害不大”的情形。虽然根据刑法第151条第1款规定，走私核材料“情节较轻的，处三年以上七年以下有期徒刑，并处罚金。”但根据刑法第13条的但书规定“情节显著轻微危害不大的，不认为是犯罪”，在司法实践中，如果走私核材料行为人的具体行为确实存在刑法但书规定的“情节显著轻微危害不大”的情形，则对行为人的行为不应评价为犯罪，可视案件具体情况给予相应的行政处理。

2. 划清本罪与走私武器、弹药罪的界限

走私武器、弹药罪，是指违反海关法规，逃避海关监管，非法运输、携带、邮寄国家禁止进出口的武器、弹药，以及直接向走私人非法收购武器、弹药，或者在内海、领海、界河、界湖运输、收购、贩卖武器、弹药，应当追究刑事责任的行为。走私核材料罪与走私武器、弹药罪的犯罪主体都是一般主体（都包括自然人和单位），行为人的主观方面都是出于故意，犯罪的客观方面表现也相同，两罪的主要区别在于具体的犯罪对象不同。走私核材料罪的犯罪对象是核材料，走私武器、弹药罪的犯罪对象是武器、弹药，武器既包括常规武器，也包括核武器、化学武器、生物武器等非常规武器。实践中，如果行为人走私的核材料并不含有触发控制系统、投射工具等核武器必须的装置，则行为人应构成走私核材料罪；如果行为人所走私的核材料已经与其他触发控制系统、投射工具等形成了有效的核武器，则应对行为人以走私武器、弹药罪论处。

3. 划清本罪与非法制造、买卖、运输、储存危险物质罪的界限

非法制造、买卖、运输、储存危险物质罪，是指违反国家有关毒害性、放射性、传染病病原体等危险物质管理法规，非法制造、买卖、运输、储存毒害性、放射性、传染病病原体等危险物质，危害公共安全的行为。走私核材料罪与非法制造、买卖、运输、储存危险物质罪的相同之处在于：两罪的主体都是一般主体，都可以由单位和自然人构成；两罪的主观方面都是出于故意；两罪的犯罪对象都包括核材料。走私核材料罪与非法制造、买卖、运输、储存危险物质罪的主要区别在于：首先，两罪的犯罪客体不同。走私核材料罪侵犯的客体是国家的对外贸易管制制度，具体指国家禁止、限制核材料进出国（边）境的管理制度；非法制造、买卖、运输、

储存危险物质罪侵犯的客体是公共安全，即不特定或多数人的生命、健康和公私财产安全，具体指国家对毒害性、放射性、传染病病原体等危险物质的管理制度。其次，两罪的客观方面表现不同。走私核材料罪在客观方面表现为违反海关法规，逃避海关监管，非法运输、携带、邮寄核材料进出国（边）境的行为，以及直接向走私人非法收购核材料或者在内海、领海、界河、界湖运输、收购、贩卖核材料，应当追究刑事责任的行为。走私核材料的行为与进出国（边）境密切相关。而非法制造、买卖、运输、储存危险物质罪的客观方面则表现为违反国家有关毒害性、放射性、传染病病原体等危险物质的管理法规，非法制造、买卖、运输、储存毒害性、放射性、传染病病原体等危险物质的行为。这些行为均发生在我国境内，不存在违反海关法规，逃避海关监管的问题。实践中，如果行为人先实施了非法制造、买卖、运输、储存核材料的行为，继而又将核材料走私出境或又在内海、领海、界河、界湖贩卖的，或者行为人先实施了走私核材料的行为，继而又在境内予以非法买卖、运输、储存的，应综合权衡、区别对待，如果前后行为确实符合不同的犯罪构成，则应实行数罪并罚，如果前后行为符合牵连犯的特征，则不实行数罪并罚，只从一重罪处断即可。

4. 本罪共犯的认定

根据我国《刑法》和《关于办理走私刑事案件适用法律若干问题的意见》相关规定，下列情形应认定为行为人构成走私核材料罪的共犯：（1）明知他人从事走私核材料活动而同意为其提供贷款、资金、账号、发票、证明、海关单证，提供运输、保管、邮寄或者其他方便的；（2）多次为同一走私核材料犯罪分子的走私行为提供前项帮助的。

【立案标准】

行为人涉嫌违反海关法规，逃避海关监管，出现下列情形的应予以立案：

1. 违反海关法规，逃避海关监管，非法运输、携带、邮寄核材料进出国（边）境的；

2. 直接向走私人非法收购核材料的；

3. 在内海、领海、界河、界湖运输、收购、贩卖核材料的。

【法条链接】

《刑法》第一百五十一条第一、四款　走私武器、弹药、核材料或者伪造的货币的，处七年以上有期徒刑，并处罚金或者没收财产；情节特别严重的，处无期徒刑，并处没收财产；情节较轻的，处三年以上七年以下有期徒刑，并处罚金。

单位犯本条规定之罪的，对单位判处罚金，并对其直接负责的主管人员和其他直接责任人员，依照本条各款的规定处罚。

第一百五十五条　下列行为，以走私罪论处，依照本节的有关规定处罚：

（一）直接向走私人非法收购国家禁止进口物品的，或者直接向走私人非法收购走私进口的其他货物、物品，数额较大的；

（二）在内海、领海、界河、界湖运输、收购、贩卖国家禁止进出口物品的，或者运输、收购、贩卖国家限制进出口货物、物品，数额较大，没有合法证明的。

第一百五十六条　与走私罪犯通谋，为其提供贷款、资金、账号、发票、证明，或者为其提供运输、保管、邮寄或者其他方便的，以走私罪的共犯论处。

第一百五十七条　武装掩护走私的，依照本法第一百五十一条第一款的规定从重处罚。

以暴力、威胁方法抗拒缉私的，以走私罪和本法第二百七十七条规定的阻碍国家机关工作人员依法执行职务罪，依照数罪并罚的规定处罚。

2014 年 9 月施行的最高人民法院、最高人民检察院《关于办理走私刑事案件适用法律若干问题的解释》

第二十三条　实施走私犯罪，具有下列情形之一的，应当认定为犯罪既遂：

（一）在海关监管现场被查获的；

（二）以虚假申报方式走私，申报行为实施完毕的；

（三）以保税货物或者特定减税、免税进口的货物、物品为对象走私，在境内销售的，或者申请核销行为实施完毕的。

2002年7月发布的最高人民法院、最高人民检察院、海关总署《关于办理走私刑事案件适用法律若干问题的意见》

一、关于走私犯罪案件的管辖问题

根据刑事诉讼法的规定，走私犯罪案件由犯罪地的走私犯罪侦查机关立案侦查。走私犯罪案件复杂，环节多，其犯罪地可能涉及多个犯罪行为发生地，包括货物、物品的进口（境）地、出口（境）地、报关地、核销地等。如果发生刑法第一百五十四条、第一百五十五条规定的走私犯罪行为的，走私货物、物品的销售地、运输地、收购地和贩卖地均属于犯罪行为的发生地。对有多个走私犯罪行为发生地的，由最初受理的走私犯罪侦查机关或者由主要犯罪地的走私犯罪侦查机关管辖。对管辖有争议的，由共同的上级走私犯罪侦查机关指定管辖。

对发生在海（水）上的走私犯罪案件由该辖区的走私犯罪侦查机关管辖，但对走私船舶有跨辖区连续追缉情形的，由缉获走私船舶的走私犯罪侦查机关管辖。

人民检察院受理走私犯罪侦查机关提请批准逮捕、移送审查起诉的走私犯罪案件，人民法院审理人民检察院提起公诉的走私犯罪案件，按照《最高人民法院、最高人民检察院、公安部、司法部、海关总署关于走私犯罪侦查机关办理走私犯罪案件适用刑事诉讼程序若干问题的通知》（署侦〔1998〕742号）的有关规定执行。

五、关于走私犯罪嫌疑人、被告人主观故意的认定问题

行为人明知自己的行为违反国家法律法规，逃避海关监管，偷逃进出境货物、物品的应缴税额，或者逃避国家有关进出境的禁止性管理，并且希望或者放任危害结果发生的，应认定为具有走私的

主观故意。

走私主观故意中的“明知”是指行为人知道或者应当知道所从事的行为是走私行为。具有下列情形之一的，可以认定为“明知”，但有证据证明确属被蒙骗的除外：

（一）逃避海关监管，运输、携带、邮寄国家禁止进出境的货物、物品的；

（二）用特制的设备或者运输工具走私货物、物品的；

（三）未经海关同意，在非设关的码头、海（河）岸、陆路边境等地点，运输（驳载）、收购或者贩卖非法进出境货物、物品的；

（四）提供虚假的合同、发票、证明等商业单证委托他人办理通关手续的；

（五）以明显低于货物正常进（出）口的应缴税额委托他人代理进（出）口业务的；

（六）曾因同一种走私行为受过刑事处罚或者行政处罚的；

（七）其他有证据证明的情形。

六、关于行为人对其走私的具体对象不明确的案件的处理问题

走私犯罪嫌疑人主观上具有走私犯罪故意，但对其走私的具体对象不明确的，不影响走私犯罪构成，应当根据实际的走私对象定罪处罚。但是，确有证据证明行为人因受蒙骗而对走私对象发生认识错误的，可以从轻处罚。

十四、关于海上走私犯罪案件如何追究运输人的刑事责任问题

对刑法第一百五十五条第（二）项规定的实施海上走私犯罪行为的运输人、收购人或者贩卖人应当追究刑事责任。对运输人，一般追究运输工具的负责人或者主要责任人的刑事责任，但对于事先通谋的、集资走私的、或者使用特殊的走私运输工具从事走私犯罪活动的，可以追究其他参与人员的刑事责任。

十五、关于刑法第一百五十六条规定的“与走私罪犯通谋”的理解问题

通谋是指犯罪行为人之间事先或者事中形成的共同的走私故

意。下列情形可以认定为通谋：

（一）对明知他人从事走私活动而同意为其提供贷款、资金、账号、发票、证明、海关单证，提供运输、保管、邮寄或者其他方便的；

（二）多次为同一走私犯罪分子的走私行为提供前项帮助的。

十八、关于单位走私犯罪及其直接负责的主管人员和直接责任人员的认定问题

具备下列特征的，可以认定为单位走私犯罪：（1）以单位的名义实施走私犯罪，即由单位集体研究决定，或者由单位的负责人或者被授权的其他人员决定、同意；（2）为单位谋取不正当利益或者违法所得大部分归单位所有。

依照《最高人民法院关于审理单位犯罪案件具体应用法律有关问题的解释》第二条的规定，个人为进行违法犯罪活动而设立的公司、企业、事业单位实施犯罪的，或者个人设立公司、企业、事业单位后，以实施犯罪为主要活动的，不以单位犯罪论处。单位是否以实施犯罪为主要活动，应根据单位实施走私行为的次数、频度、持续时间、单位进行合法经营的状况等因素综合考虑认定。

根据单位人员在单位走私犯罪活动中所发挥的不同作用，对其直接负责的主管人员和其他直接责任人员，可以确定为一人或者数人。对于受单位领导指派而积极参与实施走私犯罪行为的人员，如果其行为在走私犯罪的主要环节起重要作用的，可以认定为单位犯罪的直接责任人员。

十九、关于单位走私犯罪后发生分立、合并或者其他资产重组情形以及单位被依法注销、宣告破产等情况下，如何追究刑事责任的问题

单位走私犯罪后，单位发生分立、合并或者其他资产重组等情况的，只要承受该单位权利义务的单位存在，应当追究单位走私犯罪的刑事责任。走私单位发生分立、合并或者其他资产重组后，原单位名称发生更改的，仍以原单位（名称）作为被告单位。承受

原单位权利义务的单位法定代表人或者负责人为诉讼代表人。

单位走私犯罪后，发生分立、合并或者其他资产重组情形，以及被依法注销、宣告破产等情况的，无论承受该单位权利义务的单位是否存在，均应追究原单位直接负责的主管人员和其他直接责任人员的刑事责任。

三、走私假币罪

【罪名释义】

走私假币罪，是指故意违反海关法规和国家的货币管理制度，逃避海关监管，运输、携带、邮寄伪造的货币进出国（边）境，或者直接向走私人员非法收购进口的伪造货币以及在内海、领海、界河、界湖运输、收购、贩卖伪造的货币的行为。

【海上犯罪】

在海上犯罪中，走私假币罪有多种表现形式，既可以表现为行为人利用海上交通工具如货船、客船、滚装船、大型渔船等直接夹带、走私假币的行为，也可以表现为行为人在海上直接向走私人非法收购进口假币的行为，还可以表现为行为人在内海、领海、界河、界湖运输、收购、贩卖假币的行为。

【犯罪构成】

本罪的犯罪构成表现在如下四个方面：

第一，本罪侵犯的客体是复杂客体，既侵犯了国家禁止假币进出国（边）境的对外贸易管制制度，又侵犯了国家的货币管理制度。

本罪的犯罪对象是伪造的货币，即假币。所谓假币，是指仿照人民币、特区币、外币的形状、图案、色彩等，使用仿制、假冒方法，非法制造的假人民币、特区币和外币，包括伪造的人民币、港币、澳币、台币、外币等可在国内市场流通或者兑换的货币。至于伪造的标准，通常应当在外观或形式上与真币相似，足以使一般人误信为真货币即可。如果行为人走私的对象不是假币而是真正的货币，则不构成本罪。走私货币的总面额以人民币计，走私伪造的境外货币总面额以案发时国家外汇管理机关公布的外汇牌价折合人民币计算。行为人携带、运输、邮寄假币进出国（边）境不仅侵犯了国家的海关监管制度，同时还会引发买卖、持有、使用假币的行为，破坏国家的金融秩序和货币管理制度。

第二，本罪的客观方面表现为违反国家海关法规和货币管理制度，逃避海关监管，运输、携带、邮寄伪造的货币进出国（边）境，或者直接向走私人员非法收购进口的假币以及在内海、领海、界河、界湖运输、收购、贩卖伪造的货币的行为。这里的“海关法规”主要是指《海关法》，“货币管理制度”，是指通过货币管理法规对货币的有关要素、货币的流通和管理加以规范的制度，货币管理法规包括《国家货币出入境管理办法》、《人民币管理条例》等。国家的货币制度是统一、稳定的，货币的制造发行权属于国家，其他任何机关、团体和个人都无权制造和发行人民币。“逃避海关监管”，主要是指利用通关货运渠道、旅检渠道、邮寄渠道，通过夹带、藏匿、伪报品名等手段，瞒骗、逃避海关的监督和检查，或者根本不通过海关，绕关实施的走私伪造的货币的行为。行为人实施的逃避海关监管的行为通常包括以下几种：一是不经过海关、检查站，非法运输、携带、邮寄伪造的货币进出国（边）境；二是虽然经过海关、检查站，但采用谎报、瞒报、伪装、藏匿、夹带的方法，逃避海关监督和检查的行为；三是行为人直接向走私人非法收购假币的；四是行为人在领海、内海、界河、界湖运输、收购、贩卖假币。“直接向走私人员非法收购假币”，是指明知是走私行为人违反海关法规、逃避海关监管走私进入国（边）境的假币而向其非法收购的行为。

第三，走私假币罪的主体是一般主体，凡达到刑事责任年龄、具备刑事责任能力的自然人均可构成本罪，单位也可以成为走私假币罪的主体。

第四，走私假币罪的主观方面表现为故意，即明知是国家禁止进出国（边）境的假币而仍然实施走私行为或者明知是走私行为人走私进入国（边）境的假币而仍然向其收购以及故意在领海、内海、界河、界湖运输、收购、贩卖假币的主观心理态度。过失不构成本罪，如果行为人确实不知是伪造的货币而运输、携带、邮寄进出国（边）境并作为真实货币申报的，则不应构成走私假币罪。

【犯罪认定】

1. 划清罪与非罪的界限

首先，构成走私假币罪要求行为人的主观方面出于故意，过失不能构成本罪。如果行为人实施的走私假币的行为缺乏故意的主观心理态度，则不能对行为人以走私假币罪论处。只有行为人明知是伪造的货币而仍携带、运输、邮寄进出国（边）境，或者明知是走私行为人走私进入国（边）境的假币而仍然向其收购以及故意在领海、内海、界河、界湖运输、收购、贩卖假币的行为才能以走私假币罪论处。如果确有证据证明行为人因受蒙蔽、欺骗、陷害并不知道自己实施了走私行为，更不知道自己“走私”的对象是假币的，则对行为人不应以犯罪论处，可视案件具体情况给予相应的行政处理。其次，应正确认识走私假币罪的犯罪对象。司法实践中，如果行为人主观上具有走私假币的犯罪故意，但对自己具体走私的是何种假币并不明确的，不影响走私假币罪的成立，只要行为人实际走私的是假币，就应当按照走私假币罪定罪处罚；如果行为人对自己的走私行为有明确认识，但确有证据证明因为受蒙蔽或欺骗并不知道走私对象是假币的，则对走私行为人不应以走私假币罪论处，可视案件具体情况以走私普通货物、物品罪论处。值得注意的是，假币与变造的货币不同，变造的货币是通过对真币进行剪贴、拼接、挖补、揭层、涂改等方法制作的非法货币，变造货币是在真实货币的基础上加工而成的。而假币则是指仿照人民币、特区币和外币的形状、图案、色彩等，使用仿制、假冒的方法非法制造的假人民币、特区币和外币，假币不以真实货币为制造原料。行为人走私变造货币的行为不能构成走私假币罪，对行为人可以按走私国家禁止进出口的货物、物品罪论处。最后，应注意行为人是否存在“情节显著轻微危害不大”的情形。根据刑法第 13 条但书的规定“情节显著轻微危害不大的，不认为是犯罪”，走私假币罪是数额犯，如果行为人走私假币的数额并未达到法定的构罪标准，则不能构成走私假币罪，只能按一般违法行为处理。

2. 划清本罪与伪造货币罪的界限

伪造货币罪，是指行为人违反货币管理法规，仿照人民币、特区币或外币的形状、样式等外部特征，采用各种手段制造假货币冒充真货币的行为。走私假币罪与伪造货币罪的主观方面都由故意构成，两罪主要区别如下：第一，两罪侵犯的客体不尽相同。伪造货币罪是一种破坏金融管理秩序的犯罪行为，侵犯的客体是国家的货币管理制度；走私假币罪侵犯的是双重客体，不仅侵犯了国家的货币管理制度，还侵犯了国家禁止假币进出国（边）境的对外贸易管制制度。第二，两罪的犯罪对象不同。伪造货币罪的犯罪对象是货币，即可在我国境内流通或兑换的人民币、特区币和外币；走私假币罪的犯罪对象是伪造的货币，即仿照人民币、特区币和外币的形状、图案、色彩等，使用仿制、假冒方法非法制造的假人民币、特区币和外币。“人民币”是我国的法定货币，中国人民银行是人民币的法定发行机构，“特区币”是指在我国特别行政区流通的港币、澳币以及台币，“外币”则是指可以在我国兑换的他国货币。第三，两罪的犯罪主体不同。走私假币罪的犯罪主体既可以是自然人，也可以是单位；伪造货币罪的犯罪主体只能由自然人构成。第四，两罪的客观方面表现不同。伪造货币罪的客观方面表现为行为人违反货币管理法规，仿照人民币、特区币或外币的形状、样式等外部特征，采用各种手段制造假货币冒充真货币的行为；走私假币罪的客观方面则表现为违反国家海关法规和货币管理制度，逃避海关监管，运输、携带、邮寄伪造的货币进出国（边）境，或者直接向走私人员非法收购伪造的货币以及在内海、领海、界河、界湖运输、收购、贩卖伪造的货币的行为。

3. 划清本罪与出售、购买、运输假币罪的界限

出售、购买、运输假币罪，是指行为人明知是伪造的货币而予以出售、购买或运输，数额较大的行为。走私假币罪与出售、购买、运输假币罪的主观方面都表现为故意，过失不能构成上述两罪，两罪的犯罪对象也都是伪造的货币。两罪的主要区别在于：第一，两罪的犯罪主体不尽相同。出售、购买、运输假币罪的犯罪主体只能是自然人，而走私假币罪的犯罪主体既可以是自然人也可以是单位。第二，两罪侵犯的客体不同。出售、购买、运输假币罪侵犯的客体是国家的货币管理制度，而走私假币罪侵犯的客体是国家的货币管理制度和国家海关法规禁止假币进出口的对外贸易管制制度。第三，两罪的客观方面表现不同。出售、购买、运输假币罪的客观方面表现为在我国境内出售、购买、运输假币数额较大的行为，而走私假币罪的客观方面则表现为故意违反海关法规和国家的货币管理制度，逃避海关监管，运输、携带、邮寄伪造的货币进出国（边）境，或者直接向走私人员非法收购伪造的货币以及在内海、领海、界河、界湖运输、收购、贩卖伪造的货币的行为。“是否出入国（边）境”是两罪在客观方面的主要区别，但应注意的是，根据刑法第155条的规定，直接向走私分子非法收购伪造的货币或者在内海、领海、界河、界湖运输、收购、贩卖伪造的货币的，以走私假币罪论处，此种情况下，行为人虽然并未跨越国（边）境，而只是在内海、领海、界河、界湖运输、收购、贩卖伪造的货币，但并不构成出售、购买、运输假币罪，而是构成走私假币罪。此外，对于行为人将走私入境的假币在我国境内予以运输、携带的，应视为走私假币行为的延续，不应再以出售、购买、运输假币罪重复评价。第四，两罪主观故意方面“明知”的内容不同。走私假币罪与出售、购买、运输假币罪虽然在主观方面都表现为故意，但“明知”的内容却并不相同。出售、购买、运输假币罪要求行为人对出售、购买和运输行为及物品是“假币”具有明知的

心理态度，而走私假币罪要求行为人对自己的走私行为及走私物品是“假币”具有明知的心理态度，在间接走私假币行为中，行为人在境内直接向走私人收购伪造的货币，要求行为人主观上必须明知其购买的假币是直接走私进境的，才能构成走私假币罪，否则只能构成出售、购买、运输假币罪。

4. 划清本罪与持有、使用假币罪的界限

持有、使用假币罪是指行为人持有、使用伪造的货币，数额较大的行为。走私假币罪与持有、使用假币罪的主观方面都由故意构成，犯罪对象也都是伪造的货币，两罪的主要区别如下：第一，两罪侵犯的客体不同。持有、使用假币罪侵犯的客体是国家的货币管理制度；走私假币罪侵犯的客体是复杂客体，包括国家的货币管理制度和国家海关法规禁止假币进出口的对外贸易管制制度。第二，两罪的犯罪主体不同。持有、使用假币罪的犯罪主体只能是自然人，即年满 16 周岁且具备刑事责任能力的人；走私假币罪的犯罪主体既可以是达到刑事责任年龄具备刑事责任能力的自然人，也可以是单位。第三，两罪的客观方面表现不同。持有、使用假币罪在客观方面表现为持有、使用伪造的货币，数额较大的行为。“持有”是指违反国家法律规定，非法保存、携带、掌管伪造的货币，使其处于自己的实际支配和控制之下的状态。“使用”是指出于各种目的以各种方式使伪造的货币作为支付手段进入流通领域的行为。走私假币罪的客观方面则表现为违反海关法规，逃避海关监管，非法运输、携带、邮寄伪造的货币进出国（边）境或者直接向走私人员非法收购伪造的货币以及在内海、领海、界河、界湖运输、收购、贩卖伪造的货币的行为。在司法实践中，如果行为人实施走私假币的行为后，又保存、留有或使用假币的，应视为走私假币罪的后续行为，仅认定为走私假币罪，不应再以持有、使用假币罪重复评价。如果是非走私人获取伪造的货币后实施了持有或使用行为，达到数额较大标准的，则应对行为人以持有、使用假币罪论处。

【立案标准】

行为人涉嫌违反海关法规、逃避海关监管走私假币，出现下列情形的应予以立案：

1. 走私伪造的货币，总面额在2000元以上的；

2. 走私伪造的货币，总币量在200张以上的。

【法条链接】

《刑法》第一百五十一条第一、四款　走私武器、弹药、核材料或者伪造的货币的，处七年以上有期徒刑，并处罚金或者没收财产；情节特别严重的，处无期徒刑，并处没收财产；情节较轻的，处三年以上七年以下有期徒刑，并处罚金。

单位犯本条规定之罪的，对单位判处罚金，并对其直接负责的主管人员和其他直接责任人员，依照本条各款的规定处罚。

第一百五十五条　下列行为，以走私罪论处，依照本节的有关规定处罚：

（一）直接向走私人非法收购国家禁止进口物品的，或者直接向走私人非法收购走私进口的其他货物、物品，数额较大的；

（二）在内海、领海、界河、界湖运输、收购、贩卖国家禁止进出口物品的，或者运输、收购、贩卖国家限制进出口货物、物品，数额较大，没有合法证明的。

第一百五十六条　与走私罪犯通谋，为其提供贷款、资金、账号、发票、证明，或者为其提供运输、保管、邮寄或者其他方便的，以走私罪的共犯论处。

第一百五十七条　武装掩护走私的，依照本法第一百五十一条第一款的规定从重处罚。

以暴力、威胁方法抗拒缉私的，以走私罪和本法第二百七十七条规定的阻碍国家机关工作人员依法执行职务罪，依照数罪并罚的规定处罚。

2010 年 5 月发布的最高人民检察院、公安部《关于公安机关管辖的刑事案件立案追诉标准的规定（二）》

第二条　［走私假币案（刑法第一百五十一条第一款）］走私伪造的货币，总面额在二千元以上或者币量在二百张（枚）以上的，应予立案追诉。

2014 年 9 月施行的最高人民法院、最高人民检察院《关于办理走私刑事案件适用法律若干问题的解释》

第六条　走私伪造的货币，数额在二千元以上不满二万元，或者数量在二百张（枚）以上不满二千张（枚）的，可以认定为刑法第一百五十一条第一款规定的“情节较轻”。

具有下列情形之一的，依照刑法第一百五十一条第一款的规定处七年以上有期徒刑，并处罚金或者没收财产：

（一）走私数额在二万元以上不满二十万元，或者数量在二千张（枚）以上不满二万张（枚）的；

（二）走私数额或者数量达到第一款规定的标准，且具有走私的伪造货币流入市场等情节的。

具有下列情形之一的，应当认定为刑法第一百五十一条第一款规定的“情节特别严重”：

（一）走私数额在二十万元以上，或者数量在二万张（枚）以上的；

（二）走私数额或者数量达到第二款第一项规定的标准，且属于犯罪集团的首要分子，使用特种车辆从事走私活动，或者走私的伪造货币流入市场等情形的。

第七条　刑法第一百五十一条第一款规定的“货币”，包括正在流通的人民币和境外货币。伪造的境外货币数额，折合成人民币计算。

2002年7月发布的最高人民法院、最高人民检察院、海关总署《关于办理走私刑事案件适用法律若干问题的意见》

一、关于走私犯罪案件的管辖问题

根据刑事诉讼法的规定，走私犯罪案件由犯罪地的走私犯罪侦查机关立案侦查。走私犯罪案件复杂，环节多，其犯罪地可能涉及多个犯罪行为发生地，包括货物、物品的进口（境）地、出口（境）地、报关地、核销地等。如果发生刑法第一百五十四条、第一百五十五条规定的走私犯罪行为的，走私货物、物品的销售地、运输地、收购地和贩卖地均属于犯罪行为的发生地。对有多个走私犯罪行为发生地的，由最初受理的走私犯罪侦查机关或者由主要犯罪地的走私犯罪侦查机关管辖。对管辖有争议的，由共同的上级走私犯罪侦查机关指定管辖。

对发生在海（水）上的走私犯罪案件由该辖区的走私犯罪侦查机关管辖，但对走私船舶有跨辖区连续追缉情形的，由缉获走私船舶的走私犯罪侦查机关管辖。

人民检察院受理走私犯罪侦查机关提请批准逮捕、移送审查起诉的走私犯罪案件，人民法院审理人民检察院提起公诉的走私犯罪案件，按照《最高人民法院、最高人民检察院、公安部、司法部、海关总署关于走私犯罪侦查机关办理走私犯罪案件适用刑事诉讼程序若干问题的通知》（署侦〔1998〕742号）的有关规定执行。

五、关于走私犯罪嫌疑人、被告人主观故意的认定问题

行为人明知自己的行为违反国家法律法规，逃避海关监管，偷逃进出境货物、物品的应缴税额，或者逃避国家有关进出境的禁止性管理，并且希望或者放任危害结果发生的，应认定为具有走私的主观故意。

走私主观故意中的“明知”是指行为人知道或者应当知道所从事的行为是走私行为。具有下列情形之一的，可以认定为“明知”，但有证据证明确属被蒙骗的除外：

（一）逃避海关监管，运输、携带、邮寄国家禁止进出境的货

物、物品的；

（二）用特制的设备或者运输工具走私货物、物品的；

（三）未经海关同意，在非设关的码头、海（河）岸、陆路边境等地点，运输（驳载）、收购或者贩卖非法进出境货物、物品的；

（四）提供虚假的合同、发票、证明等商业单证委托他人办理通关手续的；

（五）以明显低于货物正常进（出）口的应缴税额委托他人代理进（出）口业务的；

（六）曾因同一种走私行为受过刑事处罚或者行政处罚的；

（七）其他有证据证明的情形。

六、关于行为人对其走私的具体对象不明确的案件的处理问题

走私犯罪嫌疑人主观上具有走私犯罪故意，但对其走私的具体对象不明确的，不影响走私犯罪构成，应当根据实际的走私对象定罪处罚。但是，确有证据证明行为人因受蒙骗而对走私对象发生认识错误的，可以从轻处罚。

十四、关于海上走私犯罪案件如何追究运输人的刑事责任问题

对刑法第一百五十五条第（二）项规定的实施海上走私犯罪行为的运输人、收购人或者贩卖人应当追究刑事责任。对运输人，一般追究运输工具的负责人或者主要责任人的刑事责任，但对于事先通谋的、集资走私的、或者使用特殊的走私运输工具从事走私犯罪活动的，可以追究其他参与人员的刑事责任。

十五、关于刑法第一百五十六条规定的“与走私罪犯通谋”的理解问题

通谋是指犯罪行为人之间事先或者事中形成的共同的走私故意。下列情形可以认定为通谋：

（一）对明知他人从事走私活动而同意为其提供贷款、资金、账号、发票、证明、海关单证，提供运输、保管、邮寄或者其他方便的；

（二）多次为同一走私犯罪分子的走私行为提供前项帮助的。

十八、关于单位走私犯罪及其直接负责的主管人员和直接责任人员的认定问题

具备下列特征的，可以认定为单位走私犯罪：（1）以单位的名义实施走私犯罪，即由单位集体研究决定，或者由单位的负责人或者被授权的其他人员决定、同意；（2）为单位谋取不正当利益或者违法所得大部分归单位所有。

依照《最高人民法院关于审理单位犯罪案件具体应用法律有关问题的解释》第二条的规定，个人为进行违法犯罪活动而设立的公司、企业、事业单位实施犯罪的，或者个人设立公司、企业、事业单位后，以实施犯罪为主要活动的，不以单位犯罪论处。单位是否以实施犯罪为主要活动，应根据单位实施走私行为的次数、频度、持续时间、单位进行合法经营的状况等因素综合考虑认定。

根据单位人员在单位走私犯罪活动中所发挥的不同作用，对其直接负责的主管人员和其他直接责任人员，可以确定为一人或者数人。对于受单位领导指派而积极参与实施走私犯罪行为的人员，如果其行为在走私犯罪的主要环节起重要作用的，可以认定为单位犯罪的直接责任人员。

十九、关于单位走私犯罪后发生分立、合并或者其他资产重组情形以及单位被依法注销、宣告破产等情况下，如何追究刑事责任的问题

单位走私犯罪后，单位发生分立、合并或者其他资产重组等情况的，只要承受该单位权利义务的单位存在，应当追究单位走私犯罪的刑事责任。走私单位发生分立、合并或者其他资产重组后，原单位名称发生更改的，仍以原单位（名称）作为被告单位。承受原单位权利义务的单位法定代表人或者负责人为诉讼代表人。

单位走私犯罪后，发生分立、合并或者其他资产重组情形，以及被依法注销、宣告破产等情况的，无论承受该单位权利义务的单位是否存在，均应追究原单位直接负责的主管人员和其他直接责任

人员的刑事责任。

四、走私文物罪

【罪名释义】

走私文物罪，是指违反海关法规，逃避海关监管，非法运输、携带、邮寄国家禁止出口的文物出国（边）境，以及在内海、领海、界河、界湖非法运输、收购、贩卖文物的行为。

【海上犯罪】

在海上犯罪中，走私文物罪有多种表现形式，既可以表现为行为人利用海上交通工具如货船、客船、滚装船、大型渔船等直接夹带、走私文物的行为，也可以表现为行为人在内海、领海、界河、界湖运输、收购、贩卖文物的行为。

【犯罪构成】

本罪的犯罪构成表现在如下四个方面：

第一，本罪侵犯的客体是复杂客体，既侵犯了国家禁止文物出国（边）境的对外贸易管制制度，又侵犯了国家的文物管理制度。犯罪对象是“国家禁止出口的文物”，即国家一、二、三级珍贵文物和其他国家禁止出口的文物。

本罪的犯罪对象是国家禁止出口的文物，文物可分为可移动文物和不可移动文物，走私文物罪通常以可移动文物为犯罪对象。对何谓国家禁止出口的“文物”，可以参照下述相关法规加以判定：2001 年文化部颁发的《文物藏品定级标准》规定：“文物藏品分为珍贵文物和一般文物。珍贵文物分为一、二、三级。具有特别重要历史、艺术、科学价值的代表性文物为一级文物；具有重要历史、艺术、科学价值的为二级文物；具有比较重要历史、艺术、科学价值的为三级文物。具有一定历史、艺术、科学价值的为一般文物。”根据全国人大常委会 2005 年通过的《关于〈中华人民共和国刑法〉有关文物的规定适用于具有科学价值的古脊椎动物化石、古人类化石的解释》规定，刑法有关文物的规定，适用于具有科学价值的古脊椎动物化石、古人类化石。由此，走私文物罪的犯罪对象还包括古脊椎动物化石、古人类化石。《文物保护法》第60条规定："国有文物、非国有文物中的珍贵文物和国家规定禁止出境的其他文物，不得出境；但是依照本法规定出境展览或者因特殊需要经国务院批准出境的除外。"第62条第2款规定："一级文物中的孤品和易损品，禁止出境展览。"

第二，本罪的客观方面表现为违反海关法规，逃避海关监管，非法运输、携带、邮寄国家禁止出口的文物出国（边）境，以及在内海、领海、界河、界湖非法运输、收购、贩卖文物的行为，走私文物罪的行为方式单指出口文物行为，不包括进口文物行为。

所谓"逃避海关监管"，主要是指利用通关货运渠道、旅检渠道、邮寄渠道，通过夹带、藏匿、伪报品名等手段，瞒骗、逃避海关的监督和检查，或者根本不通过海关，绕关实施的走私文物的行为。所谓"非法运输"，是指违反海关法规和国家禁止相关文物出国（边）境的相关规定，使用交通运输工具运送文物出国（边）境的行为。所谓"非法携带"，是指违反海关法规和国家禁止文物出国（边）境的相关规定，随身附带、夹带文物出国（边）境的行为。所谓"非法邮寄"，是指违反海关法规和国家禁止文物出国（边）境的相关规定，通过邮局将文物寄出国（边）境的行为。在司法实践中，走私文物的行为有多种不同的表现形式，其中多表现为以通关或绕关的方式运输、携带或邮寄文物出国（边）境的行为。"通关走私文物"是指行为人经过国家开放的进出口岸或准许进出境的国境、孔道，以藏匿、夹带、伪装、瞒报、伪报或者其他方法逃避海关监督和检查，运输、携带、邮寄文物出国（边）境的行为。通关走私主要发生在海关监管的通关环节，因此行为人要逃避海关的监督和检查，必须采取伪报、瞒报、伪装、藏匿、夹带等欺骗手段。"绕关走私文物"，是指行为人不经过国家开放的进出口岸或准许进出境的国境、孔道而非法携运文物出国（边）境的行为。除了上述两种典型的走私文物行为外，根据我国《刑法》第155条规定，行为人在内海、领海、界河、界湖非法运输、收购、贩卖文物的行为，以走私文物罪论处。

第三，本罪的主体为一般主体，凡年满16周岁且具备刑事责任能力的自然人均可构成本罪，单位也可以成为走私文物罪的主体，单位犯本罪的，对单位判处罚金，并对其直接负责的主管人员和其他直接责任人员以本罪处罚。

第四，本罪的主观方面表现为故意，即明知是国家禁止出口的文物而仍然违反海关法规、逃避海关监管，实施非法运输、携带、邮寄出国（边）境行为以及在内海、领海、界河、界湖非法运输、收购、贩卖行为的主观心理态度，过失不构成本罪。

【犯罪认定】

1. 划清罪与非罪的界限

首先，构成走私文物罪要求行为人的主观方面出于故意，过失不能构成本罪。如果行为人实施的走私文物行为缺乏故意的主观心理态度，则不能对行为人以走私文物罪论处。只有行为人明知是国家禁止出口的文物而仍然非法携带、运输、邮寄进出国（边）境或者故意在领海、内海、界河、界湖非法运输、收购、贩卖文物的行为才能以走私文物罪论处。如果确有证据证明行为人因受蒙蔽、欺骗、陷害并不知道自己实施了走私行为，更不知道自己“走私”的对象是文物的，则对行为人不应以犯罪论处，可视案件具体情况给予相应的行政处理。其次，应正确认识走私文物罪的犯罪对象。本罪的犯罪对象是国家禁止出口的文物，“国家禁止出口的文物”，应依照《文物保护法》规定的“国家禁止出境的文物”范围认定，即包括国家一、二、三级珍贵文物和其他国家禁止出口的文物，无法确定文物等级或者按照文物等级定罪量刑明显过轻或者过重的，可以按照走私文物的价值定罪量刑。在行为人实施走私行为前，文物行政部门已对涉案文物及其等级作出认定的，可以直接对有关案件事实作出认定。对案件涉及的有关文物鉴定、价值认定等专门性问题难以确定的，由司法鉴定机构出具鉴定意见，或者由国务院文物行政部门指定的机构出具报告。其中，对于文物价值，也可以由有关价格认证机构作出价格认证并出具报告。在实践中，应注意行为人是否存在“情节显著轻微危害不大”的情形，根据刑法第 13 条但书的规定“情节显著轻微危害不大的，不认为是犯罪”，如果行为人走私的对象是历史、艺术、科学价值较低的文物，并未达到珍贵文物或国家禁止出口的其他文物的标准，也未达到走私文物罪要求的文物价值标准时，则不应对行为人按走私文物罪论处，只能按一般违法行为处理。最后，应注意行为人是否存在“情节轻微，不起诉或者免予刑事处罚”的情形。根据 2016 年实施的最高人民法院、最高人民检察院《关于办理妨害文物管理等刑事案件适用法律若干问题的解释》第 16 条规定，实施走私文物的行为，虽已达到应当追究刑事责任的标准，但行为人系初犯，积极退回或者协助追回文物，未造成文物损毁，并确有悔罪表现的，可以认定为犯罪情节轻微，不起诉或者免予刑事处罚，即行为人走私文物的行为已经构成犯罪但不予起诉或免予刑事处罚。

2. 划清本罪与非法向外国人出售、赠送珍贵文物罪的界限

非法向外国人出售、赠送珍贵文物罪，是指行为人违反文物保护法规，将收藏的国家禁止出口的珍贵文物私自出售或者私自赠送给外国人的行为。所谓“收藏”，既包括国有单位收藏和集体单位收藏，也包括个人收藏；“出售”是指行为人将珍贵文物有偿转让给外国人；“赠送”是指行为人将珍贵文物无偿转让给外国人。走私文物罪与非法向外国人出售、赠送珍贵文物罪的犯罪主体都是一般主体，都可以由自然人和单位构成，两罪的主观方面也都表现为故意，二者主要区别如下：第一，两罪侵犯的客体不同。非法向外国人出售、赠送珍贵文物罪侵犯的客体是国家对珍贵文物的管理制度；走私文物罪侵犯的客体是复杂客体，既侵犯了国家禁止文物出国（边）境的对外贸易管制制度，又侵犯了国家的文物管理制度。第二，两罪的犯罪对象不尽相同。虽然两罪的犯罪对象都包含珍贵

文物，但非法向外国人出售、赠送珍贵文物罪的犯罪对象只能是国家珍贵文物，而走私文物罪的犯罪对象是“国家禁止出口的文物”，既包括国家一、二、三级珍贵文物，还包括其他国家禁止出口的文物。第三，两罪的客观方面表现不同。非法向外国人出售、赠送珍贵文物罪的客观方面表现为行为人违反文物保护法规，将收藏的国家禁止出口的珍贵文物私自出售或者私自赠送给外国人的行为；走私文物罪的客观方面则表现为行为人违反海关法规、逃避海关监管，非法运输、携带、邮寄国家禁止出口的文物出国（边）境，以及在内海、领海、界河、界湖非法运输、收购、贩卖文物的行为。第四，两罪的犯罪行为发生场所不同。走私文物罪的犯罪行为多发生在国家进出口岸、国境、孔道等控制人员、货物进出国（边）境的地点以及内海、领海、界河、界湖等地点；非法向外国人出售、赠送珍贵文物罪则可以发生在任何地点。

【立案标准】

行为人涉嫌违反海关法规、逃避海关监管走私文物，出现下列情形的应予以立案：

一、满足“情节较轻”，处 5 年以下有期徒刑，并处罚金的情形：

1. 走私国家禁止出口的三级文物 2 件以下的；

2. 走私的文物价值在 5 万元以上不满 20 万元的。

二、处 5 年以上 10 年以下有期徒刑，并处罚金的情形：

1. 走私国家禁止出口的二级文物不满 3 件，或者三级文物 3 件以上不满 9 件的；

2. 走私国家禁止出口的三级文物不满 3 件，且具有造成文物严重毁损或者无法追回等情节的；

3. 走私的文物价值在 20 万元以上不满 100 万元的。

三、满足“情节特别严重”，处 10 年以上有期徒刑或者无期徒刑，并处没收财产的情形：

1. 走私国家禁止出口的一级文物 1 件以上，或者二级文物 3

件以上，或者三级文物 9 件以上的；

2. 走私国家禁止出口的文物达到第 2 款第 1 项规定的数量标准，且属于犯罪集团的首要分子，使用特种车辆从事走私活动，或者造成文物严重毁损、无法追回等情形的；

3. 走私的文物价值在 100 万元以上的。

【法条链接】

《刑法》第一百五十一条第二、四款　走私国家禁止出口的文物、黄金、白银和其他贵重金属或者国家禁止进出口的珍贵动物及其制品的，处五年以上十年以下有期徒刑，并处罚金；情节特别严重的，处十年以上有期徒刑或者无期徒刑，并处没收财产；情节较轻的，处五年以下有期徒刑，并处罚金。

单位犯本条规定之罪的，对单位判处罚金，并对其直接负责的主管人员和其他直接责任人员，依照本条各款的规定处罚。

第一百五十五条　下列行为，以走私罪论处，依照本节的有关规定处罚：

（一）直接向走私人非法收购国家禁止进口物品的，或者直接向走私人非法收购走私进口的其他货物、物品，数额较大的；

（二）在内海、领海、界河、界湖运输、收购、贩卖国家禁止进出口物品的，或者运输、收购、贩卖国家限制进出口货物、物品，数额较大，没有合法证明的。

第一百五十六条　与走私罪犯通谋，为其提供贷款、资金、账号、发票、证明，或者为其提供运输、保管、邮寄或者其他方便的，以走私罪的共犯论处。

第一百五十七条　武装掩护走私的，依照本法第一百五十一条第一款的规定从重处罚。

以暴力、威胁方法抗拒缉私的，以走私罪和本法第二百七十七条规定的阻碍国家机关工作人员依法执行职务罪，依照数罪并罚的规定处罚。

2016年1月1日施行的最高人民法院、最高人民检察院《关于办理妨害文物管理等刑事案件适用法律若干问题的解释》

第一条 刑法第一百五十一条规定的“国家禁止出口的文物”，依照《中华人民共和国文物保护法》规定的“国家禁止出境的文物”的范围认定。

走私国家禁止出口的二级文物的，应当依照刑法第一百五十一条第二款的规定，以走私文物罪处五年以上十年以下有期徒刑，并处罚金；走私国家禁止出口的一级文物的，应当认定为刑法第一百五十一条第二款规定的“情节特别严重”；走私国家禁止出口的三级文物的，应当认定为刑法第一百五十一条第二款规定的“情节较轻”。

走私国家禁止出口的文物，无法确定文物等级，或者按照文物等级定罪量刑明显过轻或者过重的，可以按照走私的文物价值定罪量刑。走私的文物价值在二十万元以上不满一百万元的，应当依照刑法第一百五十一条第二款的规定，以走私文物罪处五年以上十年以下有期徒刑，并处罚金；文物价值在一百万元以上的，应当认定为刑法第一百五十一条第二款规定的“情节特别严重”；文物价值在五万元以上不满二十万元的，应当认定为刑法第一百五十一条第二款规定的“情节较轻”

第十三条 案件涉及不同等级的文物的，按照高级别文物的量刑幅度量刑；有多件同级文物的，五件同级文物视为一件高一级文物，但是价值明显不相当的除外。

第十四条 依照文物价值定罪量刑的，根据涉案文物的有效价格证明认定文物价值；无有效价格证明，或者根据价格证明认定明显不合理的，根据销赃数额认定，或者结合本解释第十五条规定的鉴定意见、报告认定。

第十五条 在行为人实施有关行为前，文物行政部门已对涉案文物及其等级作出认定的，可以直接对有关案件事实作出认定。

对案件涉及的有关文物鉴定、价值认定等专门性问题难以确定的，由司法鉴定机构出具鉴定意见，或者由国务院文物行政部门指定的机构出具报告。其中，对于文物价值，也可以由有关价格认证机构作出价格认证并出具报告。

第十六条第一款　实施本解释第一条、第二条、第六条至第九条规定的行为，虽已达到应当追究刑事责任的标准，但行为人系初犯，积极退回或者协助追回文物，未造成文物损毁，并确有悔罪表现的，可以认定为犯罪情节轻微，不起诉或者免予刑事处罚。

第十七条　走私、盗窃、损毁、倒卖、盗掘或者非法转让具有科学价值的古脊椎动物化石、古人类化石的，依照刑法和本解释的有关规定定罪量刑。

2014 年 9 月施行的最高人民法院、最高人民检察院《关于办理走私刑事案件适用法律若干问题的解释》

第八条　走私国家禁止出口的三级文物二件以下的，可以认定为刑法第一百五十一条第二款规定的“情节较轻”。

具有下列情形之一的，依照刑法第一百五十一条第二款的规定处五年以上十年以下有期徒刑，并处罚金：

（一）走私国家禁止出口的二级文物不满三件，或者三级文物三件以上不满九件的；

（二）走私国家禁止出口的三级文物不满三件，且具有造成文物严重毁损或者无法追回等情节的。

具有下列情形之一的，应当认定为刑法第一百五十一条第二款规定的“情节特别严重”：

（一）走私国家禁止出口的一级文物一件以上，或者二级文物三件以上，或者三级文物九件以上的；

（二）走私国家禁止出口的文物达到第二款第一项规定的数量标准，且属于犯罪集团的首要分子，使用特种车辆从事走私活动，或者造成文物严重毁损、无法追回等情形的。

2015 年 4 月修订的《文物保护法》

第六十条　国有文物、非国有文物中的珍贵文物和国家规定禁止出境的其他文物，不得出境；但是依照本法规定出境展览或者因特殊需要经国务院批准出境的除外。

第六十一条　文物出境，应当经国务院文物行政部门指定的文物进出境审核机构审核。经审核允许出境的文物，由国务院文物行政部门发给文物出境许可证，从国务院文物行政部门指定的口岸出境。任何单位或者个人运送、邮寄、携带文物出境，应当向海关申报；海关凭文物出境许可证放行。

第六十二条　文物出境展览，应当报国务院文物行政部门批准；一级文物超过国务院规定数量的，应当报国务院批准。一级文物中的孤品和易损品，禁止出境展览。出境展览的文物出境，由文物进出境审核机构审核、登记。海关凭国务院文物行政部门或者国务院的批准文件放行。出境展览的文物复进境，由原文物进出境审核机构审核查验。

第六十三条　文物临时进境，应当向海关申报，并报文物进出境审核机构审核、登记。临时进境的文物复出境，必须经原审核、登记的文物进出境审核机构审核查验；经审核查验无误的，由国务院文物行政部门发给文物出境许可证，海关凭文物出境许可证放行。

五、走私贵重金属罪

【罪名释义】

走私贵重金属罪，是指违反海关法规，逃避海关监管，运输、携带、邮寄黄金、白银等贵重金属出国（边）境的行为，以及在内海、领海、界河、界湖运输、收购、贩卖贵重金属的行为。

【海上犯罪】

在海上犯罪中，走私贵重金属罪有多种表现形式，既可以表现为行为人利用海上交通工具如货船、客船、滚装船、大型渔船等直接夹带、走私贵重金属的行为，也可以表现为行为人在内海、领海、界河、界湖运输、收购、贩卖贵重金属的行为。

【犯罪构成】

本罪的犯罪构成表现在如下四个方面：

第一，本罪侵犯的客体是国家禁止黄金、白银等贵重金属出国（边）境的管制制度。犯罪对象是贵重金属，包括黄金、白银，以及国家禁止出口的铂、锇、钌、钯、铑、铱、钛等其他贵重金属。

第二，本罪的客观方面表现为行为人违反海关法规，逃避海关监管，运输、携带、邮寄黄金、白银等贵重金属出国（边）境的行为，以及在内海、领海、界河、界湖运输、收购、贩卖贵重金属的行为。走私贵重金属罪的行为方式单指出口贵重金属行为，不包括进口贵重金属行为。

所谓"逃避海关监管"，主要是指利用通关货运渠道、旅检渠道、邮寄渠道，通过夹带、藏匿、伪报品名等手段，瞒骗、逃避海关的监督和检查，或者根本不通过海关，绕关实施的走私贵重金属的行为。所谓"非法运输"，是指违反海关法规和国家禁止相关贵重金属出国（边）境的相关规定，使用交通运输工具运送贵重金属出国（边）境的行为。所谓"非法携带"，是指违反海关法规和国家禁止贵重金属出国（边）境的相关规定，随身附带、夹带贵重金属出国（边）境的行为。所谓"非法邮寄"，是指违反海关法规和国家禁止贵重金属出国（边）境的相关规定，通过邮局将贵重金属寄出国（边）境的行为。在司法实践中，走私贵重金属的行为有多种不同的表现形式，其中多表现为以通关或绕关的方式运输、携带或邮寄贵重金属出国（边）境的行为。"通关走私贵重金属"是指行为人经过国家开放的进出口岸或准许进出境的国境、孔道，以藏匿、夹带、伪装、瞒报、伪报或者其他方法逃避海关监督和检查，运输、携带、邮寄贵重金属出国（边）境的行为。通关走私主要发生在海关监管的通关环节，因此行为人要逃避海关的监督和检查，必须采取伪报、瞒报、伪装、藏匿、夹带等欺骗手段。“绕关走私贵重金属”是指行为人不经过国家开放的进出口岸或准许进出境的国境、孔道而非法携运贵重金属出国（边）境的行为。除了上述两种典型的走私贵重金属行为外，根据我国《刑法》第155条规定，行为人在内海、领海、界河、界湖非法运输、收购、贩卖贵重金属的行为，以走私贵重金属罪论处。

第三，本罪的主体为一般主体。凡是达到刑事责任年龄、具备刑事责任能力的自然人均可构成本罪，单位也可以成为走私贵重金属罪的主体。

第四，走私贵重金属罪的主观方面表现为故意，即明知是国家禁止出国（边）境的贵重金属而仍然违反海关法规、逃避海关监管实施运输、携带、邮寄出国（边）境的行为的主观心理态度，或者明知是国家禁止出国（边）境的贵重金属而仍然实施在内海、领海、界河、界湖运输、收购、贩卖行为的主观心理态度。过失不构成本罪。

【犯罪认定】

划清罪与非罪的界限。

首先，构成走私贵重金属罪要求行为人的主观方面出于故意，过失不能构成本罪。如果行为人实施的走私贵重金属的行为缺乏故意的主观心理态度，则不能对行为人以走私贵重金属罪论处。只有行为人明知是国家禁止出口的贵重金属而仍然非法携带、运输、邮寄进出国（边）境或者故意在领海、内海、界河、界湖非法运输、收购、贩卖贵重金属的行为才能以走私贵重金属罪论处。如果确有证据证明行为人因受蒙蔽、欺骗、陷害并不知道自己实施了走私行为，更不知道自己“走私”的对象是贵重金属的，则对行为人不应以犯罪论处，可视案件具体情况给予相应的行政处理。另外，确实属于行为人随身佩戴的贵重金属首饰、饰品，或者是少数民族公民随身佩戴的首饰饰品等出国（边）境的，因行为人主观并无走私的故意，不构成走私贵重金属罪。其次，应正确认识走私贵重金属罪的犯罪对象。本罪的犯罪对象是国家禁止出口的贵重金属，“国家禁止出口的贵重金属”包括黄金、白银，以及国家禁止出口的铂、锇、钌、钯、铑、铱、钛等其他贵重金属。如果行为人走私出国（边）境的金属只是普通金属而非国家禁止出口的贵重金属，则对行为人不能按走私贵重金属定罪处罚，根据案件具体情况可以按走私普通货物、物品罪予以处罚。最后，应注意走私行为人是否存在“情节显著轻微危害不大”的情形，根据刑法第13条但书的规定“情节显著轻微危害不大的，不认为是犯罪”，在实践中，如果行为人走私的贵重金属数量极少，并未达到构成走私贵重金属罪的标准，则不应对行为人按走私贵重金属罪论处，只能按一般违法行为处理。

【立案标准】

行为人涉嫌违反海关法规、逃避海关监管走私贵重金属，出现下列情形的应予以立案：

1. 行为人将国家禁止出口的黄金、白银以及国家禁止出口的铂、锇、钌、钯、铑、铱、钛等其他贵重金属非法携带、运输、邮寄出国（边）境的行为；

2. 行为人在内海、领海、界河、界湖运输、收购、贩卖黄金、白银以及铂、锇、钌、钯、铑、铱、钛等其他贵重金属的行为。

【法条链接】

《刑法》第一百五十一条第二、四款　走私国家禁止出口的文物、黄金、白银和其他贵重金属或者国家禁止进出口的珍贵动物及其制品的，处五年以上十年以下有期徒刑，并处罚金；情节特别严重的，处十年以上有期徒刑或者无期徒刑，并处没收财产；情节较轻的，处五年以下有期徒刑，并处罚金。

单位犯本条规定之罪的，对单位判处罚金，并对其直接负责的主管人员和其他直接责任人员，依照本条各款的规定处罚。

第一百五十五条　下列行为，以走私罪论处，依照本节的有关规定处罚：

（一）直接向走私人非法收购国家禁止进口物品的，或者直接向走私人非法收购走私进口的其他货物、物品，数额较大的；

（二）在内海、领海、界河、界湖运输、收购、贩卖国家禁止进出口物品的，或者运输、收购、贩卖国家限制进出口货物、物品，数额较大，没有合法证明的。

第一百五十六条　与走私罪犯通谋，为其提供贷款、资金、账号、发票、证明，或者为其提供运输、保管、邮寄或者其他方便的，以走私罪的共犯论处。

第一百五十七条　武装掩护走私的，依照本法第一百五十一条第一款的规定从重处罚。

以暴力、威胁方法抗拒缉私的，以走私罪和本法第二百七十七条规定的阻碍国家机关工作人员依法执行职务罪，依照数罪并罚的规定处罚。

六、走私珍贵动物、珍贵动物制品罪

【罪名释义】

走私珍贵动物、珍贵动物制品罪，是指违反海关法规和野生动物保护法规，逃避海关监管，运输、携带、邮寄珍贵动物及其制品进出国（边）境的行为，或者直接向走私人员非法收购进口珍贵动物、珍贵动物制品以及在内海、领海、界河、界湖运输、收购、贩卖珍贵动物及其制品的行为。

【海上犯罪】

在海上犯罪中，走私珍贵动物、珍贵动物制品罪有多种表现形式，既可以表现为行为人利用海上交通工具如货船、客船、滚装船、大型渔船等直接夹带、走私珍贵动物、珍贵动物制品的行为，也可以表现为行为人在海上直接向走私人非法收购进口的珍贵动物、珍贵动物制品的行为，还可以表现为行为人在内海、领海、界河、界湖运输、收购、贩卖珍贵动物、珍贵动物制品的行为。

【犯罪构成】

本罪的犯罪构成表现在如下四个方面：

第一，本罪侵犯的客体是复杂客体，既包括国家禁止珍贵动物及其制品进出国（边）境的海关监管制度，也包括国家的野生动物保护制度。本罪的犯罪对象是珍贵动物、珍贵动物制品。这里所谓的“珍贵动物”，不仅包括列入《国家重点保护野生动物名录》的国家一、二级保护野生动物，还包括列入《濒危野生动植物种国际贸易公约》附录Ⅰ、附录Ⅱ的野生动物以及驯养繁殖的上述物种。根据1988年12月10日国务院批准施行的《国家重点保护野生动物名录》的规定，国家重点保护的野生动物分为两级：即一级保护野生动物和二级保护野生动物。一级保护野生动物指中国特产或者濒于灭绝的野生动物，二级保护野生动物指数量较少或者有濒于灭绝危险的野生动物，《国家重点保护野生动物名录》共计规定了12纲、55目、222属、389种珍贵、濒危的野生动物。中国于1980年12月25日加入了《濒危野生动植物种国际贸易公约》，该公约（英文简称CITES）的基本精神在于采用物种分级和许可证的方式对野生物种的国际贸易实施管制，以保障野生物种市场的永续利用性。该公约管制的国际贸易野生物种可归类为三项附录，附录Ⅰ的野生物种为存在灭绝危险、禁止国际交易的物种；附录Ⅱ的野生物种为尚无灭绝危险但须管制其国际交易的物种；附录Ⅲ是各国视其国内需要，区域性管制国际交易的物种。走私珍贵动物、珍贵动物制品罪仅涉及《濒危野生动植物种国际贸易公约》附录Ⅰ、附录Ⅱ中的野生动物以及驯养繁殖的上述物种。所谓“珍贵动物制品”，是指由上述珍贵动物的肉、皮、毛、骨等制成的藏品、观赏品、展示品等。

第二，本罪的客观方面表现为违反海关法规和野生动物保护法规，逃避海关监管，运输、携带、邮寄珍贵动物、珍贵动物制品进出国（边）境的行为，行为人直接向走私人非法收购进口的珍贵动物及其制品，以及在领海、内海、界河、界湖运输、收购、贩卖珍贵动物及其制品的行为，也属于走私珍贵动物、珍贵动物制品罪的客观方面表现行为。

这里的“海关法规”主要是指《海关法》，这里的“野生动物保护法规”主要是指《国家重点保护野生动物名录》中关于国家一、二级野生保护动物和《濒危野生动植物种国际贸易公约》附录Ⅰ、附录Ⅱ中的相关规定。所谓“逃避海关监管”，主要是指利用通关货运渠道、旅检渠道、邮寄渠道，通过夹带、藏匿、伪报品名等手段，瞒骗、逃避海关的监督和检查，或者根本不通过海关，绕关实施的走私珍贵动物及其制品的行为。所谓“非法运输”，是指违反海关法规和国家禁止珍贵动物及其制品出国（边）境的相关规定，使用交通运输工具运送珍贵动物及其制品进出国（边）境的行为；所谓“非法携带”，是指违反海关法规和国家禁止珍贵动物及其制品进出国（边）境的相关规定，随身附带、夹带珍贵动物及其制品进出国（边）境的行为；所谓“非法邮寄”，是指违反海关法规和国家禁止珍贵动物及其制品进出国（边）境的相关规定，通过邮局将珍贵动物及其制品寄进或寄出国（边）境的行为。在司法实践中，走私珍贵动物及其制品的行为有多种不同的表现形式，其中多表现为以通关或绕关的方式运输、携带或邮寄珍贵动物及其制品进出国（边）境的行为。“通关走私珍贵动物及其制品”是指行为人经过国家开放的进出口岸或准许进出境的国境、孔道，以藏匿、夹带、伪装、瞒报、伪报或者其他方法逃避海关监督和检查，运输、携带、邮寄珍贵动物及其制品进出国（边）境的行为；“绕关走私珍贵动物及其制品”是指行为人不经过国家开放的进出口岸或准许进出境的国境、孔道而非法携运珍贵动物及其制品进出国（边）境的行为。除了上述两种典型的走私珍贵动物及其制品行为外，还包括间接走私珍贵动物及其制品的行为。“间接走私珍贵动物及其制品”是指行为人直接向走私人非法收购走私进口的珍贵动物及其制品的行为或者在内海、领海、界河、界湖非法运输、收购、贩卖珍贵动物及其制品的行为。间接走私行为对直接走私行为起到帮助和辅助的作用，是直接走私行为的延续。对于直接向走私人非法收购珍贵动物及其制品的间接走私行为，应注意如下几点：首先，间接走私行为人必须是直接向走私人收购走私珍贵动物及其制品的第一购买者，即“第一手交易”人，对第二手及其以后的购买人不能以走私珍贵动物、珍贵动物制品罪论处。其次，间接走私行为人必须“明知”对方为直接走私人，即明知交易对方是直接将珍贵动物及其制品从境外走私进境的人，并故意向其收购走私进境的珍贵动物及其制品。最后，收购行为必须是非法进行的。

第三，本罪的主体为一般主体，凡年满 16 周岁且具备刑事责任能力的自然人均可构成本罪，单位也可以成为本罪的主体，单位犯本罪的，对单位判处罚金，并对其直接负责的主管人员和其他直接责任人员以本罪处罚。

第四，本罪的主观方面只能由故意构成，即行为人明知是国家禁止进出国（边）境的珍贵动物及其制品而仍然实施走私行为或者明知是走私行为人走私进入国（边）境的珍贵动物及其制品而仍然向其收购以及故意在领海、内海、界河、界湖运输、收购、贩卖珍贵动物及其制品的主观心理态度。过失不构成本罪，如果行为人确实不知是珍贵动物及其制品而运输、携带、邮寄进出国（边）境的，则不应构成走私珍贵动物、珍贵动物制品罪。

【犯罪认定】

1. 划清罪与非罪的界限

首先，构成走私珍贵动物、珍贵动物制品罪要求行为人的主观方面出于故意，过失不能构成本罪。如果行为人实施的走私珍贵动物及其制品的行为缺乏故意的主观心理态度，则不能对行为人以走私珍贵动物、珍贵动物制品罪论处。只有行为人明知是珍贵动物及其制品而仍然携带、运输、邮寄进出国（边）境，或者明知是走私行为人走私进入国（边）境的珍贵动物及其制品而仍然向其收购以及故意在领海、内海、界河、界湖运输、收购、贩卖珍贵动物及其制品的行为才能以走私珍贵动物、珍贵动物制品罪论处。如果确有证据证明行为人因受蒙蔽、欺骗、陷害并不知道自己实施了走私行为，更不知道自己“走私”的对象是珍贵动物及其制品的，则对行为人不应以犯罪论处，可视案件具体情况给予相应的行政处理。其次，应正确认识走私珍贵动物、珍贵动物制品罪的犯罪对象。在司法实践中，如果行为人主观上具有走私珍贵动物及其制品的犯罪故意，但对自己具体走私的是何种珍贵动物及其制品并不明确的，不影响走私珍贵动物、珍贵动物制品罪的成立，只要行为人实际走私的是珍贵动物及其制品，就应当按照走私珍贵动物、珍贵动物制品罪定罪处罚；如果行为人对自己的走私行为有明确认识，但确有证据证明因为受蒙蔽或欺骗并不知道走私对象是珍贵动物及其制品的，则对走私行为人不应以走私珍贵动物、珍贵动物制品罪论处，可视案件具体情况以走私普通货物、物品罪论处。最后，应注意行为人是否存在“情节显著轻微危害不大”的情形。根据刑法第 13 条但书的规定“情节显著轻微危害不大的，不认为是犯罪”。根据 2014 年实施的最高人民法院、最高人民检察院《关于办理走私刑事案件适用法律若干问题的解释》第 9 条第 4 款规定，如果行为人不以牟利为目的，为留作纪念而走私珍贵动物制品进境，数额不满 10 万元的，可以免予刑事处罚；情节显著轻微的，不作为犯罪处理。

2. 划清本罪与非法猎捕、杀害珍贵、濒危野生动物罪，非法收购、运输、出售珍贵、濒危野生动物、珍贵、濒危野生动物制品罪的界限

非法猎捕、杀害珍贵、濒危野生动物罪是指故意猎捕、杀害国家重点保护的珍贵、濒危野生动物的行为；非法收购、运输、出售珍贵、濒危野生动物、珍贵、濒危野生动物制品罪是指非法收购、运输、出售国家重点保护的珍贵、濒危野生动物及其制品的行为。非法猎捕、杀害珍贵、濒危野生动物罪和非法收购、运输、出售珍

贵、濒危野生动物、珍贵、濒危野生动物制品罪与走私珍贵动物、珍贵动物制品罪虽然都是故意犯罪，三罪的犯罪对象也都包括珍贵动物，但这三个罪名在犯罪客体、犯罪客观方面表现仍存在不同。走私珍贵动物、珍贵动物制品罪侵犯的客体是复杂客体，既包括国家禁止珍贵动物及其制品进出国（边）境的海关监管制度，也包括国家的野生动物保护制度，而其他两罪侵犯的客体是国家珍贵、濒危野生动物保护制度；走私珍贵动物、珍贵动物制品罪在客观方面表现为违反海关法规和野生动物保护法规，逃避海关监管，运输、携带、邮寄珍贵动物、珍贵动物制品进出国（边）境的行为，或者行为人直接向走私人非法收购珍贵动物及其制品，以及在领海、内海、界河、界湖运输、收购、贩卖珍贵动物及其制品的行为，而其他两罪的客观方面则表现为非法猎捕、杀害珍贵、濒危野生动物和非法收购、运输、出售珍贵、濒危野生动物及其制品的行为。在实践中，应注意区分上述罪名存在的交叉情况，第一，如果行为人实施猎捕、杀害珍贵动物行为后，又违反海关法规、逃避海关监管实施了运输、携带、邮寄珍贵动物及其制品出国（边）境的行为，或者又实施了在领海、内海、界河、界湖运输、贩卖行为的，由于这些行为完全符合两个不同的犯罪构成，因此应对行为人以非法猎捕、杀害珍贵、濒危野生动物罪和走私珍贵动物、珍贵动物制品罪实行数罪并罚。第二，如果行为人实施的收购、运输、出售珍贵野生动物及其制品的行为发生于领海、内海、界河、界湖，则应构成走私珍贵动物、珍贵动物制品罪，如果行为人实施的收购、运输、出售珍贵野生动物及其制品的行为发生于其他地点的，则应以非法收购、运输、出售珍贵、濒危野生动物、珍贵、濒危野生动物制品罪论处。

【立案标准】

行为人涉嫌违反海关法规、逃避海关监管走私珍贵动物及其制品，出现下列情形的应予以立案：

一、满足“情节较轻”，处 5 年以下有期徒刑，并处罚金的情形：

1. 走私国家一、二级保护动物未达到本解释附表中（一）规定的数量标准的；（“本解释附表”是指2014年实施的最高人民法院、最高人民检察院《关于办理走私刑事案件适用法律若干问题的解释》的附表，下文同此）

2. 走私珍贵动物制品数额不满20万元的。

二、处5年以上10年以下有期徒刑，并处罚金的情形：

1. 走私国家一、二级保护动物达到本解释附表中（一）规定的数量标准的；

2. 走私珍贵动物制品数额在20万元以上不满100万元的；

3. 走私国家一、二级保护动物未达到本解释附表中（一）规定的数量标准，但具有造成该珍贵动物死亡或者无法追回等情节的。

三、满足“情节特别严重”，处10年以上有期徒刑或者无期徒刑，并处没收财产的情形：

1. 走私国家一、二级保护动物达到本解释附表中（二）规定的数量标准的；

2. 走私珍贵动物制品数额在100万元以上的；

3. 走私国家一、二级保护动物达到本解释附表中（一）规定的数量标准，且属于犯罪集团的首要分子，使用特种车辆从事走私活动，或者造成该珍贵动物死亡、无法追回等情形的。

【法条链接】

《刑法》第一百五十一条第二、四款　走私国家禁止出口的文物、黄金、白银和其他贵重金属或者国家禁止进出口的珍贵动物及其制品的，处五年以上十年以下有期徒刑，并处罚金；情节特别严重的，处十年以上有期徒刑或者无期徒刑，并处没收财产；情节较轻的，处五年以下有期徒刑，并处罚金。

单位犯本条规定之罪的，对单位判处罚金，并对其直接负责的主管人员和其他直接责任人员，依照本条各款的规定处罚。

第一百五十五条　下列行为，以走私罪论处，依照本节的有关规定处罚：

（一）直接向走私人非法收购国家禁止进口物品的，或者直接向走私人非法收购走私进口的其他货物、物品，数额较大的；

（二）在内海、领海、界河、界湖运输、收购、贩卖国家禁止进出口物品的，或者运输、收购、贩卖国家限制进出口货物、物品，数额较大，没有合法证明的。

第一百五十六条　与走私罪犯通谋，为其提供贷款、资金、账号、发票、证明，或者为其提供运输、保管、邮寄或者其他方便的，以走私罪的共犯论处。

第一百五十七条　武装掩护走私的，依照本法第一百五十一条第一款的规定从重处罚。

以暴力、威胁方法抗拒缉私的，以走私罪和本法第二百七十七条规定的阻碍国家机关工作人员依法执行职务罪，依照数罪并罚的规定处罚。

2014 年 9 月施行的最高人民法院、最高人民检察院《关于办理走私刑事案件适用法律若干问题的解释》

第九条　走私国家一、二级保护动物未达到本解释附表中（一）规定的数量标准，或者走私珍贵动物制品数额不满二十万元的，可以认定为刑法第一百五十一条第二款规定的“情节较轻”。

具有下列情形之一的，依照刑法第一百五十一条第二款的规定处五年以上十年以下有期徒刑，并处罚金：

（一）走私国家一、二级保护动物达到本解释附表中（一）规定的数量标准的；

（二）走私珍贵动物制品数额在二十万元以上不满一百万元的；

（三）走私国家一、二级保护动物未达到本解释附表中（一）规定的数量标准，但具有造成该珍贵动物死亡或者无法追回等情节的。

具有下列情形之一的，应当认定为刑法第一百五十一条第二款规定的“情节特别严重”：

（一）走私国家一、二级保护动物达到本解释附表中（二）规定的数量标准的；

（二）走私珍贵动物制品数额在一百万元以上的；

（三）走私国家一、二级保护动物达到本解释附表中（一）规定的数量标准，且属于犯罪集团的首要分子，使用特种车辆从事走私活动，或者造成该珍贵动物死亡、无法追回等情形的。

不以牟利为目的，为留作纪念而走私珍贵动物制品进境，数额不满十万元的，可以免予刑事处罚；情节显著轻微的，不作为犯罪处理。

第十条　刑法第一百五十一条第二款规定的“珍贵动物”，包括列入《国家重点保护野生动物名录》中的国家一、二级保护野生动物，《濒危野生动植物种国际贸易公约》附录Ⅰ、附录Ⅱ中的野生动物，以及驯养繁殖的上述动物。

走私本解释附表中未规定的珍贵动物的，参照附表中规定的同属或者同科动物的数量标准执行。

走私本解释附表中未规定珍贵动物的制品的，按照《最高人民法院、最高人民检察院、国家林业局、公安部、海关总署关于破坏野生动物资源刑事案件中涉及的CITES附录Ⅰ和附录Ⅱ所列陆生野生动物制品价值核定问题的通知》（林濒发〔2012〕239号）的有关规定核定价值。

2002年7月发布的最高人民法院、最高人民检察院、海关总署《关于办理走私刑事案件适用法律若干问题的意见》

十四、关于海上走私犯罪案件如何追究运输人的刑事责任问题

对刑法第一百五十五条第（二）项规定的实施海上走私犯罪行为的运输人、收购人或者贩卖人应当追究刑事责任。对运输人，一般追究运输工具的负责人或者主要责任人的刑事责任，但对于事先通谋的、集资走私的、或者使用特殊的走私运输工具从事走私犯

罪活动的，可以追究其他参与人员的刑事责任。

十五、关于刑法第一百五十六条规定的“与走私罪犯通谋”的理解问题

通谋是指犯罪行为人之间事先或者事中形成的共同的走私故意。下列情形可以认定为通谋：

（一）对明知他人从事走私活动而同意为其提供贷款、资金、账号、发票、证明、海关单证，提供运输、保管、邮寄或者其他方便的；

（二）多次为同一走私犯罪分子的走私行为提供前项帮助的。

十八、关于单位走私犯罪及其直接负责的主管人员和直接责任人员的认定问题

具备下列特征的，可以认定为单位走私犯罪：（1）以单位的名义实施走私犯罪，即由单位集体研究决定，或者由单位的负责人或者被授权的其他人员决定、同意；（2）为单位谋取不正当利益或者违法所得大部分归单位所有。

依照《最高人民法院关于审理单位犯罪案件具体应用法律有关问题的解释》第二条的规定，个人为进行违法犯罪活动而设立的公司、企业、事业单位实施犯罪的，或者个人设立公司、企业、事业单位后，以实施犯罪为主要活动的，不以单位犯罪论处。单位是否以实施犯罪为主要活动，应根据单位实施走私行为的次数、频度、持续时间、单位进行合法经营的状况等因素综合考虑认定。

根据单位人员在单位走私犯罪活动中所发挥的不同作用，对其直接负责的主管人员和其他直接责任人员，可以确定为一人或者数人。对于受单位领导指派而积极参与实施走私犯罪行为的人员，如果其行为在走私犯罪的主要环节起重要作用的，可以认定为单位犯罪的直接责任人员。

十九、关于单位走私犯罪后发生分立、合并或者其他资产重组情形以及单位被依法注销、宣告破产等情况下，如何追究刑事责任的问题

单位走私犯罪后，单位发生分立、合并或者其他资产重组等情

况的，只要承受该单位权利义务的单位存在，应当追究单位走私犯罪的刑事责任。走私单位发生分立、合并或者其他资产重组后，原单位名称发生更改的，仍以原单位（名称）作为被告单位。承受原单位权利义务的单位法定代表人或者负责人为诉讼代表人。

单位走私犯罪后，发生分立、合并或者其他资产重组情形，以及被依法注销、宣告破产等情况的，无论承受该单位权利义务的单位是否存在，均应追究原单位直接负责的主管人员和其他直接责任人员的刑事责任。

七、走私国家禁止进出口的货物、物品罪

【罪名释义】

走私国家禁止进出口的货物、物品罪，是指违反海关法规关于禁止进出口货物、物品的规定，逃避海关监管，非法运输、携带、邮寄国家禁止进出口的珍稀植物及其制品等其他货物、物品进出国（边）境的行为，或者直接向走私人员非法收购国家禁止进口的货物、物品以及在内海、领海、界河、界湖运输、收购、贩卖国家禁止进出口的货物、物品的行为。

【海上犯罪】

在海上犯罪中，走私国家禁止进出口的货物、物品罪有多种表现形式，既可以表现为行为人利用海上交通工具如货船、客船、滚装船、大型渔船等直接夹带、走私珍稀植物及其制品等国家禁止进出口的其他货物、物品的行为，也可以表现为行为人在海上直接向走私人非法收购进口的珍稀植物及其制品等国家禁止进出口的其他货物、物品的行为，还可以表现为行为人在内海、领海、界河、界湖运输、收购、贩卖珍稀植物及其制品等国家禁止进出口的其他货物、物品的行为。

【犯罪构成】

本罪的犯罪构成表现在如下四个方面：

第一，本罪的犯罪客体是国家海关对珍稀植物及其制品等国家禁止进出口的其他货物、物品的监管制度。犯罪对象是国家禁止进出口的珍稀植物及其制品等其他货物、物品。这里的“珍稀植物”是指国家重点保护的原生地天然生长的具有重要经济、文化、科学研究价值的稀有、珍贵植物，如水杉、银杏、杜仲、桫椤、珙桐、望天树等，具体包括列入《国家重点保护野生植物名录》、《国家重点保护野生药材物种名录》和《国家珍贵树种名录》的国家一、二级保护野生植物、国家重点保护的野生药材、珍贵树木，以及《濒危野生动植物种国际贸易公约》附录Ⅰ、附录Ⅱ中的野生植物，或者人工培育的上述植物。所谓“珍稀植物制品”，是指通过上述珍稀植物加工而成的标本、器具、藏品、观赏物等制成品。“国家禁止进出口的其他货物、物品”是指除《刑法》特别规定的武器、弹药、假币、文物、贵重金属、珍贵动物及其制品和珍贵植物及其制品之外的国家禁止进出口的货物、物品，在实践中，对于究竟哪些货物、物品属于国家禁止进出口的，可以依照国家最新发布的《禁止进口货物目录》、《禁止出口货物目录》、《禁止进出境物品表》以及《加工贸易禁止类商品目录》等相关规定加以确定。

第二，本罪的客观方面表现为违反海关法规关于禁止进出口货物、物品的规定，逃避海关监管，非法运输、携带、邮寄国家禁止进出口的珍稀植物及其制品等其他货物、物品进出国（边）境的行为，或者直接向走私人员非法收购国家禁止进口的货物、物品以及在内海、领海、界河、界湖运输、收购、贩卖国家禁止进出口的货物、物品的行为。

这里的“海关法规”主要是指《海关法》。所谓“逃避海关监管”，主要是指利用通关货运渠道、旅检渠道、邮寄渠道，通过夹带、藏匿、伪报品名等手段，瞒骗、逃避海关的监督和检查，或者根本不通过海关，绕关实施的走私国家禁止进出口的货物、物品的行为。所谓“非法运输”，是指违反海关法规和国家禁止相关货物、物品进出国（边）境的管理规定，使用交通运输工具运送国家禁止进出口的货物、物品进出国（边）境的行为；所谓“非法携带”，是指违反海关法规和国家禁止相关货物、物品进出国（边）境的管理规定，随身附带、夹带国家禁止进出口的货物、物品进出国（边）境的行为；所谓“非法邮寄”，是指违反海关法规和国家禁止相关货物、物品进出国（边）境的管理规定，通过邮局将国家禁止进出口的货物、物品寄进或寄出国（边）境的行为。在司法实践中，走私国家禁止进出口货物、物品的行为有多种不同的表现形式，其中多表现为以通关或绕关的方式运输、携带或邮寄国家禁止进出口的货物、物品进出国（边）境的行为。“通关走私国家禁止进出口的货物、物品”是指行为人经过国家开放的进出口岸或准许进出境的国境、孔道，以藏匿、夹带、伪装、瞒报、伪报或者其他方法逃避海关监督和检查，运输、携带、邮寄国家禁止进出口的货物、物品进出国（边）境的行为；“绕关走私国家禁止进出口的货物、物品”是指行为人不经过国家开放的进出口岸或准许进出境的国境、孔道而非法携运国家禁止进出口的货物、物品进出国（边）境的行为。除了上述两种典型的走私国家禁止进出口的货物、物品行为外，还包括间接走私国家禁止进出口货物、物品的行为，“间接走私国家禁止进出口的货物、物品”是指行为人直接向走私人非法收购走私进口的国家禁止进出口货物、物品的行为或者在内海、领海、界河、界湖非法运输、收购、贩卖国家禁止进出口的货物、物品的行为。间接走私行为对直接走私行为起到帮助和辅助的作用，是直接走私行为的延续。对于直接向走私人非法收购国家禁止进出口货物、物品的间接走私行为，应注意如下几点：首先，间接走私行为人必须是直接向走私人收购走私进口的国家禁止进出口的货物、物品的第一购买者，即“第一手交易”人，对第二手及其以后的购买人不能以走私国家禁止进出口的货物、物品罪论处。其次，间接走私行为人必须“明知”对方为直接走私人，即明知交易对方是直接将国家禁止进出口的货物、物品从境外走私进境的人，并故意向其收购走私进境的国家禁止进出口的货物、物品。最后，收购行为必须是非法进行的。

第三，本罪的主体为一般主体，凡年满16周岁且具备刑事责任能力的自然人均可构成本罪，单位也可以成为走私国家禁止进出口的货物、物品罪的主体，单位犯本罪的，对单位判处罚金，并对其直接负责的主管人员和其他直接责任人员以本罪处罚。

第四，本罪的主观方面只能由故意构成，即行为人明知是国家禁止进出国（边）境的货物、物品而仍然实施走私行为或者明知是走私行为人走私进入国（边）境的国家禁止进出口的货物、物品而仍然向其收购以及故意在领海、内海、界河、界湖运输、收购、贩卖国家禁止进出口的货物、物品的主观心理态度。过失不构成本罪，如果行为人确实不知是国家禁止进出口的货物、物品而运输、携带、邮寄进出国（边）境的，则不应构成走私国家禁止进出口的货物、物品罪。

【犯罪认定】

1. 划清罪与非罪的界限

首先，构成走私国家禁止进出口的货物、物品罪要求行为人的主观方面出于故意，过失不能构成本罪。如果行为人实施的走私国家禁止进出口的货物、物品的行为缺乏故意的主观心理态度，则不能对行为人以走私国家禁止进出口的货物、物品罪论处。只有行为人明知是国家禁止进出口的货物、物品而仍然携带、运输、邮寄进出国（边）境，或者明知是走私行为人走私进入国（边）境的国家禁止进出口的货物、物品而仍然向其收购以及故意在领海、内海、界河、界湖运输、收购、贩卖国家禁止进出口的货物、物品的行为才能以走私国家禁止进出口的货物、物品罪论处。如果确有证据证明行为人因受蒙蔽、欺骗、陷害并不知道自己实施了走私行为，更不知道自己“走私”的对象是国家禁止进出口的货物、物品的，则对行为人不应以犯罪论处，可视案件具体情况给予相应的行政处理。其次，应正确认识走私国家禁止进出口的货物、物品罪的犯罪对象。在司法实践中，如果行为人主观上具有走私国家禁止进出口的货物、物品的犯罪故意，但对自己具体走私的是何种国家禁止进出口的货物、物品并不明确的，不影响走私国家禁止进出口的货物、物品罪的成立，只要行为人实际走私的是国家禁止进出口的货物、物品，就应当按照走私国家禁止进出口的货物、物品罪定罪处罚；如果行为人对自己的走私行为有明确认识，但确有证据证明因为受蒙蔽或欺骗并不知道走私对象是国家禁止进出口的货物、物品的，则对走私行为人不应以走私国家禁止进出口的货物、物品罪论处，可视案件具体情况以走私普通货物、物品罪论处。最后，应注意行为人是否存在“情节显著轻微危害不大”的情形。根据刑法第13条但书的规定“情节显著轻微危害不大的，不认为是犯罪”，在司法实践中，应根据行为人走私国家禁止进出口的货物、物品的性质、走私的数量、犯罪后果等综合认定是否属于情节显著轻微危害不大的情形。

2. 划清本罪与走私普通货物、物品罪的界限

走私普通货物、物品罪是指违反海关法规、逃避海关监管，运输、携带、邮寄普通货物、物品进出国（边）境，偷逃应缴关税税额较大或者1年内曾因走私被2次行政处罚后又走私的行为。走私国家禁止进出口的货物、物品罪与走私普通货物、物品罪的犯罪主体都是一般主体，都可以由自然人和单位构成，两罪的主观方面也都是出于故意，两罪主要区别如下：第一，犯罪行为侵犯的客体不同。走私国家禁止进出口的货物、物品罪侵犯的客体是国家海关对珍稀植物及其制品等国家禁止进出口的其他货物、物品的监管制度；走私普通货物、物品罪侵犯的客体是国家对普通货物、物品进出口的监管制度和关税征收制度。第二，犯罪对象不同。走私国家禁止进出口的货物、物品罪的犯罪对象是国家禁止进出口的珍稀植物及其制品等其他货物、物品；走私普通货物、物品罪的犯罪对象是除武器、弹药、核材料、假币、文物、贵重金属、珍贵动物及其制品、珍稀植物及其制品、淫秽物品、固体废物、液态废物、气态废物、毒品、制毒物品等国家禁止进出口的货物、物品以外的其他

普通货物、物品。

【立案标准】

行为人涉嫌违反海关法规、逃避海关监管走私国家禁止进出口的货物、物品，出现下列情形的应予以立案：

1. 走私国家一级保护野生植物 5 株以上不满 25 株，国家二级保护野生植物 10 株以上不满 50 株，或者珍稀植物、珍稀植物制品数额在 20 万元以上不满 100 万元的；

2. 走私重点保护古生物化石或者未命名的古生物化石不满 10 件，或者一般保护古生物化石 10 件以上不满 50 件的；

3. 走私禁止进出口的有毒物质 1 吨以上不满 5 吨，或者数额在 2 万元以上不满 10 万元的；

4. 走私来自境外疫区的动植物及其产品 5 吨以上不满 25 吨，或者数额在 5 万元以上不满 25 万元的；

5. 走私木炭、硅砂等妨害环境、资源保护的货物、物品 10 吨以上不满 50 吨，或者数额在 10 万元以上不满 50 万元的；

6. 走私旧机动车、切割车、旧机电产品或者其他禁止进出口的货物、物品 20 吨以上不满 100 吨，或者数额在 20 万元以上不满 100 万元的；

7. 数量或者数额未达到本款第 1 项至第 6 项规定的标准，但属于犯罪集团的首要分子，使用特种车辆从事走私活动，造成环境严重污染，或者引起甲类传染病传播、重大动植物疫情等情形的。

【法条链接】

《刑法》第一百五十一条第三、四款　走私珍稀植物及其制品等国家禁止进出口的其他货物、物品的，处五年以下有期徒刑或者拘役，并处或者单处罚金；情节严重的，处五年以上有期徒刑，并处罚金。

单位犯本条规定之罪的，对单位判处罚金，并对其直接负责的主管人员和其他直接责任人员，依照本条各款的规定处罚。

第一百五十六条　与走私罪犯通谋，为其提供贷款、资金、账号、发票、证明，或者为其提供运输、保管、邮寄或者其他方便的，以走私罪的共犯论处。

第一百五十七条　武装掩护走私的，依照本法第一百五十一条第一款的规定从重处罚。

以暴力、威胁方法抗拒缉私的，以走私罪和本法第二百七十七条规定的阻碍国家机关工作人员依法执行职务罪，依照数罪并罚的规定处罚。

2014年9月施行的最高人民法院、最高人民检察院《关于办理走私刑事案件适用法律若干问题的解释》

第十一条　走私国家禁止进出口的货物、物品，具有下列情形之一的，依照刑法第一百五十一条第三款的规定处五年以下有期徒刑或者拘役，并处或者单处罚金：

（一）走私国家一级保护野生植物五株以上不满二十五株，国家二级保护野生植物十株以上不满五十株，或者珍稀植物、珍稀植物制品数额在二十万元以上不满一百万元的；

（二）走私重点保护古生物化石或者未命名的古生物化石不满十件，或者一般保护古生物化石十件以上不满五十件的；

（三）走私禁止进出口的有毒物质一吨以上不满五吨，或者数额在二万元以上不满十万元的；

（四）走私来自境外疫区的动植物及其产品五吨以上不满二十五吨，或者数额在五万元以上不满二十五万元的；

（五）走私木炭、硅砂等妨害环境、资源保护的货物、物品十吨以上不满五十吨，或者数额在十万元以上不满五十万元的；

（六）走私旧机动车、切割车、旧机电产品或者其他禁止进出口的货物、物品二十吨以上不满一百吨，或者数额在二十万元以上不满一百万元的；

（七）数量或者数额未达到本款第一项至第六项规定的标准，但属于犯罪集团的首要分子，使用特种车辆从事走私活动，造成环境严重污染，或者引起甲类传染病传播、重大动植物疫情等情形的。

具有下列情形之一的，应当认定为刑法第一百五十一条第三款规定的“情节严重”：

（一）走私数量或者数额超过前款第一项至第六项规定的标准的；

（二）达到前款第一项至第六项规定的标准，且属于犯罪集团的首要分子，使用特种车辆从事走私活动，造成环境严重污染，或者引起甲类传染病传播、重大动植物疫情等情形的。

第十二条　刑法第一百五十一条第三款规定的“珍稀植物”，包括列入《国家重点保护野生植物名录》《国家重点保护野生药材物种名录》《国家珍贵树种名录》中的国家一、二级保护野生植物、国家重点保护的野生药材、珍贵树木，《濒危野生动植物种国际贸易公约》附录Ⅰ、附录Ⅱ中的野生植物，以及人工培育的上述植物。

本解释规定的“古生物化石”，按照《古生物化石保护条例》的规定予以认定。走私具有科学价值的古脊椎动物化石、古人类化石，构成犯罪的，依照刑法第一百五十一条第二款的规定，以走私文物罪定罪处罚。

八、走私淫秽物品罪

【罪名释义】

走私淫秽物品罪，是指违反海关法规，逃避海关监管，以牟利或者传播为目的，运输、携带、邮寄淫秽的录像带、录音带、影片、图片、书刊或者其他淫秽物品，进出国（边）境的行为，或者直接向走私人员非法收购进口的淫秽物品以及在内海、领海、界河、界湖运输、收购、贩卖淫秽物品的行为。

【海上犯罪】

在海上犯罪中，走私淫秽物品罪有多种表现形式，既可以表现为行为人利用海上交通工具如货船、客船、滚装船、大型渔船等直接夹带、走私淫秽物品的行为，也可以表现为行为人在海上直接向走私人非法收购走私进口的淫秽物品的行为，还可以表现为行为人在内海、领海、界河、界湖运输、收购、贩卖淫秽物品的行为。

【犯罪构成】

本罪的犯罪构成表现在如下四个方面：

第一，本罪侵犯的客体是国家禁止淫秽物品进出国（边）境的监管制度，本罪的犯罪对象是淫秽物品。淫秽物品是国家明令禁止进出口的特殊物品。所谓“淫秽物品”，是指具有描绘性行为或者露骨宣扬色情的诲淫性录像带、录音带、影片、图片、书刊以及其他淫秽物品。“其他淫秽物品”是指与诲淫性录像带、录音带、影片、图片、书刊等具有同质属性，通过文字、声音、图像等形式表现淫秽内容的物品。在实践中，应注意有关医学知识、人体生理的科学著作不是淫秽物品，包含有色情内容的具有艺术价值的文学、艺术作品也不应视为淫秽物品。淫秽物品的种类和目录由国务院相关主管部门根据社会发展的实际情况加以确定，处理案件时可以根据国家新闻出版署 1988 年制定的《关于认定淫秽及色情出版物的暂行规定》来确定行为人走私的物品是否属于淫秽物品。根据公安部 1996 年《关于淫秽电影鉴定问题的批复》，影片是否属于淫秽电影，由地（市）级以上公安机关鉴定，对于认定不准或有争议的，送省、自治区、直辖市公安厅、局会同省级广播电影电视部门共同鉴定。

第二，本罪的客观方面表现为违反海关法规，逃避海关监管，以牟利或者传播为目的，运输、携带、邮寄淫秽的录像带、录音带、影片、图片、书刊或者其他淫秽物品进出国（边）境的行为，或者直接向走私人员非法收购进口的淫秽物品以及在内海、领海、界河、界湖运输、收购、贩卖淫秽物品的行为。

这里的“海关法规”主要是指《海关法》。所谓“逃避海关监管”，主要是指利用通关货运渠道、旅检渠道、邮寄渠道，通过夹带、藏匿、伪报品名等手段，瞒骗、逃避海关的监督和检查，或者根本不通过海关，绕关实施的走私淫秽物品的行为。所谓“非法运输”，是指违反海关法规和国家禁止淫秽物品进出国（边）境的管理规定，使用交通运输工具运送淫秽物品进出国（边）境的行为；所谓“非法携带”，是指违反海关法规和国家禁止淫秽物品进出国（边）境的管理规定，随身附带、夹带国家禁止进出口的淫秽物品进出国（边）境的行为；所谓“非法邮寄”，是指违反海关法规和国家禁止淫秽物品进出国（边）境的管理规定，通过邮局将国家禁止进出口的淫秽物品寄进或寄出国（边）境的行为。在司法实践中，走私淫秽物品的行为有多种不同的表现形式，其中多表现为以通关或绕关的方式运输、携带或邮寄国家禁止进出口的淫秽物品进出国（边）境的行为。“通关走私淫秽物品”是指行为人经过国家开放的进出口岸或准许进出境的国境、孔道，以藏匿、夹带、伪装、瞒报、伪报或者其他方法逃避海关监督和检查，运输、携带、邮寄淫秽物品进出国（边）境的行为；“绕关走私淫秽物品”是指行为人不经过国家开放的进出口岸或准许进出境的国境、孔道而非法携运淫秽物品进出国（边）境的行为。除了上述两种典型的走私淫秽物品行为外，还包括间接走私淫秽物品的行为。“间接走私淫秽物品”是指行为人直接向走私人非法收购走私进口的淫秽物品的行为或者在内海、领海、界河、界湖非法运输、收购、贩卖淫秽物品的行为。对于直接向走私人非法收购淫秽物品的间接走私行为，应注意如下几点：首先，间接走私行为人必须是直接向走私人收购走私进口的淫秽物品的第一购买者，即“第一手交易”人，对第二手及其以后的购买人不能以走私淫秽物品罪论处。其次，间接走私行为人必须“明知”对方为直接走私人，即明知交易对方是直接将国家禁止进出口的淫秽物品从境外走私进境的人，并故意向其收购走私进境的淫秽物品。最后，收购行为必须是非法进行的。

第三，本罪的主体为一般主体，凡年满16周岁且具备刑事责任能力的自然人均可构成本罪，单位也可以成为走私淫秽物品罪的主体，单位犯本罪的，对单位判处罚金，并对其直接负责的主管人员和其他直接责任人员以本罪处罚。

第四，本罪的主观方面只能由故意构成，并且行为人主观上具有通过走私淫秽物品牟利或者传播淫秽物品的目的。这里的“故意”是指行为人明知是国家禁止进出国（边）境的淫秽物品而仍然实施走私行为或者明知是走私行为人走私进入国（边）境的淫秽物品而仍然向其收购以及故意在领海、内海、界河、界湖运输、收购、贩卖淫秽物品的主观心理态度，过失不构成本罪。所谓“以牟利为目的”，是指行为人走私淫秽物品是为了出卖、出租或者通过其他方式牟取非法利润；所谓“以传播为目的”，是指行为人走私淫秽物品是为了在社会上进行扩散。行为人具有牟利或者传播的犯罪目的是构成本罪的主观方面的必备要件。

【犯罪认定】

1. 划清罪与非罪的界限

首先，构成走私淫秽物品罪要求行为人的主观方面出于故意，过失不能构成本罪。如果行为人实施的走私淫秽物品的行为缺乏故意的主观心理态度，则不能对行为人以走私淫秽物品罪论处。只有行为人明知是国家禁止进出口的淫秽物品而仍然携带、运输、邮寄进出国（边）境，或者明知是走私行为人走私进入国（边）境的淫秽物品而仍然向其收购以及故意在领海、内海、界河、界湖运输、收购、贩卖淫秽物品的行为才能以走私淫秽物品罪论处。如果确有证据证明行为人因受蒙蔽、欺骗、陷害并不知道自己实施了走私行为，更不知道自己“走私”的对象是淫秽物品的，则对行为人不应以犯罪论处，可视案件具体情况给予相应的行政处理。另外，构成走私淫秽物品罪要求行为人的主观方面具有牟利或者传播淫秽物品的目的，如果行为人虽然实施了走私淫秽物品的行为，但并不是为了牟利或传播，则不能构成走私淫秽物品罪。其次，应正确认识走私淫秽物品罪的犯罪对象。“淫秽物品”是指具有描绘性行为或者露骨宣扬色情的诲淫性录像带、录音带、影片、图片、书刊以及其他淫秽物品，对于行为人走私的物品是否属于“淫秽物品”，应参照《关于认定淫秽及色情出版物的暂行规定》等进行综合判断，必要的时候可以申请专业机构鉴定。在实践中，如果行为人走私的物品是有关人体生理、医学知识的科学著作，或者走私的物品是包含色情内容但具有艺术价值的文学、艺术作品的，则对行为人不应以走私淫秽物品罪论处。最后，应注意行为人是否存在“情节显著轻微危害不大”的情形。根据刑法第 13 条但书的规定“情节显著轻微危害不大的，不认为是犯罪”，在司法实践中，如果行为人走私的物品并未达到“淫秽物品”的数量、程度要求，具备情节显著轻微危害不大的情形，则不应对行为人按犯罪处理，可视案件具体情况给予行政处罚。

2. 划清本罪与制作、复制、出版、贩卖、传播淫秽物品牟利罪的界限

制作、复制、出版、贩卖、传播淫秽物品牟利罪，是指行为人以牟利为目的，制作、复制、出版、贩卖、传播淫秽物品的行为。走私淫秽物品罪与制作、复制、出版、贩卖、传播淫秽物品牟利罪的犯罪主体都是一般主体，都可以由自然人和单位构成，主观方面也都是出于故意，都要求以牟利为目的，并且犯罪对象也都是淫秽物品，两罪的主要区别如下：第一，犯罪行为侵犯的客体不同。走私淫秽物品罪侵犯的客体是国家禁止淫秽物品进出国（边）境的监管制度；制作、复制、出版、贩卖、传播淫秽物品牟利罪侵犯的客体则是国家对文化市场的管理制度和社会道德风尚。第二，犯罪的客观方面表现不同。走私淫秽物品罪的客观方面表现为违反海关法规，逃避海关监管，以牟利或者传播为目的，运输、携带、邮寄淫秽的录像带、录音带、影片、图片、书刊或者其他淫秽物品进出国（边）境的行为，或者直接向走私人员非法收购进口的淫秽物品以及在内海、领海、界河、界湖运输、收购、贩卖淫秽物品的行为；制作、复制、出版、贩卖、传播淫秽物品牟利罪的客观方面则

表现为行为人制作、复制、出版、贩卖、传播淫秽物品牟利的行为。由此可见，走私淫秽物品罪必须是行为人实施了与违反海关法规、逃避海关监管有关的直接或间接走私行为，而制作、复制、出版、贩卖、传播淫秽物品牟利罪则与违反海关法规、逃避海关监管无关。行为人实施的直接向走私人员非法收购进口的淫秽物品以及在内海、领海、界河、界湖运输、收购、贩卖淫秽物品的行为只能构成走私淫秽物品罪。第三，主观目的要求不尽相同。走私淫秽物品罪要求行为人主观上具有通过走私淫秽物品牟利或者传播淫秽物品的目的，行为人具有两种目的之一即可；制作、复制、出版、贩卖、传播淫秽物品牟利罪则仅要求行为人主观上具有牟利的目的，即只有行为人实施的制作、复制、出版、贩卖、传播淫秽物品的行为具有主观的牟利目的才能构成该罪。

3. 划清本罪与传播淫秽物品罪的界限

传播淫秽物品罪，是指行为人传播淫秽影片、图片、书刊、音像资料等淫秽物品，情节严重的行为。走私淫秽物品罪与传播淫秽物品罪的犯罪主体都是一般主体，都可以由自然人和单位构成，主观方面也都是出于故意，并且犯罪对象也都是淫秽物品，两罪的主要区别如下：第一，犯罪行为侵犯的客体不同。走私淫秽物品罪侵犯的客体是国家禁止淫秽物品进出国（边）境的监管制度；传播淫秽物品罪侵犯的客体则是国家对文化市场的管理制度和社会道德风尚。第二，犯罪的客观方面表现不同。走私淫秽物品罪的客观方面表现为违反海关法规，逃避海关监管，以牟利或者传播为目的，运输、携带、邮寄淫秽的录像带、录音带、影片、图片、书刊或者其他淫秽物品进出国（边）境的行为，或者直接向走私人员非法收购进口的淫秽物品以及在内海、领海、界河、界湖运输、收购、贩卖淫秽物品的行为；传播淫秽物品罪的客观方面则表现为行为人传播淫秽影片、图片、书刊、音像资料等淫秽物品，情节严重的行为，传播淫秽物品罪与违反海关法规、逃避海关监管无关。第三，犯罪的主观方面不尽相同。走私淫秽物品罪要求行为人主观上具有通过走私淫秽物品牟利或者传播淫秽物品的目的；传播淫秽物品罪则不要求行为人主观上具有牟利目的，并且只有行为人不具有牟利目的而实施的传播淫秽物品的行为，才能构成传播淫秽物品罪，如果行为人具有牟利的目的而实施了传播淫秽物品的行为，则只能构成传播淫秽物品牟利罪。

【立案标准】

行为人涉嫌违反海关法规、逃避海关监管走私淫秽物品，符合下列情形的应予以立案：

1. 走私淫秽录像带、影碟50盘（张）以上的；
2. 走私淫秽录音带、音碟100盘（张）以上的；
3. 走私淫秽扑克、书刊、画册100副（册）以上的；
4. 走私淫秽照片、图片500张以上的；
5. 走私其他淫秽物品相当于上述数量的；
6. 走私淫秽物品数量虽未达到本条第1项至第4项规定标准，但分别达到其中两项以上标准的50%以上的。

【法条链接】

《刑法》第一百五十二条第一、三款　以牟利或者传播为目的，走私淫秽的影片、录像带、录音带、图片、书刊或者其他淫秽物品的，处三年以上十年以下有期徒刑，并处罚金；情节严重的，处十年以上有期徒刑或者无期徒刑，并处罚金或者没收财产；情节较轻的，处三年以下有期徒刑、拘役或者管制，并处罚金。

单位犯前两款罪的，对单位判处罚金，并对其直接负责的主管人员和其他直接责任人员，依照前两款的规定处罚。

第一百五十五条　下列行为，以走私罪论处，依照本节的有关规定处罚：

（一）直接向走私人非法收购国家禁止进口物品的，或者直接向走私人非法收购走私进口的其他货物、物品，数额较大的；

（二）在内海、领海、界河、界湖运输、收购、贩卖国家禁止进出口物品的，或者运输、收购、贩卖国家限制进出口货物、物品，数额较大，没有合法证明的。

第一百五十六条 与走私罪犯通谋，为其提供贷款、资金、账号、发票、证明，或者为其提供运输、保管、邮寄或者其他方便的，以走私罪的共犯论处。

第一百五十七条 武装掩护走私的，依照本法第一百五十一条第一款的规定从重处罚。

以暴力、威胁方法抗拒缉私的，以走私罪和本法第二百七十七条规定的阻碍国家机关工作人员依法执行职务罪，依照数罪并罚的规定处罚。

2008 年 6 月发布的最高人民检察院、公安部《关于公安机关管辖的刑事案件立案追诉标准的规定（一）》

第二十五条 ［走私淫秽物品案（刑法第一百五十二条第一款）］以牟利或者传播为目的，走私淫秽的影片、录像带、录音带、图片、书刊或者其他通过文字、声音、形象等形式表现淫秽内容的影碟、音碟、电子出版物等物品，涉嫌下列情形之一的，应予立案追诉：

（一）走私淫秽录像带、影碟五十盘（张）以上的；

（二）走私淫秽录音带、音碟一百盘（张）以上的；

（三）走私淫秽扑克、书刊、画册一百副（册）以上的；

（四）走私淫秽照片、图片五百张以上的；

（五）走私其他淫秽物品相当于上述数量的；

（六）走私淫秽物品数量虽未达到本条第（一）项至第（四）项规定标准，但分别达到其中两项以上标准的百分之五十以上的。

2014 年 9 月施行的最高人民法院、最高人民检察院《关于办理走私刑事案件适用法律若干问题的解释》

第十三条 以牟利或者传播为目的，走私淫秽物品，达到下列数量之一的，可以认定为刑法第一百五十二条第一款规定的“情节较轻”：

（一）走私淫秽录像带、影碟五十盘（张）以上不满一百盘（张）的；

（二）走私淫秽录音带、音碟一百盘（张）以上不满二百盘（张）的；

（三）走私淫秽扑克、书刊、画册一百副（册）以上不满二百副（册）的；

（四）走私淫秽照片、画片五百张以上不满一千张的；

（五）走私其他淫秽物品相当于上述数量的。

走私淫秽物品在前款规定的最高数量以上不满最高数量五倍的，依照刑法第一百五十二条第一款的规定处三年以上十年以下有期徒刑，并处罚金。

走私淫秽物品在第一款规定的最高数量五倍以上，或者在第一款规定的最高数量以上不满五倍，但属于犯罪集团的首要分子，使用特种车辆从事走私活动等情形的，应当认定为刑法第一百五十二条第一款规定的“情节严重”。

九、走私废物罪

【罪名释义】

走私废物罪，是指违反海关法规、逃避海关监管，将境外固体废物、液态废物、气态废物运输进境，情节严重的行为，或者直接向走私人员非法收购走私进口的废物以及在内海、领海、界河、界湖运输、收购、贩卖固体废物、液态废物、气态废物，情节严重的行为。

【海上犯罪】

在海上犯罪中，走私废物罪有多种表现形式，既可以表现为行为人利用海上交通工具如货船、滚装船、大型渔船等直接瞒报、伪报、夹带、走私废物的行为，也可以表现为行为人在海上直接向走私人非法收购走私进口废物的行为，还可以表现为行为人在内海、领海、界河、界湖运输、收购、贩卖废物的行为。

【犯罪构成】

本罪的犯罪构成表现在如下四个方面：

第一，本罪侵犯的客体是国家禁止、限制固体废物、液态废物和气态废物进入国（边）境的海关监管制度。本罪的犯罪对象是废物，“废物”是指人类在生产、生活过程中产生的对所有者已不再具有使用价值而被废弃的物质，包括固体废物、液态废物和气态废物。这里所说的“固体废物、液态废物和气态废物”不仅包括国家禁止进口的完全没有利用价值的废物，还包括国家限制进口的可作为原料的有一定利用价值的废物。2016 年修订的《固体废物污染环境防治法》第 25 条规定，禁止进口不能用作原料或者不能以无害化方式利用的固体废物，对可以用作原料的固体废物实行限制进口和非限制进口分类管理。进口列入限制进口目录的固体废物，应当经国务院环境保护行政主管部门会同国务院对外贸易主管部门审查许可。

第二，本罪的客观方面表现为违反海关法规、逃避海关监管，将境外固体废物、液态废物、气态废物运输进境，情节严重的行为，或者直接向走私人员非法收购走私进口的废物以及在内海、领海、界河、界湖运输、收购、贩卖固体废物、液态废物、气态废物，情节严重的行为。走私废物罪的行为方式单指将废物走私进国（边）境的行为，不包括将废物走私出国（边）境的行为。这里的“海关法规”主要是指《海关法》。所谓“逃避海关监管”，主要是指利用通关货运渠道、旅检渠道、邮寄渠道，通过夹带、藏匿、伪报品名等手段，瞒骗、逃避海关的监督和检查，或者根本不通过海关，绕关实施的走私废物的行为。在司法实践中，走私废物的行为有多种不同的表现形式，其中多表现为以通关或绕关的方式运输、携带或邮寄国家禁止进口的废物进入国（边）境的行为。“通关走私废物”是指行为人经过国家开放的进出口岸或准许进出境的国境、孔道，以藏匿、夹带、伪装、瞒报、伪报或者其他方法逃避海关监督和检查，运输、携带、邮寄废物进入国（边）境的行为；“绕关走私废物”是指行为人不经过国家开放的进出口岸或准许进出境的国境、孔道而非法携运废物进入国（边）境的行为。除了上述两种典型的走私废物行为外，还包括间接走私废物的行为，“间接走私废物”是指行为人直接向走私人非法收购走私进口废物的行为或者在内海、领海、界河、界湖非法运输、收购、贩卖废物的行为。

第三，本罪的主体为一般主体，凡年满16周岁且具备刑事责任能力的自然人均可构成本罪，单位也可以成为走私废物罪的主体，单位犯本罪的，对单位判处罚金，并对其直接负责的主管人员和其他直接责任人员以本罪处罚。

第四，本罪的主观方面只能由故意构成，即行为人明知是国家禁止或限制进入国（边）境的废物而仍然实施走私行为或者明知是走私行为人走私进入国（边）境的废物而仍然向其购买以及故意在领海、内海、界河、界湖运输、收购、贩卖废物的主观心理态度，过失不构成本罪。

【犯罪认定】

1. 划清罪与非罪的界限

首先，构成走私废物罪要求行为人的主观方面必须出于故意，过失不能构成本罪。如果行为人实施的走私废物的行为缺乏故意的主观心理态度，则不能对行为人以走私废物罪论处。只有行为人明知是国家禁止或限制进口的废物而仍然携带、运输、邮寄进入国（边）境，或者明知是走私行为人走私进入国（边）境的废物而仍然向其收购以及故意在领海、内海、界河、界湖运输、收购、贩卖废物的行为才能以走私废物罪论处。如果确有证据证明行为人因受蒙蔽、欺骗、陷害并不知道自己实施了走私行为，更不知道自己“走私”的对象是国家禁止、限制进口的废物的，则对行为人不应以犯罪论处，可视案件具体情况给予相应的行政处理。其次，应正确认识走私废物罪的犯罪对象。对于不能用作原料的废物国家严格禁止进口，对于可用作原料的废物国家规定了限制进口和非限制进口两种不同的管理措施，如果行为人走私进入国（边）境的废物是国家非限制进口、可用作原料的废物，则行为人不构成走私废物罪。在司法实践中，如果行为人主观上具有走私废物的犯罪故意，但对自己具体走私的是何种废物并不明确的，不影响走私废物罪的成立，只要行为人实际走私的是国家禁止或限制进口的废物，就应当按照走私废物罪定罪处罚；如果行为人对自己的走私行为有明确认识，但确有证据证明因为受蒙蔽或欺骗并不知道走私对象是国家禁止或限制进口的废物，则对走私行为人不应以走私废物罪论处，可视案件具体情况以走私普通货物、物品罪处罚。最后，应注意行为人是否存在“情节显著轻微危害不大”的情形。根据刑法第 13 条但书的规定“情节显著轻微危害不大的，不认为是犯罪”。走私废物罪是情节犯，只有“情节严重”的才构成犯罪，在司法实践中，应根据行为人走私进口废物的性质、走私的数量、犯罪后果等综合认定是否属于情节显著轻微危害不大的情形，如果行为人走私的废物数量并未达到法定的构罪标准，则不应按犯罪处理。

2. 划清本罪与非法处置进口的固体废物罪的界限

非法处置进口的固体废物罪，是指行为人违反国家相关规定，故意将境外的固体废物进境倾倒、堆放或处置的行为。走私废物罪与非法处置进口的固体废物罪的犯罪主体都是一般主体，都可以由自然人和单位构成，主观方面也都是出于故意，犯罪对象都包括固体废物，两罪的主要区别如下：第一，犯罪行为侵犯的客体不同。走私废物罪侵犯的客体是国家禁止、限制固体废物、液态废物和气态废物进入国（边）境的海关监管制度；非法处置进口的固体废物罪侵犯的客体则是国家对进口固体废物的利用、污染防治与管理制度。第二，犯罪的客观方面表现不同。走私废物罪的客观方面表现为违反海关法规、逃避海关监管，将境外固体废物、液态废物、气态废物运输进境，情节严重的行为，或者直接向走私人员非法收购走私进口的废物以及在内海、领海、界河、界湖运输、收购、贩卖废物，情节严重的行为；非法处置进口的固体废物罪的客观方面则表现为行为人违反国家相关规定，故意将境外的固体废物进境倾倒、堆放或处置的行为。由此可见，走私废物罪规制的是废物进口行为，包括与违反海关法规、逃避海关监管有关的直接或间接走私行为；非法处置进口的固体废物罪规制的是进口废物的后续利用、堆放、处置等与环境污染相关的行为，与先行行为是否违反海关法规、逃避海关监管无关。第三，犯罪对象不尽相同。虽然走私废物罪与非法处置进口的固体废物罪的犯罪对象都包括固体废物，但走私废物罪的犯罪对象除了固体废物外，还包括液态废物和气态废物，既包括不能用作原料的废物也包括能用作原料的废物；非法处置进口的固体废物罪的犯罪对象则只包括固体废物，并且必须是可以用作原料的废物。

3. 划清本罪与擅自进口固体废物罪的界限

擅自进口固体废物罪，是指未经国务院有关主管部门许可，擅自进口固体废物用作原料，造成重大环境污染事故，严重危害人体健康或者使公私财产遭受重大损失的行为。走私废物罪与擅自进口固体废物罪的犯罪主体都是一般主体，都可以由自然人和单位构成，主观方面也都是出于故意，犯罪对象都包括固体废物，两罪的主要区别如下：第一，犯罪行为侵犯的客体不同。走私废物罪侵犯的客体是国家禁止、限制固体废物、液态废物和气态废物进入国（边）境的海关监管制度；擅自进口固体废物罪侵犯的客体则是国家对进口固体废物利用的污染防治与管理制度。第二，犯罪的客观方面表现不同。走私废物罪的客观方面表现为违反海关法规、逃避海关监管，将境外固体废物、液态废物、气态废物运输进境，情节严重的行为，或者直接向走私人员非法收购走私进口的废物以及在内海、领海、界河、界湖运输、收购、贩卖废物，情节严重的行为；擅自进口固体废物罪的客观方面则表现为行为人未经国务院有关主管部门许可，擅自进口固体废物用作原料，造成重大环境污染事故，严重危害人体健康或者使公私财产遭受重大损失的行为。走私废物罪是情节犯，只有“情节严重”的才构成犯罪；擅自进口固体废物罪是结果犯，只有造成重大环境污染事故，致使公私财产遭受重大损失或者严重危害人体健康的，才构成犯罪。第三，犯罪对象不尽相同。虽然走私废物罪与擅自进口固体废物罪的犯罪对象都包括可用作原料或不可用作原料的固体废物，但走私废物罪的犯罪对象除了固体废物外，还包括液态废物和气态废物；擅自进口固体废物罪的犯罪对象则只包括固体废物。

【立案标准】

行为人涉嫌违反海关法规、逃避海关监管走私废物，符合下列情形的应予以立案：

1. 走私国家禁止进口的危险性固体废物、液态废物分别或者合计达到1吨以上不满5吨的；

2. 走私国家禁止进口的非危险性固体废物、液态废物分别或者合计达到5吨以上不满25吨的；

3. 走私国家限制进口的可用作原料的固体废物、液态废物分别或者合计达到20吨以上不满100吨的；

4. 未达到上述数量标准，但属于犯罪集团的首要分子，使用特种车辆从事走私活动，或者造成环境严重污染等情形的。

【法条链接】

《刑法》第一百五十二条第二、三款　逃避海关监管将境外固体废物、液态废物和气态废物运输进境，情节严重的，处五年以下有期徒刑，并处或者单处罚金；情节特别严重的，处五年以上有期徒刑，并处罚金。

单位犯前两款罪的，对单位判处罚金，并对其直接负责的主管人员和其他直接责任人员，依照前两款的规定处罚。

第一百五十五条　下列行为，以走私罪论处，依照本节的有关规定处罚：

（一）直接向走私人非法收购国家禁止进口物品的，或者直接向走私人非法收购走私进口的其他货物、物品，数额较大的；

（二）在内海、领海、界河、界湖运输、收购、贩卖国家禁止进出口物品的，或者运输、收购、贩卖国家限制进出口货物、物品，数额较大，没有合法证明的。

第一百五十六条　与走私罪犯通谋，为其提供贷款、资金、账号、发票、证明，或者为其提供运输、保管、邮寄或者其他方便的，以走私罪的共犯论处。

第一百五十七条　武装掩护走私的，依照本法第一百五十一条第一款的规定从重处罚。

以暴力、威胁方法抗拒缉私的，以走私罪和本法第二百七十七条规定的阻碍国家机关工作人员依法执行职务罪，依照数罪并罚的规定处罚。

第三百三十九条第三款　以原料利用为名，进口不能用作原料的固体废物、液态废物和气态废物的，依照本法第一百五十二条第二款、第三款的规定定罪处罚。

2014 年 9 月施行的最高人民法院、最高人民检察院《关于办理走私刑事案件适用法律若干问题的解释》

第十四条　走私国家禁止进口的废物或者国家限制进口的可用作原料的废物，具有下列情形之一的，应当认定为刑法第一百五十二条第二款规定的“情节严重”：

（一）走私国家禁止进口的危险性固体废物、液态废物分别或者合计达到一吨以上不满五吨的；

（二）走私国家禁止进口的非危险性固体废物、液态废物分别或者合计达到五吨以上不满二十五吨的；

（三）走私国家限制进口的可用作原料的固体废物、液态废物分别或者合计达到二十吨以上不满一百吨的；

（四）未达到上述数量标准，但属于犯罪集团的首要分子，使用特种车辆从事走私活动，或者造成环境严重污染等情形的。

具有下列情形之一的，应当认定为刑法第一百五十二条第二款规定的“情节特别严重”：

（一）走私数量超过前款规定的标准的；

（二）达到前款规定的标准，且属于犯罪集团的首要分子，使用特种车辆从事走私活动，或者造成环境严重污染等情形的；

（三）未达到前款规定的标准，但造成环境严重污染且后果特别严重的。

走私置于容器中的气态废物，构成犯罪的，参照前两款规定的标准处罚。

第十五条　国家限制进口的可用作原料的废物的具体种类，参照国家有关部门的规定确定。

十、走私普通货物、物品罪

【罪名释义】

走私普通货物、物品罪，是指违反海关法规、逃避海关监管，运输、携带、邮寄普通货物、物品进出国（边）境，偷逃应缴关税税额较大或者一年内曾因走私被两次行政处罚后又走私的行为，或者直接向走私人员非法收购走私进口的普通货物、物品数额较大以及在内海、领海、界河、界湖运输、收购、贩卖国家限制进出口普通货物、物品数额较大、没有合法证明的行为。

【海上犯罪】

在海上犯罪中，走私普通货物、物品罪有多种表现形式，既可以表现为行为人利用海上交通工具如货船、客船、滚装船、渔船等直接夹带、瞒报、走私普通货物、物品的行为，也可以表现为行为人在海上直接向走私人非法收购走私进口的普通货物、物品的行为，还可以表现为行为人在内海、领海、界河、界湖运输、收购、贩卖普通货物、物品的行为。

【犯罪构成】

本罪的犯罪构成表现在如下四个方面：

第一，本罪侵犯的客体是国家对普通货物、物品进出口的监管制度和关税征收制度。《海关法》、《进出口关税条例》等法律、法规规定了海关对进出口普通货物、物品进行监督管理、征收关税的制度，行为人违反上述法规，实施逃避海关监管、偷逃货物、物品进出境应缴关税的行为，就会直接侵害国家海关对普通货物、物品进出境的监管和关税征收制度。本罪的犯罪对象是除武器、弹药、核材料、假币、文物、贵重金属、珍贵动物及其制品、珍稀植物及其制品、淫秽物品、废物、毒品、制毒物品等国家禁止、限制进出口的货物、物品之外的其他普通货物、物品。

第二，本罪的客观方面表现为行为人违反海关法规、逃避海关监管，运输、携带、邮寄普通货物、物品进出国（边）境，偷逃应缴关税税额较大或者一年内曾因走私被两次行政处罚后又走私的行为，或者直接向走私人员非法收购走私进口的普通货物、物品数额较大以及在内海、领海、界河、界湖运输、收购、贩卖国家限制进出口普通货物、物品数额较大、没有合法证明的行为。走私普通货物、物品罪除了上述客观方面的行为表现外，还包括特殊形式的走私普通货物、物品行为，即未经海关许可并且未补缴应缴税额，擅自将批准进口的来料加工、来件装配、补偿贸易的原材料、零件、制成品、设备等保税货物在境内销售牟利的行为，以及未经海关许可并且未补缴应缴税额，擅自将特定减税、免税进口的货物、物品在境内销售牟利的行为。所谓“补偿贸易”，是指中方不付现款而获得外商提供的设备、技术或原材料，由中方利用外商提供的设备、技术或原材料生产的产品，分期抵付进口设备、技术或原材料的价款及利息的贸易方式，补偿贸易又称为产品返销；所谓“保税货物”，是指经海关批准在未办理纳税手续的情况下进入境内，在境内储存、加工、装配后又复运出境的货物；所谓“特定减税、免税货物”，是指国家海关根据相关政策法规的规定准予减税、免税进口并用于特定地区、特定企业或特定用途的货物；特定地区是指我国关境内享受减、免税优惠的特别限定区域，如我国设立的经济特区等；特定企业是指由相关行政法规规定的享受减、免税优惠的企业，如外资企业、中外合资企业等；特定用途是指国家规定的可以享受减、免税优惠的进口货物只能用于行政法规专门规定的用途。

第三，本罪的主体为一般主体，凡年满 16 周岁且具备刑事责任能力的自然人均可构成本罪，单位也可以成为走私普通货物、物品罪的主体，单位犯本罪的，对单位判处罚金，并对其直接负责的主管人员和其他直接责任人员以本罪处罚。

第四，本罪的主观方面只能由故意构成，即行为人明知自己走私普通货物、物品的行为会危害国家对普通货物、物品进出口的监管制度和关税征收制度，但仍然希望或放任危害结果发生的主观心理态度，过失不构成本罪。虽然走私普通货物、物品罪不以行为人主观上具有牟利目的作为构成要件，但实践中，行为人实施走私普通货物、物品的行为通常具有谋取非法利润或其他非法利益的目的。

【犯罪认定】

1. 划清罪与非罪的界限

首先，构成走私普通货物、物品罪要求行为人的主观方面出于故意，过失不能构成本罪。如果行为人实施的走私普通货物、物品的行为缺乏故意的主观心理态度，则不能对行为人以走私普通货物、物品罪论处。如果确有证据证明行为人因受蒙蔽、欺骗、陷害并不知道自己实施了走私行为，则对行为人不应以犯罪论处，可视案件具体情况给予相应的行政处理。其次，应注意行为人是否存在“情节显著轻微危害不大”的情形。根据 2014 年实施的最高人民法院、最高人民检察院《关于办理走私刑事案件适用法律若干问题的解释》，行为人走私普通货物、物品，偷逃应缴税额在 10 万元以下，并且没有一年内曾因走私被两次行政处罚后又走私的情形的，只是一般违法行为，不应对行为人按犯罪处理，可视案件具体情况给予行政处罚。

2. 划清本罪与特定物品走私犯罪的界限

我国《刑法》除了规定走私普通货物、物品罪以外，还规定了走私武器、弹药罪，走私核材料罪，走私假币罪，以及走私贵重金属罪，走私文物罪，走私珍贵动物、珍贵动物制品罪等其他走私特定物品的犯罪。走私普通货物、物品罪与走私特定物品犯罪的主体、客体和主观方面都存在一致性，在客观方面也都实施了违反海关法规、逃避海关监管的走私行为，这些犯罪行为的主要区别在于犯罪对象不同，走私特定物品犯罪的对象都是国家禁止、限制进出口的特定物品，如武器、弹药、核材料、假币、文物、贵重金属、珍贵动物及其制品、珍稀植物及其制品、淫秽物品、废物等，而走私普通货物、物品罪的犯罪对象则是除上述特定物品之外的普通货物、物品。应注意的是，走私文物罪（仅规制走私出境）、走私贵重金属罪（仅规制走私出境）、走私废物罪（仅规制走私进境）具有单向性，如果行为人实施了将文物、贵重金属走私进境的行为，并且数额较大达到起刑点的，对行为人可以按走私普通货物、物品罪论处。另外，如果行为人在走私普通货物、物品的同时又藏匿、夹带走私了其他特定物品的，如果确实符合多个走私罪名的犯罪构成，则应对行为人实行数罪并罚。

3. 划清本罪与骗取出口退税罪的界限

骗取出口退税罪，是指故意违反税收管理法规，以假报出口或者其他欺骗手段骗取国家出口退税款，数额较大的行为。走私普通货物、物品罪与骗取出口退税罪的犯罪主体都是一般主体，都可以由自然人和单位构成犯罪，主观方面也都是出于故意，在实践中，走私普通货物、物品罪有时会与骗取出口退税罪相混淆，应注意加以区分。两罪的主要区别在于：第一，两罪侵犯的客体不同。走私普通货物、物品罪侵犯的客体是国家对普通货物、物品进出口的监管制度和关税征收制度；骗取出口退税罪侵犯的客体是国家的出口退税管理制度和国家财产所有权。第二，两罪的客观方面表现不同。走私普通货物、物品罪的客观方面表现为行为人违反海关法规、逃避海关监管，运输、携带、邮寄普通货物、物品进出国（边）境，偷逃应缴关税税额较大或者一年内曾因走私被两次行政处罚后又走私的行为，或者直接向走私人员非法收购走私进口的普通货物、物品数额较大以及在内海、领海、界河、界湖运输、收购、贩卖国家限制进出口普通货物、物品数额较大、没有合法证明的行为；骗取出口退税罪的客观方面则表现为行为人故意违反税收管理法规，以假报出口或者其他欺骗手段骗取国家出口退税款，数额较大的行为。第三，两罪的主观方面不尽相同。虽然走私普通货物、物品罪与骗取出口退税罪的主观方面都由故意构成，但走私普通货物、物品罪的行为人通常具有谋取非法利润或其他非法利益的目的，而骗取出口退税罪的行为人则具有非法获取国家出口退税款的目的。

4. 划清本罪与放纵走私罪的界限

放纵走私罪，是指海关工作人员徇私舞弊、放纵走私，情节严重的行为。走私普通货物、物品罪与放纵走私罪的主观方面都由故意构成，两罪的主要区别在于：第一，两罪侵犯的客体不同。走私普通货物、物品罪侵犯的客体是国家对普通货物、物品进出口的监管制度和关税征收制度；放纵走私罪侵犯的客体是国家海关对进出口货物的正常监管活动。第二，两罪的客观方面表现不同。走私普通货物、物品罪的客观方面表现为行为人违反海关法规、逃避海关监管，运输、携带、邮寄普通货物、物品进出国（边）境，偷逃应缴关税税额较大或者一年内曾因走私被两次行政处罚后又走私的行为，或者直接向走私人员非法收购走私进口的普通货物、物品数额较大以及在内海、领海、界河、界湖运输、收购、贩卖国家限制进出口普通货物、物品数额较大、没有合法证明的行为；放纵走私罪的客观方面则表现为海关工作人员徇私舞弊、放纵走私，情节严重的行为。第三，两罪的主体不同。走私普通货物、物品罪的主体是一般主体，凡年满16周岁且具备刑事责任能力的自然人均可构成本罪，单位也可以成为走私普通货物、物品罪的主体；放纵走私罪的主体是特殊主体，即对货物进出国（边）境负有监管职责的国家海关工作人员。第四，虽然走私普通货物、物品罪与放纵走私罪的主观方面都由故意构成，但走私普通货物、物品罪的行为人通常具有牟取非法利润或其他非法利益的目的。

在实践中，如果国家海关工作人员与走私人通谋，在走私过程中积极配合走私人逃避海关监管或者在放纵走私后分得赃款的，应以走私犯罪的共犯论处。如果国家海关工作人员收受走私人贿赂后放纵走私的，应以受贿罪和放纵走私罪实行数罪并罚。如果国家海关工作人员与走私人没有事前通谋，也没有共同的走私故意，仅因为徇私而利用职权放纵走私的，则对行为人只能按放纵走私罪一罪处罚。

【立案标准】

行为人涉嫌违反海关法规、逃避海关监管走私普通货物、物品，符合下列情形的应予以立案：

1. 自然人走私普通货物、物品，偷逃应缴税额在10万元以上的；

2. 单位走私普通货物、物品，偷逃应缴税额在20万元以上的；

3. 自然人或单位走私普通货物、物品，一年内曾因走私被给予两次行政处罚后又走私的；

【法条链接】

《刑法》第一百五十三条　走私本法第一百五十一条、第一百五十二条、第三百四十七条规定以外的货物、物品的，根据情节轻重，分别依照下列规定处罚：

（一）走私货物、物品偷逃应缴税额较大或者一年内曾因走私被给予二次行政处罚后又走私的，处三年以下有期徒刑或者拘役，并处偷逃应缴税额一倍以上五倍以下罚金。

（二）走私货物、物品偷逃应缴税额巨大或者有其他严重情节的，处三年以上十年以下有期徒刑，并处偷逃应缴税额一倍以上五倍以下罚金。

（三）走私货物、物品偷逃应缴税额特别巨大或者有其他特别严重情节的，处十年以上有期徒刑或者无期徒刑，并处偷逃应缴税额一倍以上五倍以下罚金或者没收财产。

单位犯前款罪的，对单位判处罚金，并对其直接负责的主管人员和其他直接责任人员，处三年以下有期徒刑或者拘役；情节严重的，处三年以上十年以下有期徒刑；情节特别严重的，处十年以上有期徒刑。

对多次走私未经处理的，按照累计走私货物、物品的偷逃应缴税额处罚。

第一百五十四条　下列走私行为，根据本节规定构成犯罪的，依照本法第一百五十三条的规定定罪处罚：

（一）未经海关许可并且未补缴应缴税额，擅自将批准进口的来料加工、来件装配、补偿贸易的原材料、零件、制成品、设备等保税货物，在境内销售牟利的；

（二）未经海关许可并且未补缴应缴税额，擅自将特定减税、免税进口的货物、物品，在境内销售牟利的。

第一百五十五条　下列行为，以走私罪论处，依照本节的有关规定处罚：

（一）直接向走私人非法收购国家禁止进口物品的，或者直接向走私人非法收购走私进口的其他货物、物品，数额较大的；

（二）在内海、领海、界河、界湖运输、收购、贩卖国家禁止进出口物品的，或者运输、收购、贩卖国家限制进出口货物、物品，数额较大，没有合法证明的。

第一百五十六条　与走私罪犯通谋，为其提供贷款、资金、账号、发票、证明，或者为其提供运输、保管、邮寄或者其他方便的，以走私罪的共犯论处。

第一百五十七条　武装掩护走私的，依照本法第一百五十一条第一款的规定从重处罚。

以暴力、威胁方法抗拒缉私的，以走私罪和本法第二百七十七条规定的阻碍国家机关工作人员依法执行职务罪，依照数罪并罚的规定处罚。

2014 年 9 月施行的最高人民法院、最高人民检察院《关于办理走私刑事案件适用法律若干问题的解释》

第十六条　走私普通货物、物品，偷逃应缴税额在十万元以上不满五十万元的，应当认定为刑法第一百五十三条第一款规定的“偷逃应缴税额较大”；偷逃应缴税额在五十万元以上不满二百五十万元的，应当认定为“偷逃应缴税额巨大”；偷逃应缴税额在二百五十万元以上的，应当认定为“偷逃应缴税额特别巨大”。

走私普通货物、物品，具有下列情形之一，偷逃应缴税额在三十万元以上不满五十万元的，应当认定为刑法第一百五十三条第一款规定的“其他严重情节”；偷逃应缴税额在一百五十万元以上不满二百五十万元的，应当认定为“其他特别严重情节”：

（一）犯罪集团的首要分子；

（二）使用特种车辆从事走私活动的；

（三）为实施走私犯罪，向国家机关工作人员行贿的；

（四）教唆、利用未成年人、孕妇等特殊人群走私的；

（五）聚众阻挠缉私的。

第十七条　刑法第一百五十三条第一款规定的“一年内曾因走私被给予二次行政处罚后又走私”中的“一年内”，以因走私第一次受到行政处罚的生效之日与“又走私”行为实施之日的时间间隔计算确定；“被给予二次行政处罚”的走私行为，包括走私普通货物、物品以及其他货物、物品；“又走私”行为仅指走私普通货物、物品。

第十八条　刑法第一百五十三条规定的“应缴税额”，包括进出口货物、物品应当缴纳的进出口关税和进口环节海关代征税的税额。应缴税额以走私行为实施时的税则、税率、汇率和完税价格计算；多次走私的，以每次走私行为实施时的税则、税率、汇率和完税价格逐票计算；走私行为实施时间不能确定的，以案发时的税则、税率、汇率和完税价格计算。

刑法第一百五十三条第三款规定的“多次走私未经处理”，包括未经行政处理和刑事处理。

第十九条 刑法第一百五十四条规定的“保税货物”，是指经海关批准，未办理纳税手续进境，在境内储存、加工、装配后应予复运出境的货物，包括通过加工贸易、补偿贸易等方式进口的货物，以及在保税仓库、保税工厂、保税区或者免税商店内等储存、加工、寄售的货物。

第二十条 直接向走私人非法收购走私进口的货物、物品，在内海、领海、界河、界湖运输、收购、贩卖国家禁止进出口的物品，或者没有合法证明，在内海、领海、界河、界湖运输、收购、贩卖国家限制进出口的货物、物品，构成犯罪的，应当按照走私货物、物品的种类，分别依照刑法第一百五十一条、第一百五十二条、第一百五十三条、第三百四十七条、第三百五十条的规定定罪处罚。

刑法第一百五十五条第二项规定的“内海”，包括内河的入海口水域。

第二十一条 未经许可进出口国家限制进出口的货物、物品，构成犯罪的，应当依照刑法第一百五十一条、第一百五十二条的规定，以走私国家禁止进出口的货物、物品罪等罪名定罪处罚；偷逃应缴税额，同时又构成走私普通货物、物品罪的，依照处罚较重的规定定罪处罚。

取得许可，但超过许可数量进出口国家限制进出口的货物、物品，构成犯罪的，依照刑法第一百五十三条的规定，以走私普通货物、物品罪定罪处罚。

租用、借用或者使用购买的他人许可证，进出口国家限制进出口的货物、物品的，适用本条第一款的规定定罪处罚。

第二十二条　在走私的货物、物品中藏匿刑法第一百五十一条、第一百五十二条、第三百四十七条、第三百五十条规定的货物、物品，构成犯罪的，以实际走私的货物、物品定罪处罚；构成数罪的，实行数罪并罚。

第二十三条　实施走私犯罪，具有下列情形之一的，应当认定为犯罪既遂：

（一）在海关监管现场被查获的；

（二）以虚假申报方式走私，申报行为实施完毕的；

（三）以保税货物或者特定减税、免税进口的货物、物品为对象走私，在境内销售的，或者申请核销行为实施完毕的。

第二十四条　单位犯刑法第一百五十一条、第一百五十二条规定之罪，依照本解释规定的标准定罪处罚。

单位犯走私普通货物、物品罪，偷逃应缴税额在二十万元以上不满一百万元的，应当依照刑法第一百五十三条第二款的规定，对单位判处罚金，并对其直接负责的主管人员和其他直接责任人员，处三年以下有期徒刑或者拘役；偷逃应缴税额在一百万元以上不满五百万元的，应当认定为“情节严重”；偷逃应缴税额在五百万元以上的，应当认定为“情节特别严重”。

第四章　侵犯公民人身权利、民主权利罪

一、故意杀人罪

【罪名释义】

故意杀人罪，是指故意非法剥夺他人生命的行为。

【海上犯罪】

在海上犯罪中，故意杀人罪有多种表现形式。在犯罪场所方面，既可以表现为行为人在海上交通工具上，如货船、客船、滚装船、渔船等场所实施的故意杀人行为，也可以表现为行为人在海上固定平台、浮动平台、近海养殖场以及可航水上的近边、沿边场所实施的故意杀人行为，还可以表现为行为人在海底管道铺设、海底隧道建设过程中实施的故意杀人行为；在犯罪方法方面，既可以表现为行为人利用普通工具在海上实施的故意杀人行为，也可以表现为行为人利用海上交通工具、海上作业工具或海上专业设施在海上实施的故意杀人行为，还可以表现为行为人利用海上自然水体环境实施的故意杀人行为。

【犯罪构成】

本罪的犯罪构成表现在如下四个方面：

第一，本罪侵犯的客体是他人的生命权利。所谓“他人的生命权利”，是指本身之外的自然人非经法律规定不得被剥夺其生命延续的权利。人的生命权利始于出生，终于死亡。对于生命的起始标准，理论界有不同的认识，我国通说认为，胎儿脱离母体开始独

立呼吸为生命权利的起始时间；对于生命的终结，虽然近年来医学上提出了“脑死亡”的概念，但在司法实践中，通常仍以心脏停止跳动为死亡标志。

第二，本罪的客观方面表现为非法剥夺他人生命的行为。这里的“非法”是指行为人实施的杀人行为具有刑事违法性，区别于执行公务、正当防卫等剥夺他人生命的行为。“剥夺他人生命的行为”既可以是作为也可以是不作为，实践中通常表现为作为，如棒打、刀砍、斧劈、枪击等，如果行为人负有法律上的救助义务或因先行行为而负有救助义务，有能力实施救助行为而拒不实施并导致他人死亡的，则属于不作为的杀人行为。构成故意杀人罪，在客观方面必须具备以下构成要素：首先，行为人实施了杀人行为；其次，行为人实施的杀人行为是违法的；最后，行为人实施的杀人行为与被害人死亡之间存在法律上的因果关系。

第三，本罪的主体为一般主体。凡达到刑事责任年龄、具备刑事责任能力的自然人均可构成本罪，依照刑法第 17 条第 2 款的规定，已满 14 周岁不满 16 周岁的人犯本罪的，应当负刑事责任。

第四，本罪的主观方面表现为故意，即行为人明知自己的行为会导致他人死亡的危害后果，但仍希望或放任这种危害后果出现的主观心理态度，既包括直接故意也包括间接故意，过失不构成本罪。行为人杀人的犯罪动机可能是多种多样的，如情杀、仇杀等，但犯罪动机并不影响本罪成立。

【犯罪认定】

1. 划清本罪与致人自杀的界限

在通常情况下，自杀行为不会导致他人构成犯罪，但在司法实践中存在一些因他人行为而引起自杀的特殊情况。这些特殊情况可以分为以下三类进行处理：其一，行为人的合法行为引起他人自杀，如因正常的履职行为对他人进行了批评、教育或处分而引起他人自杀，在此种情况下，即使是因为行为人态度生硬、粗暴或处罚过重而导致他人自杀，也不应作为犯罪处理；其二，行为人的犯罪行为引起他人自杀，如行为人实施了暴力干涉婚姻自由、强奸、盗窃等犯罪行为而导致他人自杀，在此种情况下，因行为人主观方面并无杀人的故意，所以不构成故意杀人罪，导致他人自杀的情况通常作为从重情节对行为人加重处罚；其三，行为人主观方面具有杀害他人的故意，只是在手段上采用了不能致死的暴力、胁迫、诱骗或凭借权势施压促使他人自杀的，则应构成故意杀人罪。

2. 划清本罪与教唆自杀的界限

教唆自杀是指通过教唆行为使本无自杀意图的人产生自杀决议并实施自杀。如果行为人实施的自杀教唆行为是为了使他人摆脱因疾病导致的极端精神或肉体痛苦，虽仍构成故意杀人罪，但应按情节较轻的故意杀人罪从经、减轻或免除处罚；但在特定情况下，如果行为人是利用邪教组织散布异端邪说，教唆他人自杀的，则应完全按照故意杀人罪定罪处刑。

3. 划清本罪与帮助自杀的界限

帮助他人自杀是指他人已有自杀意图，行为人在物质方面或精神方面对自杀人予以帮助或支持，使自杀得以实现的行为。行为人帮助他人自杀的情形可以区分为如下三种情况给予不同处理：其一，如果行为人主观目的是为了给他人减轻极端的精神或肉体痛苦而给予自杀人精神上的支持，使自杀人坚定自杀的信念而导致自杀的，一般不应以故意杀人罪论处；其二，如果行为人为了减轻他人极端的精神或肉体痛苦而给予他人的自杀行为物质上支持的，如实施了取送毒药、递送刀具、接通电源、结牢绳索等行为，则应构成故意杀人罪，但可以从轻或减轻处罚；其三，如果行为人为了减轻他人极端的精神或肉体痛苦应他人要求而直接将他人杀死的，应构成故意杀人罪，但结合具体情况可以考虑给予从轻处罚。

4. 划清本罪与相约自杀的界限

相约自杀是指行为人（2 人以上）互相约定，共同实施自杀行为。对于相约自杀应区分不同情况分别处理：其一，相约自杀各方约定，先由一人将他人杀死后再自杀，但杀人者自杀没有成功或并未自杀的，则杀人者应构成故意杀人罪，刑罚处理上可以从轻考虑；其二，相约自杀各方约定共同自杀，在自杀过程中，任何一方没有加功于他人的自杀行为，也未给任何自杀行为提供物质上的便利或帮助，则自杀未成功者不应构成故意杀人罪；其三，行为人教唆或诱使他人共同自杀，他人自杀死亡，而行为人自杀未能成功的，其性质上属于教唆自杀，对行为人可按前文的教唆自杀处理；其四，相约自杀各方约定共同自杀，自杀过程中，行为人给他人提供了物质上的便利或帮助，自己自杀没有成功的，属于帮助自杀，可按前文的帮助自杀处理；其五，行为人有杀害他人故意，诱骗他人相约共同自杀，而自己并无自杀意图和自杀行为的，应完全按照故意杀人罪定罪处罚。

5. 划清本罪与“大义灭亲”的界限

这里的“大义灭亲”是指出于正义或不堪忍受亲属的违法犯罪行为，而将自己亲属杀死的行为。为了维护法律的权威性和统一性，我国刑法不准任何人非法剥夺他人的生命权利，国家司法权统一由国家专门机关行使，对于亲属的违法犯罪行为，应该及时向公安、司法机关或其他单位检举、揭发，而不能私自剥夺他人的生命。由此可见，“大义灭亲”行为构成故意杀人罪，但应根据案件具体情况从轻、减轻或免除处罚。

【立案标准】

行为人涉嫌故意非法剥夺他人生命的，应予以立案。

【法条链接】

《刑法》第十七条第一、二、三款　已满十六周岁的人犯罪，应当负刑事责任。

已满十四周岁不满十六周岁的人，犯故意杀人、故意伤害致人重伤或者死亡、强奸、抢劫、贩卖毒品、放火、爆炸、投毒罪的，应当负刑事责任。

已满十四周岁不满十八周岁的人犯罪，应当从轻或者减轻处罚。

第二百三十二条　故意杀人的，处死刑、无期徒刑或者十年以上有期徒刑；情节较轻的，处三年以上十年以下有期徒刑。

二、过失致人死亡罪

【罪名释义】

过失致人死亡罪，是指由于过失而致人死亡的行为。

【海上犯罪】

在海上犯罪中，过失致人死亡罪有多种表现形式。在犯罪场所方面，既可以表现为行为人在海上交通工具上，如货船、客船、滚装船、渔船等场所因过失导致他人死亡，也可以表现为行为人在海上固定平台、浮动平台上因过失导致他人死亡，还可以表现为行为人在海底管道铺设、海底隧道建设过程中因过失导致他人死亡；在犯罪方法方面，既可以表现为行为人在海上因使用普通工具、器械导致他人死亡的行为，也可以表现为行为人在海上因使用大型海上交通工具、海上作业工具或海上专业设施而导致他人死亡的行为。

【犯罪构成】

本罪的犯罪构成表现在如下四个方面：

第一，本罪侵犯的客体是他人的生命权利，即行为人本身之外的自然人非经法律规定不得被剥夺其生命延续的权利。

第二，本罪的客观方面表现为因过失而导致他人死亡的行为。过失致人死亡罪的客观方面主要包括如下三个构成要素：一是行为人实施了过失行为；二是出现了他人死亡的严重后果；三是行为人实施的过失行为与他人的死亡结果之间存在着法律上的因果关系。

第三，本罪的主体为一般主体，即年满 16 周岁且具有刑事责任能力的自然人。

第四，本罪的主观方面只能由过失构成，包括疏忽大意的过失和过于自信的过失。疏忽大意的过失是指行为人应当预见自己实施的行为可能导致他人死亡的危害后果，但由于疏忽大意而没有预见的主观心理态度；过于自信的过失是指行为人虽然已经预见到自己实施的行为可能导致他人死亡的危害后果，但轻信能够避免以致发生死亡后果的主观心理态度。

【犯罪认定】

1. 划清因疏忽大意过失致人死亡与致人死亡的意外事件的界限

疏忽大意过失致人死亡与致人死亡的意外事件都是因为行为人的行为而导致他人死亡结果的发生，行为人也都没有预见到行为可能导致他人死亡的危害后果，区分两者的关键在于查明行为人在当时情况下是否应当预见和可能预见。如果行为人在客观上虽然造成了他人死亡的结果，但不是出于行为人疏忽大意的过失，而是由于不能预见或不能抗拒的原因引起的，则属于刑法上的意外事件，行为人不负刑事责任，不应对行为人按过失致人死亡罪处理。

2. 划清因过于自信过失致人死亡与间接故意杀人罪的界限

过于自信过失致人死亡与间接故意杀人罪的行为人都预见到了自己的行为可能导致他人死亡的结果，并且主观上也都不是“希望”他人死亡的结果发生。两者的主要区别在于行为人的主观意志心理不同，过于自信过失致人死亡的行为人不仅是不希望出现他人死亡的结果，并且认为凭借自身能力和当时条件也不可能出现他人死亡的结果；间接故意杀人罪的行为人虽然不是“希望”他人死亡的结果发生，但对他人的死亡结果持放任、漠视、听之任之的心理态度。

【立案标准】

行为人涉嫌因过失行为导致他人死亡的，应予以立案。

【法条链接】

《刑法》第二百三十三条　过失致人死亡的，处三年以上七年以下有期徒刑；情节较轻的，处三年以下有期徒刑。本法另有规定的，依照规定。

2000年发布的最高人民法院《关于审理交通肇事刑事案件具体应用法律若干问题的解释》

第八条第二款　在公共交通管理的范围外，驾驶机动车辆或者使用其他交通工具致人伤亡或者致使公共财产或者他人财产遭受重大损失，构成犯罪的，分别依照刑法第一百三十四条、第一百三十五条、第二百三十三条等规定定罪处罚。

三、故意伤害罪

【罪名释义】

故意伤害罪，是指故意非法损害他人身体健康的行为。

【海上犯罪】

在海上犯罪中，故意伤害罪有多种表现形式。在犯罪场所方面，既可以表现为行为人在海上交通工具上，如货船、客船、滚装船、渔船等场所实施的故意非法伤害他人的行为，也可以表现为行为人在海上固定平台、浮动平台上实施的故意非法伤害他人的行为，还可以表现为行为人在海底管道铺设、海底隧道建设过程中实施的故意非法伤害他人的行为；在犯罪方法方面，既可以表现为行为人利用普通工具在海上实施的非法伤害他人的行为，也可以表现为行为人利用海上交通工具、海上作业工具或海上专业设施在海上实施的非法伤害他人的行为，还可以表现为行为人利用海上自然水体环境实施的故意非法伤害他人的行为。

【犯罪构成】

本罪的犯罪构成表现在如下四个方面：

第一，本罪侵犯的客体是他人的身体健康权利。所谓“他人的身体健康权利”，是指本身之外的自然人保持其器官、肢体或组织完整性和正常机能的权利。

第二，本罪的客观方面表现为故意非法损害他人身体健康的行为。这里的“非法”是指行为人没有法定理由而故意伤害他人身体的情形，在实践中，医生出于治疗目的为病人实施手术等医疗行为是合法的，不能构成故意伤害罪。构成故意伤害的手段是多种多样的，如殴打、刀砍、枪击等。而故意伤害的结果既可能是轻伤、重伤，也可能是导致他人死亡。本罪的客观方面主要包括如下三个构成要素：一是行为人实施了故意伤害他人的行为；二是伤害行为导致了他人轻伤、重伤或死亡的严重后果；三是行为人实施的伤害行为与他人的轻伤、重伤或死亡结果之间存在着法律上的因果关系。本罪的伤害结果包括轻伤、重伤或死亡，“死亡”是指自然人的生命终结，对于“死亡”的判定，虽然近年来医学上提出了“脑死亡”的概念，但在司法实践中，通常仍以心脏停止跳动为死亡标志；“重伤”是指使人肢体残废或者毁人容貌，使人丧失听觉、视觉或其他器官功能以及其他对身体健康有重大损害的损伤，分为重伤一级和重伤二级；“轻伤”是指使人肢体或容貌发生损害，使人听觉、视觉、其他器官功能降低或发生障碍以及其他对身体健康有中度损害的损伤，分为轻伤一级和轻伤二级。在司法实践中，对于究竟何种程度为“重伤”，何种程度为“轻伤”，应根据2013年8月最高人民法院、最高人民检察院、公安部、国家安全部、司法部联合发布的《人体损伤程度鉴定标准》综合判定。

第三，本罪的主体为一般主体。凡年满16周岁具备刑事责任能力的自然人均可成为本罪主体。依照刑法第17条第2款的规定，已满14周岁不满16周岁的人，故意伤害致人重伤或者死亡的，应当负刑事责任。

第四，本罪的主观方面由故意构成，包括直接故意和间接故意。行为人伤害他人的犯罪动机可能是多种多样的，但何种犯罪动机并不影响本罪的成立。

【犯罪认定】

1. 划清罪与非罪的界限

首先，构成故意伤害罪要求行为人主观上必须是出于故意，即行为人明知自己的行为会给他人造成身体伤害仍然希望或放任伤害结果出现的主观心理态度，如果行为人没有伤害他人的主观故意，伤害结果是由过失行为或不能预见、不能抗拒的原因导致的，则行为人不能构成故意伤害罪。其次，构成故意伤害罪要求出现他人轻伤、重伤或死亡的危害后果，如果行为人实施的伤害行为只是给他人造成了轻微伤，则不能构成故意伤害罪，可根据案件具体情况给予行为人治安处罚。所谓“轻微伤”，是指不足以造成身体健康的明显伤害，只是造成组织器官结构轻微损害或者轻微功能障碍的损伤。

2. 划清故意伤害致人死亡与故意杀人罪的界限

故意伤害致人死亡与故意杀人罪在客观上都造成了他人死亡的严重结果，主观方面也都是出于故意。两罪的主要区别在于：第一，行为人的主观故意内容不同。故意伤害致人死亡的行为人主观上只有伤害的故意，虽然行为人对超出伤害故意的死亡结果承担责任，但他人死亡的结果只是行为人的过失所致；故意杀人罪的行为人主观上则具有非法剥夺他人生命的故意。第二，两罪的客观方面表现不尽相同。故意伤害致人死亡在客观方面通常表现为不能直接导致他人死亡的伤害行为；故意杀人罪在客观方面则通常表现为能够直接导致他人死亡的杀人行为。在实践中，应根据行为人实施行为的方式、伤害部位等客观情况综合判定行为人实施的是伤害行为还是杀人行为。

【立案标准】

行为人涉嫌故意伤害他人，出现以下情形的，应予以立案：

1. 故意伤害他人造成轻伤一级或轻伤二级的；
2. 故意伤害他人造成重伤一级或重伤二级的；
3. 故意伤害他人造成他人死亡的。

【法条链接】

《刑法》第十七条第一、二、三款　已满十六周岁的人犯罪，应当负刑事责任。

已满十四周岁不满十六周岁的人，犯故意杀人、故意伤害致人重伤或者死亡、强奸、抢劫、贩卖毒品、放火、爆炸、投毒罪的，应当负刑事责任。

已满十四周岁不满十八周岁的人犯罪，应当从轻或者减轻处罚。

第二百三十四条　故意伤害他人身体的，处三年以下有期徒刑、拘役或者管制。

犯前款罪，致人重伤的，处三年以上十年以下有期徒刑；致人死亡或者以特别残忍手段致人重伤造成严重残疾的，处十年以上有期徒刑、无期徒刑或者死刑。本法另有规定的，依照规定。

2013 年 8 月最高人民法院、最高人民检察院、公安部、国家安全部、司法部联合发布的《人体损伤程度鉴定标准》

3　术语和定义

3.1　重伤

使人肢体残废、毁人容貌、丧失听觉、丧失视觉、丧失其他器官功能或者其他对于人身健康有重大伤害的损伤，包括重伤一级和重伤二级。

3.2　轻伤

使人肢体或者容貌损害，听觉、视觉或者其他器官功能部分障碍或者其他对于人身健康有中度伤害的损伤，包括轻伤一级和轻伤二级。

3.3　轻微伤

各种致伤因素所致的原发性损伤，造成组织器官结构轻微损害或者轻微功能障碍。

4　总则

4.1　鉴定原则

4.1.1　遵循实事求是的原则，坚持以致伤因素对人体直接造成的原发性损伤及由损伤引起的并发症或者后遗症为依据，全面分析，综合鉴定。

4.1.2 对于以原发性损伤及其并发症作为鉴定依据的，鉴定时应以损伤当时伤情为主，损伤的后果为辅，综合鉴定。

4.1.3 对于以容貌损害或者组织器官功能障碍作为鉴定依据的，鉴定时应以损伤的后果为主，损伤当时伤情为辅，综合鉴定。

4.2 鉴定时机

4.2.1 以原发性损伤为主要鉴定依据的，伤后即可进行鉴定；以损伤所致的并发症为主要鉴定依据的，在伤情稳定后进行鉴定。

4.2.2 以容貌损害或者组织器官功能障碍为主要鉴定依据的，在损伤 90 日后进行鉴定；在特殊情况下可以根据原发性损伤及其并发症出具鉴定意见，但须对有可能出现的后遗症加以说明，必要时应进行复检并予以补充鉴定。

4.2.3 疑难、复杂的损伤，在临床治疗终结或者伤情稳定后进行鉴定。

4.3 伤病关系处理原则

4.3.1 损伤为主要作用的，既往伤/病为次要或者轻微作用的，应依据本标准相应条款进行鉴定。

4.3.2 损伤与既往伤/病共同作用的，即二者作用相当的，应依据本标准相应条款适度降低损伤程度等级，即等级为重伤一级和重伤二级的，可视具体情况鉴定为轻伤一级或者轻伤二级，等级为轻伤一级和轻伤二级的，均鉴定为轻微伤。

4.3.3 既往伤/病为主要作用的，即损伤为次要或者轻微作用的，不宜进行损伤程度鉴定，只说明因果关系。

第五章　侵犯财产罪

一、抢劫罪

【罪名释义】

抢劫罪，是指以非法占有为目的，当场使用暴力、胁迫或者其他方法，强行劫取公私财物的行为。

【海上犯罪】

在海上犯罪中，抢劫罪有多种表现形式。在犯罪场所方面，既可以表现为行为人在海上交通工具上，如货船、客船、滚装船、大型渔船等场所实施的强行劫取公私财物的行为，也可以表现为行为人在近海养殖场或海上其他近边、沿边场所实施的强行劫取公私财物的行为，还可以表现为行为人在海上固定平台、浮动平台实施的强行劫取公私财物的行为；在犯罪方法方面，既可以表现为行为人利用普通工具单独在上述场所实施的强行劫取公私财物的行为，也可以表现为行为人纠集多人利用海上交通工具、专门海上作业工具、捕捞工具在海上实施的强行劫取公私财物的行为；在犯罪对象方面，既可以是海上交通工具中或海上平台上人员的随身携带财物，也可以是海上交通工具、海上作业工具或海上设施本身，还可以是海上养殖场或可航水上近边、沿边养殖场的养殖生物、养殖设施等。

【犯罪构成】

本罪的犯罪构成表现在如下四个方面：

第一，本罪侵犯的客体是复杂客体，不仅侵犯了公私财产的所有权，同时也侵犯了他人的人身权利。本罪的犯罪对象是公私财物，这里的“公私财物”既包括合法财物，也包括非法财物和违禁品，行为人强行劫取假币、毒品、淫秽物品等违禁品的行为构成抢劫罪，行为人强行劫取赌资或犯罪所得赃物的行为也构成抢劫罪。

第二，本罪的客观方面表现为行为人当场使用暴力、胁迫或者其他方法，强行劫取公私财物的行为。行为人的暴力、胁迫或其他强制行为指向的对象并非单指公私财物的所有者，还包括合法占有公私财物的保管者或守护者。所谓“暴力”，是指行为人为达到非法占有公私财物的目的，对他人实施的诸如殴打、捆绑、伤害等攻击性行为，暴力的程度应以足以达到压制相对人反抗为标准。对于在抢劫过程中使用暴力致人死亡的情形，应根据 2001 年 5 月最高人民法院发布的《关于抢劫过程中故意杀人案件如何定罪问题的批复》处理，即如果行为人为劫取财物而预谋故意杀人或在劫取财物过程中为压制相对人反抗而故意杀人的，应以抢劫罪定罪处罚；如果行为人在劫取财物后，为灭口而故意杀人的，则应以抢劫罪和故意杀人罪实行数罪并罚。所谓“胁迫”，是指行为人以立即实施暴力相威胁，对相对人实行精神强制，使相对人产生恐惧而不敢反抗，被迫当场交出财物或者任其当场劫取财物的行为。胁迫的行为既包括语言、文字威胁也包括以身体行动相威胁，胁迫的目的必须是当场劫取财物，如果行为人胁迫相对人是为了日后取得财物，则应按敲诈勒索罪处理。所谓“其他方法”，是指行为人为劫取财物而当场使用的除暴力、胁迫行为之外的使相对人不知反抗或不能反抗的方法，如行为人对相对人使用的药物麻醉、用酒灌醉的方法等。这里应注意的是，行为人取得财物时，相对人不知反抗或不能反抗的状态必须是行为人有目的造成的，如果相对人自己喝醉或因病昏迷而陷于不知反抗的境地，行为人临时起意拿走相对人财物的，则不能构成抢劫罪，对行为人应按盗窃罪定罪处罚。

第三，本罪的主体为一般主体。根据刑法第 17 条第 2 款的规定，凡年满 14 周岁并且具备刑事责任能力的自然人均可构成本罪。

第四，本罪的主观方面由故意构成，并且是直接故意。行为人主观上应具有非法占有公私财物的目的。

【犯罪认定】

1. 划清罪与非罪的界限

抢劫罪是行为犯，只要行为人以非法占有为目的，实施了使用暴力、胁迫或其他方法强行劫取公私财物的行为，就构成抢劫罪。但在司法实践中，仍应注意是否存在刑法第 13 条但书规定的“情节显著轻微危害不大的，不认为是犯罪”的情形。根据 2006 年 1 月施行的最高人民法院《关于审理未成年人刑事案件具体应用法律若干问题的解释》第 7 条规定，已满 14 周岁不满 16 周岁的人使用轻微暴力或者威胁，强行索要其他未成年人随身携带的生活、学习用品或者钱财数量不大，且未造成被害人轻微伤以上或者不敢正常到校学习、生活等危害后果的，不认为是犯罪。已满 16 周岁不满 18 周岁的人具有上述规定情形的，一般也不认为是犯罪。根据 2005 年 6 月发布的最高人民法院《关于审理抢劫、抢夺刑事案件适用法律若干问题的意见》，行为人实施盗窃、诈骗、抢夺行为，未达到“数额较大”，为窝藏赃物、抗拒抓捕或者毁灭罪证当场使用暴力或者以暴力相威胁，情节较轻、危害不大的，一般不以犯罪论处。根据 2016 年 1 月实施的最高人民法院《关于审理抢劫刑事案件适用法律若干问题的指导意见》，犯盗窃、诈骗、抢夺罪，为窝藏赃物、抗拒抓捕或者毁灭罪证而当场使用暴力或者以暴力相威胁的，依照抢劫罪定罪处罚，但是所涉财物数额明显低于“数额较大”的标准，又不具有最高人民法院《关于审理抢劫、抢夺刑事案件适用法律若干问题的意见》所列五种情节之一的，不构成抢劫罪。

2. 划清本罪与绑架罪的界限

绑架罪是指为勒索财物而绑架他人或者绑架他人作为人质以达到其他目的的行为。抢劫罪与绑架罪的主观方面都是出于直接故意，犯罪行为侵犯的客体也都包括他人的人身权利和财产权利，两罪的主要区别在于：第一，两罪的主体不尽相同。虽然抢劫罪与绑架罪的主体都是一般主体，即年满 16 周岁且具备刑事责任能力的自然人都可以构成两罪，但抢劫罪的主体还包括已满 14 周岁不满 16 周岁，具备刑事责任能力的人。第二，两罪的主观方面不尽相同。虽然抢劫罪与绑架罪的主观方面都是出于直接故意，但在抢劫罪中，行为人是出于非法占有他人财物的目的而实施抢劫行为；而在绑架罪中，行为人实施绑架行为既可以出于勒索他人财物的目的，也可以出于其他目的，如出于政治目的、报复目的、惩罚目的等实施的绑架行为。第三，两罪的行为方式不尽相同。抢劫罪的行为人劫取财物与压制相对人反抗通常在同一时间、同一地点发生，具有“当场性”；绑架罪行为人取得财物则通常在将相对人绑架、控制之后，以人质为要挟向被绑架人的亲属、单位索取赎金或提出其他非法要求，取得财物一般不具有“当场性”。

3. 抢劫罪与故意伤害罪的界限

故意伤害罪是指故意非法损害他人身体健康的行为。抢劫罪与故意伤害罪的主观方面都是出于故意，两罪的主要区别在于：第一，两罪的主体不尽相同。抢劫罪的主体是年满 14 周岁且具备刑事责任能力的自然人；故意伤害罪的主体虽然也可以是年满 14 周岁且具备刑事责任能力的自然人，但只适用于因伤害行为致人重伤或死亡的情形。第二，两罪的主观方面不尽相同。虽然抢劫罪与故意伤害罪的主观方面都是出于故意，但抢劫罪要求行为人在主观方面必须是出于非法占有他人财物的目的，而故意伤害罪对行为人的主观目的则不做要求。第三，两罪侵犯的客体不同。抢劫罪侵犯的客体是复杂客体，既侵犯了公私财产所有权，同时也侵犯了他人的人身权利；故意伤害罪侵犯的客体是简单客体，即只包括他人的身体健康权利。第四，两罪的客观方面表现不同。抢劫罪的客观方面表现为行为人当场使用暴力、胁迫或者其他方法，强行劫取公私财物的行为；故意伤害罪的客观方面则仅表现为故意非法损害他人身体健康的行为。在实践中，行为人为索取债务而对相对人使用暴力、威胁等手段的，通常不应构成抢劫罪，可以按故意伤害罪定罪处罚。

4. 对于“在公共交通工具上抢劫”和“多次抢劫”的认定

我国《刑法》规定，在公共交通工具上抢劫的，处10年以上有期徒刑、无期徒刑或者死刑，并处罚金或者没收财产。2005年6月发布的最高人民法院《关于审理抢劫、抢夺刑事案件适用法律若干问题的意见》规定，公共交通工具承载的旅客具有不特定多数人的特点。“在公共交通工具上抢劫”主要是指在从事旅客运输的各种公共汽车、大中型出租车、火车、船只、飞机等正在运营中的机动公共交通工具上对旅客、司售、乘务人员实施的抢劫。在未运营中的大中型公共交通工具上针对司售、乘务人员抢劫的，或者在小型出租车上抢劫的，不属于“在公共交通工具上抢劫”。2016年1月发布的最高人民法院《关于审理抢劫刑事案件适用法律若干问题的指导意见》规定，“公共交通工具”，包括从事旅客运输的各种公共汽车，大、中型出租车，火车，地铁，轻轨，轮船，飞机等，不含小型出租车。对于虽不具有商业营运执照，但实际从事旅客运输的大、中型交通工具，可认定为“公共交通工具”。接送职工的单位班车、接送师生的校车等大、中型交通工具，视为“公共交通工具”。“在公共交通工具上抢劫”，既包括在处于运营状态的公共交通工具上对旅客及司售、乘务人员实施抢劫，也包括拦截运营途中的公共交通工具对旅客及司售、乘务人员实施抢劫，但不包括在未运营的公共交通工具上针对司售、乘务人员实施抢劫。以暴力、胁迫或者麻醉等手段对公共交通工具上的特定人员实施抢劫的，一般应认定为“在公共交通工具上抢劫”。

我国《刑法》规定，多次抢劫或者抢劫数额巨大的，处10年以上有期徒刑、无期徒刑或者死刑，并处罚金或者没收财产。2005年6月发布的最高人民法院《关于审理抢劫、抢夺刑事案件适用法律若干问题的意见》规定，“多次抢劫”是指抢劫3次以上。对于“多次”的认定，应以行为人实施的每一次抢劫行为均已构成犯罪为前提，综合考虑犯罪故意的产生、犯罪行为实施的时间、地点等因素，客观分析、认定。对于行为人基于一个犯意连续实施犯罪的，如在同一地点同时对在场的多人实施抢劫的；或基于同一犯意在同一地点实施连续抢劫犯罪的，如在同一地点连续对途经此地的多人进行抢劫的，或在一次犯罪中对一栋居民楼房中的几户居民连续实施入户抢劫的，一般应认定为一次犯罪。

5. 对于“转化型抢劫”和“携带凶器抢夺”的认定

我国《刑法》规定，犯盗窃、诈骗、抢夺罪，为窝藏赃物、抗拒抓捕或者毁灭罪证而当场使用暴力或者以暴力相威胁的，以抢劫罪论处。2005 年 6 月发布的最高人民法院《关于审理抢劫、抢夺刑事案件适用法律若干问题的意见》规定，行为人实施盗窃、诈骗、抢夺行为，未达到“数额较大”，为窝藏赃物、抗拒抓捕或者毁灭罪证当场使用暴力或者以暴力相威胁，情节较轻、危害不大的，一般不以犯罪论处；但具有下列情节之一的，可依照刑法第 269 条的规定，以抢劫罪定罪处罚：（1）盗窃、诈骗、抢夺接近“数额较大”标准的；（2）入户或在公共交通工具上盗窃、诈骗、抢夺后在户外或交通工具外实施上述行为的；（3）使用暴力致人轻微伤以上后果的；（4）使用凶器或以凶器相威胁的；（5）具有其他严重情节的。2016 年 1 月发布的最高人民法院《关于审理抢劫刑事案件适用法律若干问题的指导意见》规定，“犯盗窃、诈骗、抢夺罪”，主要是指行为人已经着手实施盗窃、诈骗、抢夺行为，一般不考察盗窃、诈骗、抢夺行为是否既遂。但是所涉财物数额明显低于“数额较大”的标准，又不具有《关于审理抢劫、抢夺刑事案件适用法律若干问题的意见》第 5 条所列五种情节之一的，不构成抢劫罪。“当场”是指在盗窃、诈骗、抢夺的现场以及行为人刚离开现场即被他人发现并抓捕的情形。对于以摆脱的方式逃脱抓捕，暴力强度较小，未造成轻伤以上后果的，可不认定为“使用暴力”，不以抢劫罪论处。

我国《刑法》规定，携带凶器抢夺的，以抢劫罪论处。2005年6月发布的最高人民法院《关于审理抢劫、抢夺刑事案件适用法律若干问题的意见》规定，“携带凶器抢夺”，是指行为人随身携带枪支、爆炸物、管制刀具等国家禁止个人携带的器械进行抢夺或者为了实施犯罪而携带其他器械进行抢夺的行为。行为人随身携带国家禁止个人携带的器械以外的其他器械抢夺，但有证据证明该器械确实不是为了实施犯罪准备的，不以抢劫罪定罪；行为人将随身携带凶器有意加以显示、能为被害人察觉到的，直接适用刑法第263条（抢劫罪）的规定定罪处罚；行为人携带凶器抢夺后，在逃跑过程中为窝藏赃物、抗拒抓捕或者毁灭罪证而当场使用暴力或者以暴力相威胁的，适用刑法第267条第2款（携带凶器抢夺）的规定定罪处罚。

6. 对于抢劫罪既遂、未遂及罪数的认定

抢劫罪侵犯的是复杂客体，既侵犯财产权利又侵犯人身权利，如果行为人的抢劫行为具备劫取财物或者造成他人轻伤以上后果之一的，即可构成抢劫罪既遂；如果行为人的抢劫行为既未劫取财物也未造成他人人身伤害后果的，则属于抢劫未遂。刑法第263条规定的八种加重处罚情节中除“抢劫致人重伤、死亡”外，其余七种处罚情节同样存在既遂和未遂的问题，如果行为人实施了加重处罚情节的行为但又构成抢劫未遂的，应当根据刑法关于加重情节的法定刑规定，结合未遂犯的处理原则综合考量后，予以量刑。

2005年6月发布的最高人民法院《关于审理抢劫、抢夺刑事案件适用法律若干问题的意见》规定，行为人实施伤害、强奸等犯罪行为，在被害人未失去知觉，利用被害人不能反抗、不敢反抗的处境，临时起意劫取他人财物的，应以此前所实施的具体犯罪与抢劫罪实行数罪并罚；在被害人失去知觉或者没有发觉的情形下，以及实施故意杀人犯罪行为之后，临时起意拿走他人财物的，应以此前所实施的具体犯罪与盗窃罪实行数罪并罚。

【立案标准】

行为人涉嫌抢劫，出现下列情形之一的，应予以立案：

1. 以殴打、捆绑、伤害等暴力方法，强行劫取公私财物的；

2. 以立即实施暴力相威胁，使被害人不敢反抗而当场劫取财物的；

3. 行为人采用暴力、胁迫之外的方法，如饮酒灌醉、药物麻醉等方式，使受害人处于不知反抗或不能反抗的境地，而当场劫取财物的；

4. 行为人实施了盗窃、诈骗、抢夺的犯罪行为，为窝藏赃物、抗拒抓捕、毁灭罪证而当场使用暴力或者以暴力相威胁的；

5. 行为人携带凶器抢夺的；

【法条链接】

《刑法》第十七条第一、二、三款　已满十六周岁的人犯罪，应当负刑事责任。

已满十四周岁不满十六周岁的人，犯故意杀人、故意伤害致人重伤或者死亡、强奸、抢劫、贩卖毒品、放火、爆炸、投毒罪的，应当负刑事责任。

已满十四周岁不满十八周岁的人犯罪，应当从轻或者减轻处罚。

第二百六十三条　以暴力、胁迫或者其他方法抢劫公私财物的，处三年以上十年以下有期徒刑，并处罚金；有下列情形之一的，处十年以上有期徒刑、无期徒刑或者死刑，并处罚金或者没收财产：

（一）入户抢劫的；

（二）在公共交通工具上抢劫的；

（三）抢劫银行或者其他金融机构的；

（四）多次抢劫或者抢劫数额巨大的；

（五）抢劫致人重伤、死亡的；

（六）冒充军警人员抢劫的；

（七）持枪抢劫的；

（八）抢劫军用物资或者抢险、救灾、救济物资的。

2016年1月实施的最高人民法院《关于审理抢劫刑事案件适用法律若干问题的指导意见》

二、关于抢劫犯罪部分加重处罚情节的认定

1. 认定“入户抢劫”，要注重审查行为人“入户”的目的，将“入户抢劫”与“在户内抢劫”区别开来。以侵害户内人员的人身、财产为目的，入户后实施抢劫，包括入户实施盗窃、诈骗等犯罪而转化为抢劫的，应当认定为“入户抢劫”。因访友办事等原因经户内人员允许入户后，临时起意实施抢劫，或者临时起意实施盗窃、诈骗等犯罪而转化为抢劫的，不应认定为“入户抢劫”。

对于部分时间从事经营、部分时间用于生活起居的场所，行为人在非营业时间强行入内抢劫或者以购物等为名骗开房门入内抢劫的，应认定为“入户抢劫”。对于部分用于经营、部分用于生活且之间有明确隔离的场所，行为人进入生活场所实施抢劫的，应认定为“入户抢劫”；如场所之间没有明确隔离，行为人在营业时间入内实施抢劫的，不认定为“入户抢劫”，但在非营业时间入内实施抢劫的，应认定为“入户抢劫”。

2. “公共交通工具”，包括从事旅客运输的各种公共汽车，大、中型出租车，火车，地铁，轻轨，轮船，飞机等，不含小型出租车。对于虽不具有商业营运执照，但实际从事旅客运输的大、中型交通工具，可认定为“公共交通工具”。接送职工的单位班车、接送师生的校车等大、中型交通工具，视为“公共交通工具”。

“在公共交通工具上抢劫”，既包括在处于运营状态的公共交通工具上对旅客及司售、乘务人员实施抢劫，也包括拦截运营途中的公共交通工具对旅客及司售、乘务人员实施抢劫，但不包括在未运营的公共交通工具上针对司售、乘务人员实施抢劫。以暴力、胁迫或者麻醉等手段对公共交通工具上的特定人员实施抢劫的，一般应认定为“在公共交通工具上抢劫”。

3. 认定“抢劫数额巨大”，参照各地认定盗窃罪数额巨大的标准执行。抢劫数额以实际抢劫到的财物数额为依据。对以数额巨大的财物为明确目标，由于意志以外的原因，未能抢到财物或实际抢得的财物数额不大的，应同时认定“抢劫数额巨大”和犯罪未遂的情节，根据刑法有关规定，结合未遂犯的处理原则量刑。

根据《两抢意见》第六条第一款规定，抢劫信用卡后使用、消费的，以行为人实际使用、消费的数额为抢劫数额。由于行为人意志以外的原因无法实际使用、消费的部分，虽不计入抢劫数额，但应作为量刑情节考虑。通过银行转账或者电子支付、手机银行等支付平台获取抢劫财物的，以行为人实际获取的财物为抢劫数额。

4. 认定“冒充军警人员抢劫”，要注重对行为人是否穿着军警制服、携带枪支、是否出示军警证件等情节进行综合审查，判断是否足以使他人误以为是军警人员。对于行为人仅穿着类似军警的服装或仅以言语宣称系军警人员但未携带枪支、也未出示军警证件而实施抢劫的，要结合抢劫地点、时间、暴力或威胁的具体情形，依照常人判断标准，确定是否认定为“冒充军警人员抢劫”。

军警人员利用自身的真实身份实施抢劫的，不认定为“冒充军警人员抢劫”，应依法从重处罚。

三、关于转化型抢劫犯罪的认定

根据刑法第二百六十九条的规定，“犯盗窃、诈骗、抢夺罪，为窝藏赃物、抗拒抓捕或者毁灭罪证而当场使用暴力或者以暴力相威胁的”，依照抢劫罪定罪处罚。“犯盗窃、诈骗、抢夺罪”，主要是指行为人已经着手实施盗窃、诈骗、抢夺行为，一般不考察盗窃、诈骗、抢夺行为是否既遂。但是所涉财物数额明显低于“数额较大”的标准，又不具有《两抢意见》第五条所列五种情节之一的，不构成抢劫罪。“当场”是指在盗窃、诈骗、抢夺的现场以及行为人刚离开现场即被他人发现并抓捕的情形。

对于以摆脱的方式逃脱抓捕，暴力强度较小，未造成轻伤以上后果的，可不认定为“使用暴力”，不以抢劫罪论处。

入户或者在公共交通工具上盗窃、诈骗、抢夺后，为了窝藏赃物、抗拒抓捕或者毁灭罪证，在户内或者公共交通工具上当场使用暴力或者以暴力相威胁的，构成“入户抢劫”或者“在公共交通工具上抢劫”。

两人以上共同实施盗窃、诈骗、抢夺犯罪，其中部分行为人为窝藏赃物、抗拒抓捕或者毁灭罪证而当场使用暴力或者以暴力相威胁的，对于其余行为人是否以抢劫罪共犯论处，主要看其对实施暴力或者以暴力相威胁的行为人是否形成共同犯意、提供帮助。基于一定意思联络，对实施暴力或者以暴力相威胁的行为人提供帮助或实际成为帮凶的，可以抢劫共犯论处。

二、盗窃罪

【罪名释义】

盗窃罪，是指以非法占有为目的秘密窃取公私财物，数额较大或者多次窃取、入户窃取、携带凶器窃取以及扒窃公私财物的行为。

【海上犯罪】

在海上犯罪中，盗窃罪有多种表现形式。在犯罪场所方面，既可以表现为行为人在海上交通工具上，如货船、客船、滚装船、科考船、渔船等场所实施的盗窃公私财物的行为，也可以表现为行为人在近海养殖场或其他可航水上近边、沿边场所实施的盗窃公私财物的行为，还可以表现为行为人在海上固定平台、浮动平台实施的盗窃公私财物的行为；在犯罪方法方面，既可以表现为行为人徒手或利用普通工具在上述场所实施的盗窃公私财物的行为，也可以表现为行为人纠集多人利用海上交通工具、专门海上作业工具、捕捞工具在海上实施的盗窃公私财物的行为；在犯罪对象方面，既可以是海上交通工具中或海上平台上人员的随身携带财物，也可以是海上交通工具、海上作业工具或海上设施本身，还可以是海上养殖场或可航水上近边、沿边养殖场的养殖生物、养殖设施等。另外，行为人盗窃海底石油管道、燃气管道中的石油、燃气或管道本身的也能构成本罪。

【犯罪构成】

本罪的犯罪构成表现在如下四个方面：

第一，本罪侵犯的客体是公私财物所有权。犯罪对象可以是一切财物，包括国家、集体和公民个人所有的财物，既包括动产财物，也包括不动产上可移动、拆卸的财物，既包括有体物，如金钱、烟酒、汽车、零部件等，也包括无体物，如煤气、天然气、电力、电信数据资源等。行为人本人的财物通常不能成为盗窃对象，但置于他人合法占有之下的本人财物则可以成为盗窃罪的犯罪对象。

第二，本罪的客观方面表现为秘密窃取公私财物，数额较大或者多次窃取、入户窃取、携带凶器窃取以及扒窃公私财物的行为。所谓“秘密窃取”，是指行为人采用自以为能够逃避财物所有人或其他人对财物的监管、不被他人知晓的方式取得财物的方法；所谓“多次窃取”，根据2013年4月实施的最高人民法院、最高人民检察院《关于办理盗窃刑事案件适用法律若干问题的解释》规定，是指2年内盗窃3次以上；所谓“入户窃取”，是指非法进入供他人家庭生活并与外界相对隔离的住所盗窃的情形；所谓“携带凶器窃取”，是指携带管制刀具、枪支、爆炸物等国家禁止非法携带的器具进行盗窃的情形；所谓“扒窃”，是指行为人在公共交通工具等公共场所实施的盗窃他人随身携带财物的情形。

第三，本罪的主体为一般主体，凡年满16周岁且具备刑事责任能力的自然人，都可以成为本罪主体。

第四，本罪的主观方面由故意构成，并且要求行为人具有非法占有他人财物的目的。

【犯罪认定】

1. 划清罪与非罪的界限

我国《刑法》规定，只有盗窃公私财物数额较大或者多次盗窃、入户盗窃、携带凶器盗窃以及扒窃的，才能构成盗窃罪。行为人的盗窃数额是否达到法定标准，是判断是否构成盗窃罪的基础性依据。根据2013年4月实施的最高人民法院、最高人民检察院《关于办理盗窃刑事案件适用法律若干问题的解释》规定，盗窃公私财物价值1000元至3000元以上的，可以认定为构成“数额较大”，各省、自治区、直辖市高级人民法院、人民检察院可以根据本地区经济发展状况，并考虑社会治安状况，在前款规定的数额幅度内确定本地区执行的具体数额标准，报最高人民法院、最高人民检察院批准。如果行为人的实际盗窃数额并未达到行为地的法定构罪标准，同时也不存在多次盗窃、入户盗窃、携带凶器盗窃以及扒窃的情形的，则不应对行为人按盗窃罪论处，可以根据案件具体情况，给予治安处罚。此外，根据该解释规定，虽然盗窃公私财物数额较大，但行为人认罪、悔罪，退赃、退赔，且具有下列情形之一，情节轻微的，可以不起诉或者免予刑事处罚；必要时，由有关部门予以行政处罚：（1）具有法定从宽处罚情节的；（2）没有参与分赃或者获赃较少且不是主犯的；（3）被害人谅解的；（4）其他情节轻微、危害不大的。偷拿家庭成员或者近亲属财物，获得谅解的，一般不认为是犯罪；追究刑事责任的，应当酌情从宽。应注意的是，根据该解释规定，行为人偷开机动车并导致车辆丢失的，构成盗窃罪。

另外，根据2006年1月施行的最高人民法院《关于审理未成年人刑事案件具体应用法律若干问题的解释》规定，已满16周岁不满18周岁的人实施盗窃行为未超过3次，盗窃数额虽已达到“数额较大”标准，但案发后能如实供述全部盗窃事实并积极退赃，且具有下列情形之一的，可以认定为“情节显著轻微危害不大”，不认为是犯罪：（1）系又聋又哑的人或者盲人；（2）在共同盗窃中起次要或者辅助作用，或者被胁迫；（3）具有其他轻微情节的。已满16周岁不满18周岁的人盗窃未遂或者中止的，可不认为是犯罪。已满16周岁不满18周岁的人盗窃自己家庭或者近亲属财物，或者盗窃其他亲属财物但其他亲属要求不予追究的，可不按犯罪处理。

2. 盗窃罪未遂及罪数的认定

通常情况下，如果行为人实施了盗窃行为但未取得财物，也无其他构罪情节的，一般不按犯罪处理，但根据最高人民法院、最高人民检察院《关于办理盗窃刑事案件适用法律若干问题的解释》规定，盗窃未遂，具有下列情形之一的，应当依法追究刑事责任：（1）以数额巨大的财物为盗窃目标的；（2）以珍贵文物为盗窃目标的；（3）其他情节严重的情形。如果行为人实施的多个盗窃行为既有既遂又有未遂，分别达到不同量刑幅度的，依照处罚较重的规定处罚；达到同一量刑幅度的，以盗窃罪既遂处罚。

在实践中，对于行为人实施的盗窃行为究竟构成一罪还是数罪，应区分不同情况分别处理。根据最高人民法院、最高人民检察院《关于办理盗窃刑事案件适用法律若干问题的解释》规定，行为人为盗窃其他财物，偷开机动车作为犯罪工具，使用后又非法占有该车辆或者将车辆遗弃导致丢失的，应定盗窃罪一罪，被盗车辆的价值计入盗窃数额；行为人为实施其他犯罪，偷开机动车作为犯罪工具，使用后又非法占有该车辆或者将车辆遗弃导致丢失的，以盗窃罪和其他犯罪实行数罪并罚，如果行为人实施其他犯罪后，将车辆送回并未造成丢失的，则应按照行为人所实施的其他犯罪从重处罚。另外，行为人盗窃公私财物并造成财物损毁的，按照下列规定处理：（1）采用破坏性手段盗窃公私财物，造成其他财物损毁的，以盗窃罪从重处罚；同时构成盗窃罪和其他犯罪的，择一重罪从重处罚；（2）实施盗窃犯罪后，为掩盖罪行或者报复等，故意毁坏其他财物构成犯罪的，以盗窃罪和构成的其他犯罪数罪并罚；（3）盗窃行为未构成犯罪，但损毁财物构成其他犯罪的，以其他犯罪定罪处罚。

【立案标准】

行为人涉嫌盗窃公私财物，出现下列情形之一的，应予以立案：

1. 盗窃公私财物价值1000元至3000元以上的；
2. 2年内盗窃3次以上；
3. 入户盗窃的；
4. 携带凶器盗窃的；
5. 扒窃的；
6. 偷开机动车并导致车辆丢失的。

【法条链接】

《刑法》第二百六十四条　盗取公私财物，数额较大的，或者多次盗窃、入户盗窃、携带凶器盗窃、扒窃的，处三年以下有期徒刑、拘役或者管制，并处或者单处罚金；数额巨大或者有其他严重情节的，处三年以上十年以下有期徒刑，并处罚金；数额特别巨大或者有其他特别严重情节的，处十年以上有期徒刑或者无期徒刑，并处罚金或者没收财产。

2006年1月施行的最高人民法院《关于审理未成年人刑事案件具体应用法律若干问题的解释》

第九条　已满十六周岁不满十八周岁的人实施盗窃行为未超过三次，盗窃数额虽已达到“数额较大”标准，但案发后能如实供述全部盗窃事实并积极退赃，且具有下列情形之一的，可以认定为“情节显著轻微危害不大”，不认为是犯罪：

（一）系又聋又哑的人或者盲人；

（二）在共同盗窃中起次要或者辅助作用，或者被胁迫；

（三）具有其他轻微情节的。

已满十六周岁不满十八周岁的人盗窃未遂或者中止的，可不认为是犯罪。

已满十六周岁不满十八周岁的人盗窃自己家庭或者近亲属财物，或者盗窃其他亲属财物但其他亲属要求不予追究的，可不按犯罪处理。

三、聚众哄抢罪

【罪名释义】

聚众哄抢罪，是指以非法占有为目的，聚集众人公然抢夺公私财物，数额较大或者有其他严重情节的行为。

【海上犯罪】

在海上犯罪中，聚众哄抢罪有多种表现形式。在犯罪场所方面，既可以表现为行为人在海上交通工具上，如货船、客船、滚装船、大型渔船等场所实施的聚众哄抢公私财物的行为，也可以表现为行为人在近海养殖场或其他可航水上近边、沿边场所实施的聚众哄抢公私财物的行为，还可以表现为行为人在海上固定平台、浮动平台实施的聚众哄抢公私财物的行为；在犯罪方法方面，既可以表现为行为人聚集众人徒手或利用普通工具在上述场所实施的聚众哄抢公私财物的行为，也可以表现为行为人聚集众人利用海上交通工具、专门海上作业工具、捕捞工具在海上实施的聚众哄抢公私财物的行为；在犯罪对象方面，既可以是海上交通工具中或海上平台上个人所有的财物，也可以是海上交通工具中或海上平台上国家、集体所有的财物，还可以是海上养殖场或其他可航水上养殖场的养殖生物、养殖设施等。

【犯罪构成】

本罪的犯罪构成表现在如下四个方面：

第一，本罪侵犯的客体是复杂客体，包括公私财物所有权以及社会的正常管理秩序。

第二，本罪的客观方面表现为聚集众人公然抢夺公私财物，数额较大或者有其他严重情节的行为。这里的“聚集众人”是指行为人召集、聚合多人实施哄抢行为的情形，此处的“多人”要求至少为3人以上；本罪中的“哄抢”是指众人在首要分子和积极参加者的煽动、指挥、鼓舞下，利用现场的混乱状态集体抢夺公私财物的情形，哄抢行为可以表现为拾取、强拿或抢夺等方式，但不包括使用暴力、胁迫或其他强制方法，如果行为人采用暴力、胁迫或其他强制方法抢夺公私财物的，则构成抢劫罪；所谓“公然”，是指行为人在公私财物的所有人、管理人面前公开地哄抢财物。

第三，本罪的主体为一般主体，凡年满16周岁且具备刑事责任能力的自然人均可构成本罪。但应当注意的是，只有公然哄抢财物的首要分子和积极参加者才可以成为本罪的犯罪主体，对一般参加者不作为犯罪处理。这里的“首要分子”是指在聚众哄抢财物过程中起组织、策划、指挥等主要作用的行为人。“积极参加者”是指在聚众哄抢中表现积极，对造成哄抢公私财物的危害后果起骨干和带头作用、哄抢财物较多的行为人。

第四，本罪的主观方面由故意构成，包括直接故意和间接故意，并且要求行为人主观上具有非法占有公私财物的目的。

【犯罪认定】

1. 划清罪与非罪的界限

我国《刑法》规定，只有哄抢数额较大或者有其他严重情节的聚众哄抢首要分子和积极参加者才能构成聚众哄抢罪。在实践中，应注意如下两个问题：第一，应注意哄抢首要分子和积极参加者是否存在“情节显著轻微危害不大”的情形。根据《刑法》第13条但书的规定“情节显著轻微危害不大的，不认为是犯罪”，如果行为人虽然实施了聚集众人、公然抢夺公私财物的行为，但只是哄抢了少量财物，哄抢财物的数额并未达到法定的构罪标准，也没有其他严重情节的，则不应对行为人按犯罪处理。第二，应注意区分聚众哄抢中的首要分子、积极参加者和一般参加者。对于聚众哄抢行为中的一般参加者，因其哄抢的财物数额较小，也未在聚众哄抢行为中起到煽动、组织、指挥作用，同时也并不属于积极参加者的，其哄抢行为仅属于一般违法行为，不应以犯罪论处。

2. 划清本罪与抢夺罪的界限

抢夺罪是指以非法占有为目的，趁人不备公然夺取数额较大的公私财物或者多次抢夺的行为。聚众哄抢罪与抢夺罪的主观方面都表现为故意，都以非法占有公私财物为犯罪目的，客观方面也都表现为公然夺取公私财物的行为，两罪的主要区别在于：第一，两罪的主体不尽相同。虽然聚众哄抢罪与抢夺罪的主体都是一般主体，即都由年满 16 周岁且具备刑事责任能力的自然人构成，但聚众哄抢罪的主体只能由实施聚众哄抢行为的首要分子和积极参加者构成，而抢夺罪则无此要求。第二，两罪侵犯的客体不尽相同。抢夺罪侵犯的客体是简单客体，即公私财物所有权，而聚众哄抢罪侵犯的客体是复杂客体，既包括公私财物所有权，也包括社会的正常管理秩序。第三，两罪的客观方面表现不尽相同。聚众哄抢罪的客观方面表现为聚集众人公然抢夺公私财物，数额较大或者有其他严重情节的行为，要求哄抢的人数达到“聚众”的程度，至少为 3 人以上；抢夺罪的客观方面则表现为趁人不备公然夺取数额较大的公私财物或者多次抢夺的行为，对主体人数不做要求。

【立案标准】

涉嫌聚众哄抢公私财物的首要分子或积极参加者出现下列情形之一的，应予以立案：

1. 聚众哄抢公私财物数额较大的；
2. 聚众哄抢公私财物情节严重的；
3. 聚众哄抢林木 5 立方米以上的。

【法条链接】

《刑法》第二百六十八条　聚众哄抢公私财物，数额较大或者有其他严重情节的，对首要分子和积极参加的，处三年以下有期徒刑、拘役或者管制，并处罚金；数额巨大或者有其他特别严重情节的，处三年以上十年以下有期徒刑，并处罚金。

2000年11月发布的最高人民法院《关于审理破坏森林资源刑事案件具体应用法律若干问题的解释》

第十四条　聚众哄抢林木五立方米以上的，属于聚众哄抢“数额较大”，聚众哄抢林木二十立方米以上的，属于聚众哄抢“数额巨大”，对首要分子和积极参加的，依照刑法第二百六十八条的规定，以聚众哄抢罪定罪处罚。

四、故意毁坏财物罪

【罪名释义】

故意毁坏财物罪，是指故意非法毁损、破坏公私财物，情节严重或数额较大的行为。

【海上犯罪】

在海上犯罪中，故意毁坏财物罪有多种表现形式。在犯罪场所方面，既可以表现为行为人在海上交通工具上，如货船、客船、滚装船、潜艇、水上飞机、大型渔船等场所实施的故意毁坏财物的行为，也可以表现为行为人在近海养殖场或其他水上养殖场等场所实施的故意毁坏财物的行为，还可以表现为行为人在海上固定平台、浮动平台上实施的故意毁坏财物的行为；在犯罪方法方面，既可以表现为行为人徒手或利用普通工具在上述场所实施的故意毁坏财物的行为，也可以表现为行为人利用海上交通工具、专门海上作业工具、捕捞工具在海上实施的故意毁坏财物的行为；在犯罪对象方面，行为人故意毁坏的财物既可以是海上交通工具中或海上平台上国家、集体或个人所有的财物，也可以是海上交通工具、海上平台或其他海上设施本身，还可以是海上养殖场或其他水上养殖场的养殖生物、养殖设施等。

【犯罪构成】

本罪的犯罪构成表现在如下四个方面：

第一，本罪侵害的客体是公私财产所有权。犯罪对象是各种公私财物，既可以是国家、集体所有的财物，也可以是个人所有的财物，包括各种生产资料、生活资料、动产或者不动产等。

第二，本罪的客观方面表现为故意毁损或者破坏公私财物，情节严重或数额较大的行为。对公私财物的毁损或者破坏行为都是“毁坏”行为的表现。所谓“毁坏”，是指行为人采用物理、化学或其他方法使公私财物全部丧失或部分丧失其价值或使用价值的行为，物理方法包括徒手或使用器具对公私财物实施打、砸、摔扔等行为，物理毁坏方法通常较为明显易见；化学方法包括使用化学腐蚀剂、化学药品等对公私财物实施破坏的行为，化学方法通常较为隐蔽；其他方法包括行为人故意不按财物的正常使用方法蓄意快速减少使用周期或降低使用寿命的行为。在实践中应注意，构成故意毁坏财物罪在客观方面需要具备相互联系的三个要素：一是行为人实施了故意毁损或者破坏公私财物的行为；二是造成了公私财物的毁坏，并且达到数额较大或情节严重的程度；三是行为人的破坏行为与公私财物毁坏之间具备法律上的因果关系。

第三，本罪的主体为一般主体，即年满 16 周岁且具备刑事责任能力的自然人，单位不能构成本罪。

第四，本罪的主观方面由故意构成，包括直接故意和间接故意，即行为人明知自己的毁损、破坏行为会造成公私财物毁坏的危害后果但仍然希望或放任危害后果出现的主观心理态度。过失不构成本罪。

【犯罪认定】

1. 划清罪与非罪的界限

首先，构成故意毁坏财物罪要求行为人的主观方面出于故意，过失不能构成本罪。如果行为人实施的毁坏财物的行为缺乏故意的主观心理态度，只是因为漫不经心、未留意或工作不负责任而造成公私财物毁坏的，则不能对行为人以故意毁坏财物罪论处。其次，我国《刑法》规定，只有故意非法毁坏公私财物数额较大或情节严重的行为才能构成故意毁坏财物罪。根据《刑法》第 13 条但书的规定“情节显著轻微危害不大的，不认为是犯罪”，在实践中，如果行为人虽然实施了故意毁坏公私财物的行为，但是毁坏财物的数额较少，并未达到法定的构罪标准，也没有其他严重情节的，则不应对行为人按犯罪处理，可视案件具体情况按一般行政违法行为予以处罚。

2. 划清本罪与危害公共安全的破坏类犯罪的界限

在实践中，故意毁坏财物罪与危害公共安全的破坏类犯罪容易发生混淆，危害公共安全的破坏类犯罪包括破坏交通工具罪、破坏交通设施罪、破坏电力设备罪、破坏易燃易爆设备罪和破坏广播电视设施、公用电信设施罪等，故意毁坏财物罪与危害公共安全的破坏类犯罪的主体都是一般主体，主观方面也都由故意构成，区分的关键在于行为侵犯的客体和行为的客观方面表现形式不同。故意毁坏财物罪侵犯的客体是公私财产所有权；危害公共安全的破坏类犯罪侵犯的客体则是公共安全。故意毁坏财物罪的客观方面表现为故意毁损或者破坏公私财物，情节严重或数额较大的行为，犯罪对象是普通公私财物；危害公共安全的破坏类犯罪的客观方面则表现为故意破坏相关设施、设备、工具足以危害公共安全的行为，犯罪对象是刑法予以特别保护的对公共安全具有重要意义的设施、设备、工具等。在实践中，如果行为人故意毁坏了正在使用或正在运营的对公共安全具有重要意义的设施、设备、工具，足以危害公共安全的，应构成对应的危害公共安全的破坏类犯罪，如果行为人故意毁坏的是普通财物或并未投入使用、运营的对公共安全具有重要意义的设施、设备、工具，不会危害公共安全的，则应对行为人以故意毁坏财物罪论处。

【立案标准】

行为人涉嫌故意毁坏公私财物，具备下列情形之一的，应予以立案：

1. 造成公私财物损失5000元以上的；

2. 毁坏公私财物3次以上的；

3. 纠集 3 人以上公然毁坏公私财物的；

4. 其他情节严重的情形。

【法条链接】

《刑法》第二百七十五条 故意毁坏公私财物，数额较大或者有其他严重情节的，处三年以下有期徒刑、拘役或者罚金；数额巨大或者有其他特别严重情节的，处三年以上七年以下有期徒刑。

2008 年 6 月发布的最高人民检察院、公安部《关于公安机关管辖的刑事案件立案追诉标准的规定（一）》

第三十三条 ［故意毁坏财物案（刑法第二百七十五条）］故意毁坏公私财物，涉嫌下列情形之一的，应予立案追诉：

（一）造成公私财物损失五千元以上的；

（二）毁坏公私财物三次以上的；

（三）纠集三人以上公然毁坏公私财物的；

（四）其他情节严重的情形。

五、破坏生产经营罪

【罪名释义】

破坏生产经营罪，是指出于泄愤报复或其他个人目的，毁坏机器设备、残害耕畜或者以其他方法破坏生产经营的行为。

【海上犯罪】

在海上犯罪中，破坏生产经营罪有多种表现形式，既可以表现为行为人在海上固定平台、浮动平台的生产、作业过程中故意破坏相关机器、设备、工具，不足以危害公共安全但影响生产、作业正常进行的行为；也可以表现为行为人在潮汐发电的生产、作业过程中及海底管道、海底电缆、光缆的铺设、检查、维修过程中故意破坏相关机器、设备、工具，不足以危害公共安全但影响生产、作业正常进行的行为；还可以表现为行为人在海上养殖场或其他水上养殖场的生产、经营过程中，故意破坏机器、设备、工具等相关养殖设施影响养殖生产、经营活动正常进行的行为。

【犯罪构成】

本罪的犯罪构成表现在如下四个方面：

第一，本罪侵犯的客体是复杂客体，既侵犯了公私财产所有权，也侵犯了正常的生产经营秩序。本罪的犯罪对象通常是与生产经营活动密切相关的各种机器、设备和工具等。

第二，本罪的客观方面表现为毁坏机器设备、残害耕畜或者以其他方法破坏生产经营的行为。“其他方法”是指除了上述方法以外的破坏生产经营活动的其他任何方法，如对养殖的海产品停止喂食、停止供氧等。本罪的客观方面既可以表现为作为的方式，如故意实施主动行为破坏生产经营用的机器、设备、工具的情形，也可以表现为不作为的方式，如在海上风暴来临时，故意对暴露于海上危险场所的生产经营用机器、设备、工具等置之不理、不予妥善安置的行为。

第三，本罪的主体为一般主体，凡年满 16 周岁且具备刑事责任能力的自然人均可构成本罪。

第四，本罪的主观方面由故意构成，并且本罪要求行为人在主观上具有泄愤报复或者其他个人目的。

【犯罪认定】

1. 划清罪与非罪的界限

首先，构成破坏生产经营罪要求行为人的主观方面出于故意，过失不能构成本罪。如果行为人的行为虽然对生产经营用机器、设备、工具等造成了破坏，但并非出于行为人的主观故意，只是因为漫不经心、未留意或工作不负责任而造成生产经营用机器、设备、工具等毁坏的，则不能对行为人以破坏生产经营罪论处。其次，根据刑法第 13 条但书的规定“情节显著轻微危害不大的，不认为是犯罪”，在实践中，如果行为人虽然实施了破坏生产经营的行为，但只造成生产经营用机器、设备、工具等的轻微损坏，并未影响生产经营活动的正常进行，也没有其他严重情节的，则不应对行为人按犯罪处理，可视案件具体情况给予一般行政处罚。

2. 划清本罪与故意毁坏财物罪的界限

故意毁坏财物罪，是指故意非法毁损、破坏公私财物，情节严重或数额较大的行为。破坏生产经营罪与故意毁坏财物罪的犯罪主体都是一般主体，即都由年满 16 周岁且具备刑事责任能力的自然人构成，主观方面也都表现为故意，两罪的主要区别在于：第一，两罪的主观方面不尽相同。虽然破坏生产经营罪与故意毁坏财物罪的主观方面都由故意构成，但破坏生产经营罪要求行为人主观上具有泄愤报复或者其他个人目的；故意毁坏财物罪则对行为人的主观目的不做要求。第二，两罪侵犯的客体不尽相同。故意毁坏财物罪侵犯的客体是简单客体，即公私财产所有权；破坏生产经营罪侵犯的客体则是复杂客体，既包括公私财产所有权，也包括正常的生产经营秩序。另外，故意毁坏财物罪的犯罪对象可以是任何公私财产；破坏生产经营罪的犯罪对象则通常表现为与生产经营活动密切相关的各种机器、设备和工具等。第三，两罪对犯罪情节的要求不同。故意毁坏财物罪要求行为人毁坏公私财物的行为具有数额较大或其他严重情节；破坏生产经营罪则没有情节上的要求。

3. 划清本罪与放火罪、爆炸罪的界限

实施破坏生产经营行为的行为人也可能采用放火、爆炸的方法毁坏机器、设备、工具等，虽然本罪与放火罪、爆炸罪的犯罪手段存在重合的可能，但三者之间仍存在着明显的差别：第一，犯罪客体不同。破坏生产经营罪侵犯的客体是复杂客体，既包括公私财产所有权，也包括正常的生产经营秩序；放火罪、爆炸罪侵犯的客体则是简单客体，仅包括公共安全。第二，犯罪主体不尽相同。虽然破坏生产经营罪与放火罪、爆炸罪的犯罪主体都是一般主体，但破坏生产经营罪的主体是年满 16 周岁且具备刑事责任能力的自然人；放火罪、爆炸罪的主体则是年满 14 周岁且具备刑事责任能力的自然人。在实践中，如果行为人采用放火、爆炸方法实施的破坏生产经营的行为同时危害了公共安全的，属于想象竞合犯，应当按照处罚较重的犯罪定罪处罚。

【立案标准】

行为人涉嫌破坏生产经营，具备下列情形之一的，应予以立案：

1. 造成公私财物损失 5000 元以上的；
2. 破坏生产经营 3 次以上的；
3. 纠集 3 人以上公然破坏生产经营的；
4. 其他破坏生产经营应予追究刑事责任的情形。

【法条链接】

《刑法》第二百七十六条　由于泄愤报复或者其他个人目的，毁坏机器设备、残害耕畜或者以其他方法破坏生产经营的，处三年以下有期徒刑、拘役或者管制；情节严重的，处三年以上七年以下有期徒刑。

2008 年 6 月发布的最高人民检察院、公安部《关于公安机关管辖的刑事案件立案追诉标准的规定（一）》

第三十四条　［破坏生产经营案（刑法第二百七十六条）］由于泄愤报复或者其他个人目的，毁坏机器设备、残害耕畜或者以其他方法破坏生产经营，涉嫌下列情形之一的，应予立案追诉：

（一）造成公私财物损失五千元以上的；

（二）破坏生产经营三次以上的；

（三）纠集三人以上公然破坏生产经营的；

（四）其他破坏生产经营应予追究刑事责任的情形。

第六章　妨害社会管理秩序罪

一、妨害公务罪

【罪名释义】

妨害公务罪，是指以暴力、威胁的方法，阻碍国家机关工作人员、人大代表、红十字会工作人员依法执行职务、履行职责的行为，或者故意阻碍国家安全机关、公安机关依法执行国家安全工作任务、造成严重后果的行为。

【海上犯罪】

在海上犯罪中，妨害公务罪有多种表现形式。在犯罪场所方面，既可以表现为行为人在海上交通工具如货船、客船、滚装船、大型渔船上实施的妨害公务的行为，也可以表现为行为人在海上固定平台、浮动平台上实施的妨害公务的行为，还可以表现为行为人在近海养殖场或其他可航水上养殖场实施的妨害公务的行为。在犯罪方法上，既可以表现为行为人徒手或利用普通工具在上述场所对相对人实施的暴力、威胁等妨害公务的行为，也可以表现为行为人利用海上交通工具、海上作业专业工具或专业设施在海上实施的妨害公务的行为。

【犯罪构成】

本罪的犯罪构成表现在如下四个方面：

第一，本罪侵犯的客体是国家机关、人民代表大会、国家安全机关、公安机关及红十字会的正常公务活动。所谓“正常公务活动”，是指国家机关、人民代表大会、国家安全机关、公安机关及红十字会依照法定权限、法定程序履行职责的行为。

第二，本罪的客观方面主要表现为以暴力或者威胁的方法阻碍国家机关工作人员、人大代表、红十字会工作人员依法执行职务或者履行职责的行为，或者故意阻碍国家安全机关、公安机关依法执行国家安全工作任务、造成严重后果的行为。此处所称“暴力”是指对正在依法执行职务的国家机关工作人员的身体实行打击或者强制，如捆绑、殴打、伤害等；所谓“威胁”，主要是指以伤害、杀害、破坏名誉、毁坏财产等进行精神上的恐吓和强制。值得注意的是，行为人只有采用暴力、威胁方法妨害国家机关工作人员、人大代表、红十字会工作人员执行公务的，才能构成妨害公务罪，而行为人妨害国家安全机关、公安机关依法执行国家安全工作任务，则不以使用暴力、威胁方法为必要条件，只要造成了相应的严重后果，行为人就会构成妨害公务罪。另外，根据2000年4月24日发布的最高人民检察院《关于以暴力威胁方法阻碍事业编制人员依法执行行政执法职务是否可对侵害人以妨害公务罪论处的批复》，对于以暴力、威胁方法阻碍国有事业单位人员依照法律、行政法规的规定执行行政执法职务的，或者以暴力、威胁方法阻碍国家机关中受委托从事行政执法活动的事业编制人员执行行政执法职务的，可以对侵害人以妨害公务罪追究刑事责任。

第三，本罪的主体为一般主体，凡年满16周岁且具备刑事责任能力的自然人均可构成本罪。

第四，本罪的主观方面由故意构成，即行为人明知对方是正在依法执行公务的国家机关工作人员、人大代表、红十字会工作人员而故意使用暴力或者威胁的方法阻碍其执行公务，或者明知是国家安全机关、公安机关人员在依法执行国家安全工作任务而故意予以妨害的主观心理态度。行为人的主观目的如何并不影响本罪成立。

【犯罪认定】

1. 划清罪与非罪的界限

首先，构成妨害公务罪要求行为人的主观方面出于故意，并且要求妨害行为针对的是依法执行公务行为。如果行为人出于维护社会公平、正义的目的对公务人员没有法律依据、不符合法定程序或根本不是执行公务的行为实施了妨害，即使使用了过激方法或造成了一定严重后果，也不能对行为人以妨害公务罪论处。其次，应注意行为人妨害公务的行为是否确实达到了构成妨害公务罪的程度。根据刑法第 13 条但书的规定“情节显著轻微危害不大的，不认为是犯罪”，在实践中，如果行为人虽然实施了妨害公务的行为，但只是因为一时冲动对执行公务人员的依法执行公务行为予以顶撞、谩骂或者拉扯，并未以暴力或威胁方法予以阻碍，也未造成任何严重后果，则不应对行为人按犯罪处理，可按一般违法行为给予行政处罚。

2. 划清本罪与侮辱罪的界限

侮辱罪，是指行为人以暴力或其他方法公然破坏他人名誉、贬低他人人格，情节严重的行为。妨害公务罪与侮辱罪的犯罪主体都是一般主体，即都是年满 16 周岁且具备刑事责任能力的自然人，主观方面也都由故意构成，两罪的主要区别在于：第一，两罪的主观方面不尽相同。虽然妨害公务罪与侮辱罪的主观方面都由故意构成，但构成侮辱罪要求行为人主观上具有破坏他人名誉、贬低他人人格的目的；妨害公务罪则对行为人的主观目的不做要求。第二，两罪侵犯的客体不同。侮辱罪侵犯的客体是公民个人的名誉权和人格权；妨害公务罪侵犯的客体则是国家机关、人民代表大会、国家安全机关、公安机关及红十字会的正常公务活动。第三，两罪的客观方面表现不尽相同。侮辱罪的客观方面表现为以暴力或其他方法公然破坏他人名誉、贬低他人人格，情节严重的行为；妨害公务罪的客观方面则表现为以暴力或者威胁的方法阻碍国家机关工作人员、人大代表、红十字会工作人员依法执行职务或者履行职责的行为，或者故意阻碍国家安全机关、公安机关依法执行国家安全工作任务、造成严重后果的行为。侮辱罪要求在客观方面必须达到情节严重的程度，而妨害公务罪并没有情节上的要求，只是行为人有未使用暴力、威胁方法故意阻碍国家安全机关、公安机关依法执行国家安全工作任务的情形，要求必须造成严重后果才能构成犯罪。

3. 划清本罪与故意伤害罪、故意杀人罪的界限

妨害公务罪通常是以暴力、威胁手段实施的，有可能会给国家机关工作人员、人大代表、红十字会工作人员以及国家安全机关、公安机关的人员造成人身伤害，而故意伤害罪、故意杀人罪通常也表现为暴力的行为方式。在实践中，如果行为人以暴力手段实施的妨害公务的行为造成了执行公务人员伤亡的，符合想象竞合犯的特征，对行为人应按“从一重罪处断”的原则予以处罚。

【立案标准】

行为人涉嫌妨害执行公务，具备下列情形之一的，应予以立案：

1. 以暴力、威胁方法阻碍国家机关工作人员依法执行职务的；
2. 以暴力、威胁方法阻碍全国人民代表大会和地方各级人民代表大会代表依法执行代表职务的；
3. 在自然灾害和突发事件中，以暴力、威胁方法阻碍红十字会工作人员依法履行职责的；
4. 故意阻碍国家安全机关、公安机关依法执行国家安全工作任务，未使用暴力、威胁方法，造成严重后果的；
5. 以暴力、威胁方法阻碍国有事业单位人员依照法律、行政法规的规定执行行政执法职务的；
6. 以暴力、威胁方法阻碍国家机关中受委托从事行政执法活动的事业编制人员执行行政执法职务的。

【法条链接】

《刑法》第二百七十七条　以暴力、威胁方法阻碍国家机关工

作人员依法执行职务的，处三年以下有期徒刑、拘役、管制或者罚金。

以暴力、威胁方法阻碍全国人民代表大会和地方各级人民代表大会代表依法执行代表职务的，依照前款的规定处罚。

在自然灾害和突发事件中，以暴力、威胁方法阻碍红十字会工作人员依法履行职责的，依照第一款的规定处罚。

故意阻碍国家安全机关、公安机关依法执行国家安全工作任务，未使用暴力、威胁方法，造成严重后果的，依照第一款的规定处罚。

暴力袭击正在依法执行职务的人民警察的，依照第一款的规定从重处罚。

2000 年 4 月 24 日发布的最高人民检察院《关于以暴力威胁方法阻碍事业编制人员依法执行行政执法职务是否可对侵害人以妨害公务罪论处的批复》规定，对于以暴力、威胁方法阻碍国有事业单位人员依照法律、行政法规的规定执行行政执法职务的，或者以暴力、威胁方法阻碍国家机关中受委托从事行政执法活动的事业编制人员执行行政执法职务的，可以对侵害人以妨害公务罪追究刑事责任。

二、伪造、变造、买卖国家机关公文、证件、印章罪

【罪名释义】

伪造、变造、买卖国家机关公文、证件、印章罪，是指伪造、变造、买卖国家机关公文、证件、印章的行为。

【海上犯罪】

在海上犯罪中，伪造、变造、买卖国家机关公文、证件、印章罪有多种表现形式。既可以表现为行为人在客船、滚装船等大型海上交通工具中实施的伪造、变造、买卖国家机关公文、证件、印章的行为，也可以表现为海警人员在对海上违法、犯罪行为进行查处

时，发现的行为人伪造、变造、买卖船舶安全证书、船舶吨位证书、出海船舶户口簿、职务船员证书等与海上交通工具、海上作业相关的公文、证件、印章的行为。

【犯罪构成】

本罪的犯罪构成表现在如下四个方面：

第一，本罪侵害的客体是国家机关的正常管理活动和信誉，犯罪对象是国家机关的公文、证件、印章。根据最高人民法院的司法解释，买卖伪造、变造的国家机关证件的行为也可以构成本罪，另外伪造、变造、买卖各级人民政府为行使行政职权而设立的临时性机构的公文、证件、印章的行为也可构成本罪。

第二，本罪的客观方面表现为行为人伪造、变造、买卖国家机关公文、证件、印章的行为。这里的“伪造”是指无制作权人冒用国家机关名义，非法制作国家机关公文、证件、印章的行为；这里的“变造”是指采用涂改、剪贴、重印、重刻等方法，对真实的国家机关公文、证件、印章进行改制，变更其原有真实内容的行为；这里的“买卖”是指非法购买或者销售国家机关公文、证件、印章的行为。“国家机关”是指各级国家权力机关、行政机关、司法机关、军事机关；“公文”是指国家机关在其职权范围内，以其名义制作的用以指示工作、处理问题或者联系事务的各种书面文件，如决定、命令、决议、指示、通知、报告、信函、电文等；“证件”是指国家机关制作颁发的用以证明身份、权利义务关系或者有关事实的凭证，主要包括证件、证书等；“印章”是指刻有国家机关组织名称的公章或者某种特殊用途的专用章。

第三，本罪的主体为一般主体，凡年满16周岁且具备刑事责任能力的自然人均可构成本罪。

第四，本罪的主观方面表现为故意，过失不构成本罪。这里的“故意”是指行为人明知自己伪造、变造、买卖国家机关公文、证件、印章的行为会损害国家机关的正常管理活动和信誉，但仍然希望实施伪造、变造、买卖行为的主观心理态度。

【犯罪认定】

1. 划清罪与非罪的界限

首先，构成伪造、变造、买卖国家机关公文、证件、印章罪要求行为人所伪造、变造、买卖的对象必须是“国家机关”的公文、证件、印章，行为人伪造、变造、买卖公司、企事业单位、人民团体的公文、证件、印章的行为不构成本罪，行为人伪造、变造、买卖公民个人的私人文件、证件、印章的行为也不构成本罪。其次，构成伪造、变造、买卖国家机关公文、证件、印章罪要求行为人的伪造、变造、买卖行为指向的国家机关必须真实存在，如果行为人伪造、变造、买卖公文、证件、印章行为指向的国家机关并没有真实存在，只是行为人虚构的，则行为人的行为不能构成伪造、变造、买卖国家机关公文、证件、印章罪，可按行为人构成的其他犯罪定罪处罚。最后，在司法实践中，买卖未加盖发证机关印章、通行专用章的空白“中华人民共和国边境管理区通行证”的行为一般不应构成本罪。

2. 本罪与伪造公司、企业、事业单位、人民团体印章罪的界限

伪造公司、企业、事业单位、人民团体印章罪，是指伪造公司、企业、事业单位、人民团体印章的行为。伪造、变造、买卖国家机关公文、证件、印章罪与伪造公司、企业、事业单位、人民团体印章罪的主体都是一般主体，即都是年满16周岁且具备刑事责任能力的自然人，主观方面也都由故意构成，两罪的主要区别在于：第一，两罪侵犯的客体不同。伪造公司、企业、事业单位、人民团体印章罪侵犯的客体是公司、企业、事业单位、人民团体的正常活动，犯罪对象是公司、企业、事业单位、人民团体的印章；伪造、变造、买卖国家机关公文、证件、印章罪侵犯的客体则是国家机关的正常管理活动和信誉，犯罪对象不仅包括国家机关的印章，还包括国家机关的公文和证件。第二，两罪的客观方面表现不同。伪造公司、企业、事业单位、人民团体印章罪的客观方面表现为伪

造公司、企业、事业单位、人民团体印章的行为，仅包括伪造行为；伪造、变造、买卖国家机关公文、证件、印章罪的客观方面则表现为行为人伪造、变造、买卖国家机关公文、证件、印章的行为，既包括伪造行为，也包括变造和买卖行为。

【立案标准】

行为人涉嫌伪造、变造、买卖国家机关公文、证件、印章，具备下列情形的，应予以立案：

1. 伪造、变造、买卖国家机关公文、证件、印章的；

2. 买卖伪造、变造的国家机关证件的；

3. 伪造、变造、买卖各级人民政府为行使行政职权而设立的临时性机构的公文、证件、印章的；

4. 伪造、变造、买卖机动车行驶证、登记证书累计 3 本以上的。

【法条链接】

《刑法》第二百八十条第一款　伪造、变造、买卖或者盗窃、抢夺、毁灭国家机关的公文、证件、印章的，处三年以下有期徒刑、拘役、管制或者剥夺政治权利，并处罚金；情节严重的，处三年以上十年以下有期徒刑，并处罚金。

2007 年 5 月 11 日实施的最高人民法院、最高人民检察院《关于办理与盗窃、抢劫、诈骗、抢夺机动车相关刑事案件具体应用法律若干问题的解释》

第二条　伪造、变造、买卖机动车行驶证、登记证书，累计三本以上的，依照刑法第二百八十条第一款的规定，以伪造、变造、买卖国家机关证件罪定罪，处三年以下有期徒刑、拘役、管制或者剥夺政治权利。

伪造、变造、买卖机动车行驶证、登记证书，累计达到第一款规定数量标准五倍以上的，属于刑法第二百八十条第一款规定中的“情节严重”，处三年以上十年以下有期徒刑。

三、扰乱无线电通讯管理秩序罪

【罪名释义】

扰乱无线电通讯管理秩序罪，是指违反国家规定，擅自设置、使用无线电台（站），或者擅自使用无线电频率，干扰无线电通讯秩序，情节严重的行为。

【海上犯罪】

在海上犯罪中，扰乱无线电通讯管理秩序罪既可以表现为行为人在客船、货船、滚装船、渔船、科考船等大型海上交通工具中实施的违反国家规定，擅自设置、使用无线电台（站），或者擅自使用无线电频率，干扰无线电通讯秩序，情节严重的行为；也可以表现为行为人在大型海上固定平台、浮动平台实施的违反国家规定，擅自设置、使用无线电台（站），或者擅自使用无线电频率，干扰无线电通讯秩序，情节严重的行为；还可以表现为行为人在港口、码头实施的违反国家规定，擅自设置、使用无线电台（站），或者擅自使用无线电频率，干扰无线电通讯秩序，情节严重的行为。

【犯罪构成】

本罪的犯罪构成表现为如下四个方面：

第一，本罪侵犯的客体是国家对无线电通讯的管理秩序。为了加强无线电管理，有效利用无线电频谱资源，保证各种无线电业务的正常进行，国务院于 1993 年 9 月制定并颁布了《无线电管理条例》，根据该条例的规定，在中华人民共和国境内设置、使用无线电台（站）和研制、生产、进口无线发射设备以及使用辐射无线电波的非无线电设备，都必须遵守国家有关规定。无线电频谱资源属国家所有，国家对无线电频谱实行统一规划、合理开发、科学管理、有偿使用的原则，任何危害国家对无线电通讯的管理秩序的行为均应受到法律制裁。

第二，本罪的客观方面表现为行为人违反《无线电管理条例》

等有关无线电台（站）或频率设置及使用的规定，擅自设置、使用无线电台（站），或者擅自使用无线电频率、干扰无线电通讯秩序，情节严重的行为。

所谓“擅自设置、使用无线电台（站）”，是指行为人违反国家规定私自设置、使用无线电台（站），干扰无线电通讯秩序的行为。根据《无线电管理条例》的规定，设置、使用无线电台（站）的单位和个人必须提出书面申请，办理设台（站）审批手续，领取电台执照。设置、使用无线电台（站）应当具备下列条件：（1）无线电设备符合国家技术标准；（2）操作人员熟悉无线电管理的有关规定，并具有相应的业务技能和操作资格；（3）无线电网络设计符合经济合理的原则，工作环境安全可靠；（4）设台（站）单位或者个人有相应的管理措施。船舶、机车、航空器上的制式无线电台（站）必须按照有关规定领取电台执照，并报国家无线电管理机构或者地方无线电管理机构备案，经无线电管理机构指配的船舶电台呼号，应当抄送国务院交通主管部门备案。无线电台（站）经批准使用后，应当按照核定的项目进行工作，不发送和接收与工作无关的信号，确需变更项目的，必须向原批准机构办理变更手续。无线电台（站）停用或者撤销时，应当及时向原批准机构办理有关手续。使用无线电台（站）的单位或者个人必须严格遵守国家有关保密规定。凡违反上述关于设置、使用无线电台（站）规定的行为，均构成擅自设置、使用无线电台（站）的行为。

所谓“擅自使用无线电频率”，是指行为人未经相关主管部门批准和指配，私自使用无线电频率，干扰无线电通讯秩序的行为。设置、使用无线电台（站）的单位或者个人使用无线电频率，必须取得有关主管部门的批准。根据《无线电管理条例》的规定，国家无线电管理机构对于无线电频率实行统一划分和分配，国家无线电管理机构、地方无线电管理机构根据各自的设台（站）审批权限，对无线电频率进行指配，国务院有关部门对分配给本系统使用的频段和频率进行指配，并同时抄送国家无线电管理机构或者有关的地方无线电管理机构备案。非经指配而擅自使用无线电频率的行为即构成对无线电通讯秩序的干扰和妨害。

所谓“干扰无线电通讯秩序”，是指对依法开展无线电通讯业务的无线电通信系统的信号发射和接收产生有害影响，通常表现为信号发射、接收性能下降、造成通讯误解或信息遗漏等情形。

扰乱无线电通讯管理秩序罪属于情节犯，只有情节严重的才构成犯罪。亦即只有行为人实施的擅自设置、使用无线电台（站）、擅自使用无线电频率的行为达到情节严重的程度，才能构成本罪，否则只能按一般违法行为处理。

第三，本罪的主体为一般主体，凡达到刑事责任年龄且具备刑事责任能力的自然人均可构成本罪，单位亦能成为本罪的主体。单位犯本罪时，实行双罚制，即对单位判处罚金，并对其直接负责的主管人员和其他直接责任人员判处相应的刑罚。

第四，本罪在主观方面表现为故意，包括直接故意和间接故意，即行为人明知其擅自设置、使用无线电台（站）或者擅自使用无线电频率的行为会干扰无线电通讯的正常管理秩序，并希望或放任危害结果发生的主观心理态度，过失不构成本罪。

【犯罪认定】

1. 划清罪与非罪的界限

构成扰乱无线电通讯管理秩序罪，需要严格把握如下三个方面的内容：第一，行为人主观上具有擅自设置、使用无线电台（站）或者擅自使用无线电频率的故意；第二，行为人客观上实施了擅自设置、使用无线电台（站）或者擅自使用无线电频率的行为；第三，该行为干扰了无线电的正常通讯秩序，并且达到了情节严重的程度。在实践中，如果行为人实施的干扰无线电通讯秩序的行为不是出于故意，而是出于行为人主观过失的，则不应构成本罪；另外，如果行为人实施的干扰无线电通讯秩序的行为虽然出于故意，但并没有达到情节严重的程度，也不应对行为人按犯罪处理，只能认定为一般违法行为。

2. 划清本罪与非法经营罪的界限

非法经营罪，是指行为人违反国家相关管理规定，从事非法经营活动、扰乱市场秩序，情节严重的行为。扰乱无线电通讯管理秩序罪与非法经营罪的主体都是一般主体，都包括自然人和单位，主观方面也都由故意构成，两罪的主要区别在于：第一，两罪侵犯的客体不同。非法经营罪侵犯的客体是体现社会主义市场经济秩序的国家市场交易管理秩序；扰乱无线电通讯管理秩序罪侵犯的客体则是国家对无线电通讯的管理秩序。第二，两罪的客观方面表现不同。非法经营罪的客观方面表现为违反国家相关管理规定，从事非法经营活动、扰乱市场秩序，情节严重的行为；扰乱无线电通讯管理秩序罪的客观方面则表现为行为人违反《无线电管理条例》等有关无线电台（站）或频率设置及使用的规定，擅自设置、使用无线电台（站），或者擅自使用无线电频率、干扰无线电通讯秩序，情节严重的行为。在实践中，行为人违反国家规定，通过擅自设置、使用无线电台（站）或者擅自使用无线电频率，非法经营港澳台电信业务或者国际电信业务的，同时构成扰乱无线电通讯管理秩序罪和非法经营罪的，符合想象竞合犯的特征，应按从一重罪处断的原则进行处理。

【立案标准】

行为人涉嫌以下行为，应予以立案：

1. 行为人擅自设置、使用无线电台（站），情节严重的行为；

2. 行为人擅自使用无线电频率，干扰无线电通讯秩序，情节严重的行为。

【法条链接】

《刑法》第二百八十八条　违反国家规定，擅自设置、使用无线电台（站），或者擅自使用无线电频率，干扰无线电通讯秩序，情节严重的，处三年以下有期徒刑、拘役或者管制，并处或者单处罚金；情节特别严重的，处三年以上七年以下有期徒刑，并处罚金。

单位犯前款罪的，对单位判处罚金，并对其直接负责的主管人员和其他直接责任人员，依照前款的规定处罚。

2000 年 4 月最高人民法院发布的《关于审理扰乱电信市场管理秩序案件具体应用法律若干问题的解释》

第五条　违反国家规定，擅自设置、使用无线电台（站），或者擅自占用频率，非法经营国际电信业务或者涉港澳台电信业务进行营利活动，同时构成非法经营罪和刑法第二百八十八条规定的扰乱无线电通讯管理秩序罪的，依照处罚较重的规定定罪处罚。

四、聚众扰乱社会秩序罪

【罪名释义】

聚众扰乱社会秩序罪，是指聚众扰乱社会秩序，情节严重，致使工作、生产、营业和教学、科研、医疗无法进行，造成严重损失的行为。

【海上犯罪】

在海上犯罪中，聚众扰乱社会秩序罪有多种表现形式，既可以表现为行为人利用海上交通工具、海上作业工具实施的聚众扰乱海上捕捞作业秩序或科考船的海上科学研究秩序的行为，也可以表现为行为人在海上固定平台、浮动平台上实施的聚众扰乱平台生产作业秩序的行为，还可以表现为行为人在近海养殖场或其他可航水上养殖场实施的聚众扰乱养殖作业秩序的行为。

【犯罪构成】

本罪的犯罪构成表现在如下四个方面：

第一，本罪侵犯的客体是社会秩序，由于我国刑法已将聚众冲击国家机关的行为规定为单独的犯罪，所以这里所谓的“社会秩序”仅包括企事业单位、人民团体正常的工作、生产、营业和教学、科研、医疗秩序，不包括国家机关的工作秩序。

第二，本罪的客观方面表现为聚众扰乱社会秩序，情节严重，致使工作、生产、营业和教学、科研、医疗无法进行，造成严重损失的行为。所谓“聚众扰乱社会秩序”，是指在行为人的煽动、策划或积极鼓动下，纠集多人（至少 3 人以上）共同破坏、干扰企事业单位和人民团体的工作、生产、营业和教学、科研、医疗秩序的行为，如聚众侵入、占领企业、事业单位或人民团体的工作场所，封闭出入通道，进行无理纠缠、哄闹、辱骂等。所谓“情节严重”，是指纠集的人数多、扰乱的时间长或者扰乱行为造成恶劣影响等情形。所谓“造成严重损失”，是指行为人聚众实施的扰乱行为导致公私财产或者工作、生产、营业、教学、科研、医疗秩序遭受严重损失或严重破坏的情形。构成聚众扰乱社会秩序罪，在客观方面必须具备相互联系的三个要素：一是行为人实施了聚众扰乱社会秩序的行为；二是行为人实施的聚众扰乱社会秩序的行为达到了情节严重的程度；三是行为人实施的聚众扰乱社会秩序的行为造成了严重损失，并且行为与严重损失之间具备法律上的因果关系。

第三，本罪的主体为一般主体，凡年满 16 周岁且具备刑事责任能力的自然人均可构成本罪。但应当注意的是，只有聚众扰乱社会秩序的首要分子和积极参加者才可以成为本罪的犯罪主体，对一般参加者不作为犯罪处理。这里的“首要分子”是指在聚众扰乱社会秩序过程中起组织、策划、指挥等主要作用的行为人，“积极参加者”是指在聚众扰乱社会秩序过程中表现积极、起骨干带头作用，对聚众扰乱社会秩序所造成的严重损失负主要责任的行为人。

第四，本罪的主观方面由故意构成，即行为人明知自己聚众扰乱社会秩序的行为会导致企事业单位、人民团体正常的工作、生产、营业和教学、科研、医疗秩序遭受破坏而无法正常进行的结果，但仍然希望或放任危害结果发生的主观心理态度。

【犯罪认定】

1. 划清罪与非罪的界限

我国《刑法》规定，只有聚众扰乱社会秩序情节严重并造成严重损失的首要分子和积极参加者才能构成聚众扰乱社会秩序罪。在实践中，应注意如下两个问题：第一，应注意聚众扰乱社会秩序的首要分子和积极参加者是否存在“情节显著轻微危害不大”的情形。根据刑法第 13 条但书的规定“情节显著轻微危害不大的，不认为是犯罪”，在实践中，如果行为人虽然实施了聚众扰乱社会秩序的行为，但并未达到情节严重的程度，也未造成任何严重损失的，则不应对扰乱社会秩序的首要分子和积极参加者按犯罪处理。第二，应注意区分扰乱社会秩序人员中的首要分子、积极参加者和一般参加者。对于扰乱社会秩序人员中的一般参加者，因其并未在聚众扰乱社会秩序过程中起煽动、组织、指挥作用，同时也并不属于积极参加者，对因扰乱社会秩序所造成的严重损失也不承担主要责任，所以一般参加者的行为仅属于一般违法行为，不应以犯罪论处。

2. 划清本罪与妨害公务罪的界限

妨害公务罪，是指以暴力、威胁的方法，阻碍国家机关工作人员、人大代表、红十字会工作人员依法执行职务、履行职责的行为，或者故意阻碍国家安全机关、公安机关依法执行国家安全工作任务、造成严重后果的行为。聚众扰乱社会秩序罪与妨害公务罪的主观方面都由故意构成，两罪的主要区别在于：第一，两罪的主体不尽相同。虽然妨害公务罪与聚众扰乱社会秩序罪的主体都是一般主体，即年满 16 周岁且具备刑事责任能力的自然人，但聚众扰乱社会秩序罪要求必须是聚众进行，即主体至少为 3 人以上，并且聚众扰乱社会秩序罪仅处罚首要分子和积极参加者。第二，两罪侵犯的客体不同。妨害公务罪侵犯的客体是国家机关、人民代表大会、国家安全机关、公安机关及红十字会的正常公务活动；聚众扰乱社会秩序罪侵犯的客体则是企事业单位、人民团体正常的工作、生产、营业和教学、科研、医疗秩序。第三，两罪的客观方面表现不同。妨害公务罪的客观方面表现为以暴力或者威胁的方法阻碍国家机关工作人员、人大代表、红十字会工作人员依法执行职务或者履行职责的行为，或者故意阻碍国家安全机关、公安机关依法执行国家安全工作任务、造成严重后果的行为；聚众扰乱社会秩序罪的客观方面则表现为聚众扰乱社会秩序，情节严重，致使企事业单位、人民团体正常的工作、生产、营业和教学、科研、医疗无法进行，造成严重损失的行为。

3. 划清本罪与聚众扰乱公共场所秩序、交通秩序罪的界限

聚众扰乱公共场所秩序、交通秩序罪，是指聚众扰乱车站、码头、民用航空站、商场、公园、影剧院、展览会、运动场或者其他公共场所秩序，聚众堵塞交通或者破坏交通秩序，抗拒、阻碍国家治安管理工作人员依法执行职务，情节严重的行为。聚众扰乱社会秩序罪与聚众扰乱公共场所秩序、交通秩序罪的主观方面都由故意构成，两罪的主要区别在于：第一，两罪的主体不尽相同。虽然聚众扰乱社会秩序罪与聚众扰乱公共场所秩序、交通秩序罪的主体都是一般主体，即年满 16 周岁且具备刑事责任能力的自然人，并且两罪都要求必须是聚众进行，即主体至少为 3 人以上，但聚众扰乱公共场所秩序、交通秩序罪的主体只能是“首要分子”，而聚众扰乱社会秩序罪的主体不仅包括“首要分子”，还包括“积极参加者”。第二，两罪侵犯的客体不同。聚众扰乱公共场所秩序、交通秩序罪侵犯的客体是公共场所秩序或者交通秩序；聚众扰乱社会秩序罪侵犯的客体则是企事业单位、人民团体正常的工作、生产、营业和教学、科研、医疗秩序。第三，两罪的客观方面表现不同。聚众扰乱公共场所秩序、交通秩序罪的客观方面表现为聚众扰乱车站、码头、民用航空站、商场、公园、影剧院、展览会、运动场或者其他公共场所秩序，聚众堵塞交通或者破坏交通秩序，抗拒、阻碍国家治安管理工作人员依法执行职务，情节严重的行为；聚众扰乱社会秩序罪的客观方面则表现为聚众扰乱社会秩序，情节严重，

致使企事业单位、人民团体正常的工作、生产、营业和教学、科研、医疗无法进行，造成严重损失的行为。由此可见，聚众扰乱公共场所秩序、交通秩序罪通常发生在公共场所或交通管理区域内，而聚众扰乱社会秩序罪则通常发生在企事业单位、人民团体的生产、营业和教学、科研、医疗场所内。并且聚众扰乱公共场所秩序、交通秩序罪要求客观上达到情节严重的程度才构成犯罪，而聚众扰乱社会秩序罪在客观上则要求达到情节严重的程度并造成严重损失的才构成犯罪。

【立案标准】

行为人涉嫌聚众扰乱社会秩序，情节严重，致使工作、生产、营业和教学、科研、医疗无法进行，造成严重损失的行为，应予以立案。

【法条链接】

《刑法》第二百九十条第一款　聚众扰乱社会秩序，情节严重，致使工作、生产、营业和教学、科研、医疗无法进行，造成严重损失的，对首要分子，处三年以上七年以下有期徒刑；对其他积极参加的，处三年以下有期徒刑、拘役、管制或者剥夺政治权利。

五、聚众扰乱公共场所秩序、交通秩序罪

【罪名释义】

聚众扰乱公共场所秩序、交通秩序罪，是指聚众扰乱车站、码头、民用航空站、商场、公园、影剧院、展览会、运动场或者其他公共场所秩序，聚众堵塞交通或者破坏交通秩序，抗拒、阻碍国家治安管理工作人员依法执行职务，情节严重的行为。

【海上犯罪】

在海上犯罪中，聚众扰乱公共场所秩序、交通秩序罪有多种表现形式，既可以表现为行为人在港口、码头实施的聚众扰乱公共场所秩序、交通秩序的行为，也可以表现为行为人在海上交通工具如

大型客船、大型游轮以及大型海上平台上实施的聚众扰乱公共场所秩序的行为，还可以表现为行为人在海上航道或可航内水航道实施的聚众扰乱交通秩序的行为。另外，行为人抗拒、阻碍海警人员依法执行职务，情节严重的行为，也可构成本罪。

【犯罪构成】

本罪的犯罪构成表现在如下四个方面：

第一，本罪侵犯的客体是公共场所秩序或者交通秩序。所谓“公共场所”，是指具有公共性特点、对外开放的并能为不特定多数人随意出入、停留、使用的场所。主要包括港口、码头、车站、民用航空站、商场、公园、影剧院、展览会、运动场等。就海上犯罪而言，本罪的“公共场所”包括港口、码头、大型客船、大型游轮、大型海上平台等。所谓“公共场所秩序”，是指为保证不特定多数人安全、顺畅地出入、使用公共场所而形成的公共行为准则和规范。所谓“交通秩序”，是指为保证交通安全与顺利通行而形成的人们必须遵守的行为规范和安全准则。

第二，本罪的客观方面表现为聚众扰乱车站、码头、民用航空站、商场、公园、影剧院、展览会、运动场或者其他公共场所秩序，聚众堵塞交通或者破坏交通秩序，抗拒、阻碍国家治安管理工作人员依法执行职务，情节严重的行为。具体而言，本罪包含如下三种行为方式：一是行为人实施的聚众扰乱车站、码头、民用航空站、商场、公园、影剧院、展览会、运动场或者其他公共场所秩序的行为，在海上犯罪中，多指行为人聚众扰乱港口、码头、大型客船、大型游轮、大型海上平台等公共场所秩序的行为；二是行为人实施的聚众堵塞交通或者破坏交通秩序的行为，海上犯罪中多表现为行为人在海上航道或可航内水航道实施的聚众扰乱交通秩序的行为；三是行为人实施的抗拒、阻碍国家治安管理工作人员依法执行职务的行为。聚众扰乱公共场所秩序、交通秩序罪的现实表现形式多种多样。例如，故意在公共场所聚众闹事；在人群聚集的公共场所进行煽动性演讲；在公共交通要道上聚众停留或者堆放物品阻塞交通以及阻止、抗拒治安行政管理人员依法执行职务等。另外，构成本罪要求达到“情节严重”的程度，如多次聚众扰乱公共场所秩序、交通秩序，经劝解、教育拒不解散的；在重要公共场所聚众闹事造成恶劣影响的；聚集人数多、影响范围广、危害时间长的。在实践中，可以根据行为人实施聚众扰乱公共场所秩序、交通秩序行为的时间、地点、强度、影响范围及实际造成的损失，综合确定是否属于“情节严重”。

第三，本罪的主体为一般主体，即年满 16 周岁且具备刑事责任能力的自然人。但是应当注意并非所有参与聚众扰乱公共场所秩序、交通秩序的行为人都可成为本罪主体，构成本罪犯罪主体的只能是在聚众扰乱公共场所秩序、交通秩序中起策划、组织、指挥、领导作用的首要分子。

第四，本罪的主观方面由故意构成，即行为人明知自己聚众扰乱公共场所秩序、交通秩序或抗拒、阻碍国家治安管理工作人员依法执行职务的行为会造成公共场所秩序、交通管理秩序发生混乱的危害后果，但仍然希望或放任危害后果发生的主观心理态度。

【犯罪认定】

1. 划清罪与非罪的界限

聚众扰乱公共场所秩序、交通秩序罪的犯罪主体只包括实施扰乱公共场所秩序、交通秩序行为的首要分子，并且要求行为达到情节严重的程度。在实践中，对于本罪罪与非罪的划分，应注意如下两个问题：第一，应注意聚众扰乱公共场所秩序、交通秩序的首要分子是否存在“情节显著轻微危害不大”的情形。根据刑法第 13 条但书的规定“情节显著轻微危害不大的，不认为是犯罪”，在实践中，如果行为人虽然实施了聚众扰乱公共场所秩序、交通秩序的行为，但并未达到情节严重的程度，则不应对聚众扰乱公共场所秩序、交通秩序的首要分子按犯罪处理。第二，应注意区分扰乱公共场所秩序、交通秩序人员中的首要分子和其他参加者。对于扰乱公共场所秩序、交通秩序人员中的其他参加者，因其并未在聚众扰乱公共场所秩序、交通秩序过程中起到策划、组织、指挥、领导的作用，对因扰乱公共场所秩序、交通秩序所造成的危害后果也不承担主要责任，所以对其他参加者不应按犯罪处理，仅按一般违法行为给予行政处罚即可。

2. 划清本罪与聚众扰乱社会秩序罪的界限

聚众扰乱社会秩序罪，是指聚众扰乱社会秩序，情节严重，致使工作、生产、营业和教学、科研、医疗无法进行，造成严重损失的行为。聚众扰乱公共场所秩序、交通秩序罪与聚众扰乱社会秩序罪的主观方面都由故意构成，两罪的主要区别在于：第一，两罪的主体不尽相同。虽然聚众扰乱公共场所秩序、交通秩序罪与聚众扰乱社会秩序罪的主体都是一般主体，即年满 16 周岁且具备刑事责任能力的自然人，并且两罪都要求必须是聚众进行，即主体至少为 3 人以上，但聚众扰乱公共场所秩序、交通秩序罪的主体只能是“首要分子”，而聚众扰乱社会秩序罪的主体不仅包括“首要分子”，还包括“积极参加者”。第二，两罪侵犯的客体不同。聚众扰乱公共场所秩序、交通秩序罪侵犯的客体是公共场所秩序或者交通秩序；聚众扰乱社会秩序罪侵犯的客体则是企事业单位、人民团体正常的工作、生产、营业和教学、科研、医疗秩序。第三，两罪的客观方面表现不同。聚众扰乱公共场所秩序、交通秩序罪的客观方面表现为聚众扰乱车站、码头、民用航空站、商场、公园、影剧院、展览会、运动场或者其他公共场所秩序，聚众堵塞交通或者破坏交通秩序，抗拒、阻碍国家治安管理工作人员依法执行职务，情节严重的行为；聚众扰乱社会秩序罪的客观方面则表现为聚众扰乱社会秩序，情节严重，致使企事业单位、人民团体正常的工作、生产、营业和教学、科研、医疗无法进行，造成严重损失的行为。由此可见，聚众扰乱公共场所秩序、交通秩序罪通常发生在公共场所或交通管理区域内，而聚众扰乱社会秩序罪则通常发生在企事业单位、人民团体的生产、营业和教学、科研、医疗场所内。并且聚众扰乱公共场所秩序、交通秩序罪要求客观上达到情节严重的程度才构成犯罪，而聚众扰乱社会秩序罪在客观上则要求达到情节严重的程度并造成严重损失的，才构成犯罪。

【立案标准】

行为人涉嫌聚众扰乱车站、码头、民用航空站、商场、公园、影剧院、展览会、运动场或者其他公共场所秩序，聚众堵塞交通或者破坏交通秩序，抗拒、阻碍国家治安管理工作人员依法执行职务，情节严重的，应予以立案。

【法条链接】

《刑法》第二百九十一条　聚众扰乱车站、码头、民用航空站、商场、公园、影剧院、展览会、运动场或者其他公共场所秩序，聚众堵塞交通或者破坏交通秩序，抗拒、阻碍国家治安管理工作人员依法执行职务，情节严重的，对首要分子，处五年以下有期徒刑、拘役或者管制。

六、聚众斗殴罪

【罪名释义】

聚众斗殴罪，是指行为人纠集多人，故意互相殴斗的行为。

【海上犯罪】

在海上犯罪中，聚众斗殴罪有多种表现形式。在犯罪场所方面，既可以表现为行为人在港口、码头实施的聚众斗殴行为，也可以表现为行为人在海上交通工具如客船、货船、滚装船、大型渔船上实施的聚众斗殴行为，还可以表现为行为人在海上固定平台、浮动平台、海上养殖场、可航水上养殖场实施的聚众斗殴行为；在犯罪方法方面，既可以表现为行为人聚众徒手或利用普通工具在上述场所实施的斗殴行为，也可以表现为行为人聚众利用海上交通工具、海上作业工具或海上专用设备实施的斗殴行为。

【犯罪构成】

本罪的犯罪构成表现在如下四个方面：

第一，本罪侵犯的客体是社会公共管理秩序。所谓“社会公共管理秩序”，是指国家对依靠法律规范、风俗习惯和公共道德体系建立起来的社会生活实施管理而形成的社会正常运行状态。社会公共管理秩序具有复杂的体系性，主要包括生产秩序、工作秩序、交通秩序和公共场所秩序等，行为人实施的聚众斗殴行为可以对上述任何一种或几种社会公共管理秩序造成危害。

第二，本罪的客观方面表现为行为人聚集众人进行斗殴的行为。所谓“聚众”，是指于同一时间同一地点聚集多人的情形，一般而言，斗殴单方人数通常应达到3人以上才能视为聚众；所谓“斗殴”，是指双方或多方通过拳脚、器械等武力方式相互争斗，相互殴击，以给对方造成身体伤害的行为。聚众斗殴既可以表现为持械斗殴，也可以表现为徒手斗殴。这里的“持械”是指持有、携带并使用匕首、刮刀等治安管制刀具或枪支、棍棒等足以致人伤亡的器械。聚众斗殴的原因多种多样，既可能是出于私人恩怨，也可能是出于利益争夺，还可能是出于争强斗狠的单纯原因等，但原因究竟为何并不影响本罪成立。

第三，本罪的主体为一般主体，凡年满16周岁且具备刑事责任能力的自然人均可构成本罪。但应当注意的是，只有聚众斗殴的首要分子和积极参加者才可以成为本罪的犯罪主体，对一般参加者不作为犯罪处理。这里的“首要分子”是指在聚众斗殴过程中起组织、策划、指挥、领导作用的行为人，“积极参加者”是指在聚众斗殴过程中表现积极、起骨干带头作用的行为人。

第四，本罪的主观方面由故意构成，即行为人明知自己聚众斗殴的行为会对社会公共管理秩序造成危害，但仍然希望或放任危害结果发生的主观心理态度。过失不构成本罪，行为人的主观目的和犯罪动机如何并不影响本罪的成立。

【犯罪认定】

1. 划清罪与非罪的界限

我国《刑法》规定，只有聚众斗殴的首要分子和积极参加者才能构成聚众斗殴罪。在实践中，应注意如下两个问题：第一，应注意聚众斗殴的首要分子和积极参加者是否存在“情节显著轻微危害不大”的情形。根据刑法第 13 条但书的规定“情节显著轻微危害不大的，不认为是犯罪”，在实践中，如果行为人虽然实施了聚集多人、故意互相殴斗的行为，但并未造成任何严重后果，符合情节显著轻微的情形，则此种聚众斗殴的首要分子和积极参加者不应按犯罪处理。第二，应注意区分聚众斗殴人员中的首要分子、积极参加者和一般参加者。对于斗殴人员中的一般参加者，因其并未在聚众斗殴过程中起策划、组织、指挥和领导作用，同时也并不属于积极参加者，对因聚众斗殴所造成的社会管理秩序的破坏也不承担主要责任，其行为仅属于一般违法行为，不应以犯罪论处。另外，邻里之间因日常矛盾发生的轻微打斗及村寨之间因耕地、水源、山林等原因发生的打斗也不宜按构成聚众斗殴罪处理。

2. 划清本罪与共同故意伤害罪、共同故意杀人罪的界限

在司法实践中，聚众斗殴也通常会造成他人轻伤、重伤甚至死亡的结果，而故意伤害罪、故意杀人罪也可能纠集多人实施，三罪之间的主要区别在于：第一，犯罪主体不尽相同，虽然三罪的犯罪主体都是一般主体，但聚众斗殴罪的主体为年满 16 周岁且具备刑事责任能力的自然人，且只有首要分子和积极参加者才能构成本罪；共同故意伤害致人重伤或死亡、共同故意杀人罪的主体则是年满 14 周岁且具备刑事责任能力的自然人，且各共同犯罪人均应对危害后果承担刑事责任。第二，犯罪行为侵犯的客体不同。聚众斗殴罪侵犯的客体是社会公共管理秩序；共同故意伤害罪、共同故意杀人罪侵犯的客体则是他人的身体健康权利和生命权。第三，犯罪客观方面表现不同。聚众斗殴罪的客观方面表现为聚集众人进行斗殴的行为；共同故意伤害罪、共同故意杀人罪的客观方面则表现为故意非法损害他人身体健康或故意非法剥夺他人生命的行为。如果行为人在聚众斗殴过程中导致他人重伤或死亡的，对行为人应按故意伤害罪或故意杀人罪定罪处罚，但承担刑事责任的行为人仅限于

聚众斗殴的首要分子和实际加害人。

【立案标准】

行为人涉嫌聚众斗殴，具有下列情形的，应予以立案：

1. 组织、策划、指挥聚众斗殴的；

2. 积极参加聚众斗殴的。

【法条链接】

《刑法》第二百九十二条　聚众斗殴的，对首要分子和其他积极参加的，处三年以下有期徒刑、拘役或者管制；有下列情形之一的，对首要分子和其他积极参加的，处三年以上十年以下有期徒刑：

（一）多次聚众斗殴的；

（二）聚众斗殴人数多，规模大，社会影响恶劣的；

（三）在公共场所或者交通要道聚众斗殴，造成社会秩序严重混乱的；

（四）持械聚众斗殴的。

聚众斗殴，致人重伤、死亡的，依照本法第二百三十四条、第二百三十二条的规定定罪处罚。

2008 年 6 月发布的最高人民检察院、公安部《关于公安机关管辖的刑事案件立案追诉标准的规定（一）》

第三十六条　［聚众斗殴案（刑法第二百九十二条第一款）］组织、策划、指挥或者积极参加聚众斗殴的，应予立案追诉。

七、寻衅滋事罪

【罪名释义】

寻衅滋事罪，是指随意殴打他人、追逐、拦截、辱骂、恐吓他人情节恶劣的行为，或者强拿硬要、任意损毁、占用公私财物情节严重的行为，以及在公共场所起哄闹事，造成公共场所秩序严重混乱的行为。

【海上犯罪】

在海上犯罪中，寻衅滋事罪有多种表现形式。在犯罪场所方面，既可以表现为行为人在港口、码头实施的寻衅滋事行为，也可以表现为行为人在海上交通工具如客船、货船、滚装船、大型渔船上实施的寻衅滋事行为，还可以表现为行为人在海上固定平台、浮动平台、海上养殖场、可航水上养殖场实施的寻衅滋事行为；在犯罪方法方面，既可以表现为行为人徒手或利用普通工具在上述场所实施的寻衅滋事行为，也可以表现为行为人利用海上交通工具、海上作业工具或海上专用设备实施的寻衅滋事行为。

【犯罪构成】

本罪的犯罪构成表现在如下四个方面：

第一，本罪侵犯的客体是社会公共管理秩序。所谓“社会公共管理秩序”，是指国家对依靠法律规范、风俗习惯和公共道德体系建立起来的社会生活实施管理而形成的社会正常运行状态。不仅包括公共场所秩序，也包括非公共场所秩序。

第二，本罪的客观方面表现为行为人寻衅滋事、破坏社会秩序，情节恶劣或者后果严重的行为。所谓“寻衅滋事”，是指故意无事生非、肆意挑衅、起哄捣乱等破坏社会秩序的行为，具体可表现为如下四个方面：一是随意殴打他人，情节恶劣的。所谓“随意殴打他人”，是指出于取乐发泄、耍威风、寻求精神刺激、填补精神空虚等动机，无故、无理殴打他人。二是追逐、拦截、辱骂、恐吓他人，情节恶劣的。所谓“追逐、拦截、辱骂他人”，是指出于取乐发泄、填补精神空虚、寻求精神刺激等动机，无故、无理追赶、拦挡、侮辱、谩骂他人；所谓“恐吓他人”，是指以加害他人人身权益或财产权益等事项威胁他人，使他人产生心理上的畏怖恐慌情绪的行为，恐吓的内容及方式可以是多种多样的，但只要客观上足以使他人产生心理畏惧、恐慌情绪的，都属于“恐吓他人”的行为方式。三是强拿硬要或者任意损毁、占用公私财物，情节严重的。所谓“强拿硬要或者任意损毁、占用公私财物”，是指没有法律依据或以蛮不讲理的手段，强行索要国家、集体或个人所有的财物行为，以及随心所欲、任意毁损公私财物的行为。四是在公共场所起哄闹事，造成公共场所秩序严重混乱的。所谓“公共场所”，是指车站、码头、民用航空站、商场、公园、影剧院、展览会、运动场等社会公众聚集、可进行公众活动的场所。在海上犯罪中，本罪的“公共场所”通常指港口、码头、大型客船、大型游轮以及大型海上平台等。所谓“起哄闹事”，是指出于取乐发泄、寻求精神刺激、填补精神空虚等动机，在公共场所无事生非、制造事端，扰乱公共场所秩序的行为。

另外，根据 2013 年 7 月实施的最高人民法院、最高人民检察院《关于办理寻衅滋事刑事案件适用法律若干问题的解释》规定，行为人因日常生活中的偶发矛盾纠纷，借故生非，实施刑法第 293 条规定的行为的，应当认定为“寻衅滋事”，但矛盾系由被害人故意引发或者被害人对矛盾激化负有主要责任的除外。行为人因婚恋、家庭、邻里、债务等纠纷，实施殴打、辱骂、恐吓他人或者损毁、占用他人财物等行为的，一般不认定为“寻衅滋事”，但经有关部门批评制止或者处理处罚后，继续实施前列行为，破坏社会秩序的除外。

第三，本罪的主体为一般主体，凡年满 16 周岁且具备刑事责任能力的自然人均可构成本罪。

第四，本罪的主观方面由故意构成，即行为人明知自己实施的寻衅滋事行为会对社会公共管理秩序造成危害，但仍然希望或放任危害结果发生的主观心理态度。本罪的犯罪动机可能是多种多样的，但动机并不影响本罪成立。

【犯罪认定】

1. 划清罪与非罪的界限

考察行为人的行为是否构成寻衅滋事罪，关键在于行为人实施的行为是否达到了法定的构罪标准，即是否达到“情节恶劣”、

“情节严重”或“造成公共场所秩序严重混乱”的程度，在实践中，行为人虽然实施了随意殴打他人、追逐、拦截、辱骂、恐吓他人或者强拿硬要、任意损毁、占用公私财物，以及在公共场所起哄闹事的行为，但并未达到“情节恶劣”、“情节严重”或“造成公共场所秩序严重混乱”的程度，则不应对行为人以本罪论处，可以根据案件具体情况给予行政处理。另外，根据 2006 年 1 月施行的最高人民法院《关于审理未成年人刑事案件具体应用法律若干问题的解释》规定，已满 14 周岁不满 16 周岁的人使用轻微暴力或者威胁，强行索要其他未成年人随身携带的生活、学习用品或者钱财数量不大，且未造成被害人轻微伤以上或者不敢正常到校学习、生活等危害后果的，不认为是犯罪，已满 16 周岁不满 18 周岁的人具有上述规定情形的，一般也不认为是犯罪。已满 16 周岁不满 18 周岁的人出于以大欺小、以强凌弱或者寻求精神刺激，随意殴打其他未成年人、多次对其他未成年人强拿硬要或者任意损毁公私财物，扰乱学校及其他公共场所秩序，情节严重的，以寻衅滋事罪定罪处罚。

2. 划清本罪与抢劫罪的界限

抢劫罪是指以非法占有为目的，当场使用暴力、胁迫或者其他方法强行劫取公私财物的行为。寻衅滋事罪与抢劫罪的主观方面都是出于故意，两罪的主要区别在于：第一，两罪的主体不尽相同。虽然寻衅滋事罪与抢劫罪的犯罪主体都是一般主体，但抢劫罪的主体是年满 14 周岁且具备刑事责任能力的自然人；寻衅滋事罪的主体则是年满 16 周岁且具备刑事责任能力的自然人。第二，两罪的主观方面不尽相同。虽然寻衅滋事罪与抢劫罪的主观方面都是出于故意，但抢劫罪要求行为人的主观方面必须具有非法占有他人财物的目的，而寻衅滋事罪对行为人的主观目的则不做要求。第三，两罪侵犯的客体不同。抢劫罪侵犯的客体是复杂客体，既侵犯了公私财产所有权，同时也侵犯了他人的人身权利；寻衅滋事罪侵犯的客体是简单客体，即社会公共管理秩序。第四，两罪的客观方面表现不同。抢劫罪的客观方面表现为行为人当场使用暴力、胁迫或者其他方法，强行劫取公私财物的行为；寻衅滋事罪的客观方面则表现为行为人寻衅滋事、破坏社会秩序情节恶劣或者后果严重的行为。根据2005年6月发布的最高人民法院《关于审理抢劫、抢夺刑事案件适用法律若干问题的意见》规定，对于未成年人使用或威胁使用轻微暴力强抢少量财物的行为，一般不宜以抢劫罪定罪处罚。其行为符合寻衅滋事罪特征的，可按寻衅滋事罪定罪处罚。根据2013年7月发布的最高人民法院、最高人民检察院《关于办理寻衅滋事刑事案件适用法律若干问题的解释》规定，行为人实施寻衅滋事的行为，同时符合寻衅滋事罪和故意杀人罪、故意伤害罪、故意毁坏财物罪、敲诈勒索罪、抢夺罪、抢劫罪等罪的构成要件的，依照处罚较重的犯罪定罪处罚。

3. 划清本罪与聚众扰乱社会秩序罪的界限

聚众扰乱社会秩序罪，是指聚众扰乱社会秩序，情节严重，致使工作、生产、营业和教学、科研、医疗无法进行，造成严重损失的行为。寻衅滋事罪与聚众扰乱社会秩序罪的主观方面都由故意构成，两罪的主要区别在于：第一，两罪的主体不尽相同。虽然寻衅滋事罪与聚众扰乱社会秩序罪的主体都是一般主体，即年满16周岁且具备刑事责任能力的自然人，但聚众扰乱社会秩序罪要求必须是聚众进行，即主体至少为3人以上，并且聚众扰乱社会秩序罪仅处罚首要分子和积极参加者；寻衅滋事罪则无此要求。第二，两罪侵犯的客体不尽相同。聚众扰乱社会秩序罪侵犯的客体是企事业单位、人民团体正常的工作、生产、营业和教学、科研、医疗秩序，而寻衅滋事罪侵犯的客体则是社会公共管理秩序，可见寻衅滋事罪侵犯的客体范围要宽于聚众扰乱社会秩序罪。第三，两罪的客观方面表现不同。聚众扰乱社会秩序罪的客观方面表现为聚众扰乱社会秩序，情节严重，致使企事业单位、人民团体正常的工作、生产、营业和教学、科研、医疗无法进行，造成严重损失的行为；寻衅滋事罪的客观方面则表现为行为人寻衅滋事、破坏社会秩序情节恶劣或者后果严重的行为。

4. 划清本罪与故意毁坏财物罪的界限

在实践中，寻衅滋事罪与故意毁坏财物罪容易发生混淆。故意毁坏财物罪是指故意非法毁损、破坏公私财物，情节严重或数额较大的行为。故意毁坏财物罪与寻衅滋事罪的主体都是一般主体，主观方面也都由故意构成，区分的关键在于行为侵犯的客体和行为的客观方面表现形式不同。故意毁坏财物罪侵犯的客体是公私财产所有权；寻衅滋事罪侵犯的客体则是社会公共管理秩序。故意毁坏财物罪的客观方面表现为故意毁损或者破坏公私财物，情节严重或数额较大的行为，犯罪对象是普通公私财物；寻衅滋事罪的客观方面则表现为行为人寻衅滋事、破坏社会秩序情节恶劣或者后果严重的行为。犯罪对象既可以是普通公私财物，也可以是他人的身体，还可以是对社会公共管理秩序具有体现意义的其他犯罪对象。在实践中，行为人通过故意非法毁损、破坏公私财物的方式实施寻衅滋事、破坏社会秩序的行为，同时构成寻衅滋事罪和故意毁坏财物罪的，属于想象竞合犯，应从一重罪处断。

【立案标准】

行为人涉嫌寻衅滋事、破坏社会秩序，具有下列情形的，应予以立案：

（一）随意殴打他人，情节恶劣的情形：

1. 致 1 人以上轻伤或者 2 人以上轻微伤的；

2. 引起他人精神失常、自杀等严重后果的；

3. 多次随意殴打他人的；

4. 持凶器随意殴打他人的；

5. 随意殴打精神病人、残疾人、流浪乞讨人员、老年人、孕妇、未成年人，造成恶劣社会影响的；

6. 在公共场所随意殴打他人，造成公共场所秩序严重混乱的；

7. 其他情节恶劣的情形。

（二）追逐、拦截、辱骂、恐吓他人，情节恶劣的情形：

1. 多次追逐、拦截、辱骂、恐吓他人，造成恶劣社会影响的；

2. 持凶器追逐、拦截、辱骂、恐吓他人的；

3. 追逐、拦截、辱骂、恐吓精神病人、残疾人、流浪乞讨人员、老年人、孕妇、未成年人，造成恶劣社会影响的；

4. 引起他人精神失常、自杀等严重后果的；

5. 严重影响他人的工作、生活、生产、经营的；

6. 其他情节恶劣的情形。

（三）强拿硬要或者任意损毁、占用公私财物，情节严重的情形：

1. 强拿硬要公私财物价值1000元以上，或者任意损毁、占用公私财物价值2000元以上的；

2. 多次强拿硬要或者任意损毁、占用公私财物，造成恶劣社会影响的；

3. 强拿硬要或者任意损毁、占用精神病人、残疾人、流浪乞讨人员、老年人、孕妇、未成年人的财物，造成恶劣社会影响的；

4. 引起他人精神失常、自杀等严重后果的；

5. 严重影响他人的工作、生活、生产、经营的；

6. 其他情节严重的情形。

（四）在公共场所起哄闹事，造成公共场所秩序严重混乱的。

【法条链接】

《刑法》第二百九十三条　有下列寻衅滋事行为之一，破坏社会秩序的，处五年以下有期徒刑、拘役或者管制：

（一）随意殴打他人，情节恶劣的；

（二）追逐、拦截、辱骂、恐吓他人，情节恶劣的；

（三）强拿硬要或者任意损毁、占用公私财物，情节严重的；

（四）在公共场所起哄闹事，造成公共场所秩序严重混乱的。

纠集他人多次实施前款行为，严重破坏社会秩序的，处五年以上十年以下有期徒刑，可以并处罚金。

2013年7月实施的最高人民法院、最高人民检察院《关于办理寻衅滋事刑事案件适用法律若干问题的解释》

第一条　行为人为寻求刺激、发泄情绪、逞强耍横等，无事生非，实施刑法第二百九十三条规定的行为的，应当认定为“寻衅滋事”。

行为人因日常生活中的偶发矛盾纠纷，借故生非，实施刑法第二百九十三条规定的行为的，应当认定为“寻衅滋事”，但矛盾系由被害人故意引发或者被害人对矛盾激化负有主要责任的除外。

行为人因婚恋、家庭、邻里、债务等纠纷，实施殴打、辱骂、恐吓他人或者损毁、占用他人财物等行为的，一般不认定为“寻衅滋事”，但经有关部门批评制止或者处理处罚后，继续实施前列行为，破坏社会秩序的除外。

第五条　在车站、码头、机场、医院、商场、公园、影剧院、展览会、运动场或者其他公共场所起哄闹事，应当根据公共场所的性质、公共活动的重要程度、公共场所的人数、起哄闹事的时间、公共场所受影响的范围与程度等因素，综合判断是否“造成公共场所秩序严重混乱”。

第六条　纠集他人三次以上实施寻衅滋事犯罪，未经处理的，应当依照刑法第二百九十三条第二款的规定处罚。

第七条　实施寻衅滋事行为，同时符合寻衅滋事罪和故意杀人罪、故意伤害罪、故意毁坏财物罪、敲诈勒索罪、抢夺罪、抢劫罪等罪的构成要件的，依照处罚较重的犯罪定罪处罚。

第八条　行为人认罪、悔罪，积极赔偿被害人损失或者取得被害人谅解的，可以从轻处罚；犯罪情节轻微的，可以不起诉或者免予刑事处罚。

2006年1月施行的最高人民法院《关于审理未成年人刑事案件具体应用法律若干问题的解释》

第七条　已满十四周岁不满十六周岁的人使用轻微暴力或者威胁，强行索要其他未成年人随身携带的生活、学习用品或者钱财数量不大，且未造成被害人轻微伤以上或者不敢正常到校学习、生活等危害后果的，不认为是犯罪。

已满十六周岁不满十八周岁的人具有前款规定情形的，一般也不认为是犯罪。

第八条　已满十六周岁不满十八周岁的人出于以大欺小、以强凌弱或者寻求精神刺激，随意殴打其他未成年人、多次对其他未成年人强拿硬要或者任意损毁公私财物，扰乱学校及其他公共场所秩序，情节严重的，以寻衅滋事罪定罪处罚。

2005 年 6 月发布的最高人民法院《关于审理抢劫、抢夺刑事案件适用法律若干问题的意见》

九、关于抢劫罪与相似犯罪的界限

……

4. 抢劫罪与寻衅滋事罪的界限

寻衅滋事罪是严重扰乱社会秩序的犯罪，行为人实施寻衅滋事的行为时，客观上也可能表现为强拿硬要公私财物的特征。这种强拿硬要的行为与抢劫罪的区别在于：前者行为人主观上还具有逞强好胜和通过强拿硬要来填补其精神空虚等目的，后者行为人一般只具有非法占有他人财物的目的；前者行为人客观上一般不以严重侵犯他人人身权利的方法强拿硬要财物，而后者行为人则以暴力、胁迫等方式作为劫取他人财物的手段。司法实践中，对于未成年人使用或威胁使用轻微暴力强抢少量财物的行为，一般不宜以抢劫罪定罪处罚。其行为符合寻衅滋事罪特征的，可以寻衅滋事罪定罪处罚。

八、赌博罪

【罪名释义】

赌博罪，是指以营利为目的，聚众赌博或者以赌博为业的行为。

【海上犯罪】

在海上犯罪中，赌博罪既可以表现为行为人在港口、码头实施的赌博行为，也可以表现为行为人在海上交通工具如客船、游轮、货船、滚装船、大型渔船上实施的赌博行为，还可以表现为行为人在海上固定平台、浮动平台上实施的赌博行为。

【犯罪构成】

本罪的犯罪构成表现为如下四个方面：

第一，本罪侵犯的客体是国家对社会风尚的管理秩序。赌博行为不仅影响正常的工作、生产、学习、生活秩序，并且还可能引发其他犯罪行为，具有较大的社会危害性。

第二，本罪的客观方面表现为聚众赌博或者以赌博为业的行为。所谓“聚众赌博”，是指组织、招引他人参加赌博并提供赌场、赌具，本人从中抽头渔利的行为。聚众赌博的行为人可能参与赌博，也可能不参与赌博，既可能是一人也可能是多人。所谓“以赌博为业”，是指以赌博所得作为生活或者挥霍的主要来源，嗜赌成性、以赌博为常业的行为。行为人只要实施了“聚众赌博”或者“以赌博为业”的行为之一，即可构成赌博罪。根据2005年5月发布的最高人民法院、最高人民检察院《关于办理赌博刑事案件具体应用法律若干问题的解释》规定，中华人民共和国公民在我国领域外周边地区聚众赌博、开设赌场，以吸引我国公民为主要客源，构成赌博罪的，可以依照刑法规定追究刑事责任。

第三，本罪的主体是一般主体，凡年满16周岁且具备刑事责任能力的自然人均可构成本罪。

第四，本罪的主观方面由故意构成，并且要求行为人主观上具有营利的目的。这里的“故意”是指行为人明知自己聚众赌博或以赌博为业的行为会对国家的社会风尚管理秩序造成危害，但仍然希望或放任危害结果发生的主观心理态度；这里的“以营利为目的”要求行为人仅具有该目的即可，目的是否真正实现并不影响本罪的成立。

【犯罪认定】

1. 划清罪与非罪的界限

首先，应注意行为人主观上是否具有营利目的，根据2005年5月发布的最高人民法院、最高人民检察院《关于办理赌博刑事案件具体应用法律若干问题的解释》第9条规定，如果行为人不以营利为目的，只是进行带有少量财物输赢的娱乐活动，或者提供棋牌室等娱乐场所，只收取正常的场所和服务费用的正常经营行为，不应以赌博罪论处。其次，应注意行为人实施的聚众赌博行为是否存在情节显著轻微的情形。根据刑法第13条但书的规定“情节显著轻微危害不大的，不认为是犯罪”，如果行为人虽然实施了聚众赌博的行为，但所涉赌资和参赌人员并未达到法定的构罪标准的，不应构成赌博罪。另外，根据2005年5月发布的最高人民法院、最高人民检察院《关于办理赌博刑事案件具体应用法律若干问题的解释》规定，行为人明知他人实施赌博犯罪活动，而为其提供资金、计算机网络、通讯、费用结算等直接帮助的，以赌博罪的共犯论处。未经国家批准擅自发行、销售彩票，构成犯罪的，以非法经营罪定罪处罚。通过赌博或者为国家工作人员赌博提供资金的形式实施行贿、受贿行为，构成犯罪的，依照刑法关于贿赂犯罪的规定定罪处罚。

2. 划清本罪与开设赌场罪的界限

开设赌场罪，是指为赌博行为提供场地、设定赌博规则、提供筹码、赌具、资金等组织赌博的行为。赌博罪与开设赌场罪的犯罪主体都是一般主体，即都由年满16周岁且具备刑事责任能力的自然人构成，主观方面都是出于故意，两罪侵犯的客体也都是国家对社会风尚的管理秩序，两罪的主要区别在于犯罪的客观方面表现不同。开设赌场罪的客观方面表现为为赌博行为提供场地、设定赌博规则、提供筹码、赌具、资金等组织赌博的行为；而赌博罪的客观方面则表现为聚众赌博或者以赌博为业的行为。一般而言，开设赌场罪的社会危害性要大于赌博罪的社会危害性。

3. 对于赌博罪从重处罚情节的认定

根据2005年5月实施的最高人民法院、最高人民检察院《关于办理赌博刑事案件具体应用法律若干问题的解释》第5条规定，实施赌博犯罪，有下列情形之一的，依照刑法第303条的规定从重处罚：(1) 具有国家工作人员身份的；(2) 组织国家工作人员赴境外赌博的；(3) 组织未成年人参与赌博，或者开设赌场吸引未成年人参与赌博的。

【立案标准】

行为人涉嫌以营利为目的的聚众赌博或以赌博为业，具有下列情形的，应予以立案：

(一) 聚众赌博符合下列情形的：

1. 组织3人以上赌博，抽头渔利数额累计5千元以上的；

2. 组织3人以上赌博，赌资数额累计5万元以上的；

3. 组织3人以上赌博，参赌人数累计20人以上的；

4. 组织中华人民共和国公民10人以上赴境外赌博，从中收取回扣、介绍费的；

5. 其他聚众赌博应予追究刑事责任的情形。

(二) 以营利为目的，以赌博为业的。

【法条链接】

《刑法》第三百零三条第一款　以营利为目的，聚众赌博或者以赌博为业的，处三年以下有期徒刑、拘役或者管制，并处罚金。

2005年5月发布的最高人民法院、最高人民检察院《关于办理赌博刑事案件具体应用法律若干问题的解释》

第一条　以营利为目的，有下列情形之一的，属于刑法第三百零三条规定的“聚众赌博”：

(一) 组织3人以上赌博，抽头渔利数额累计达到5000元以上的；

（二）组织3人以上赌博，赌资数额累计达到5万元以上的；

（三）组织3人以上赌博，参赌人数累计达到20人以上的；

（四）组织中华人民共和国公民10人以上赴境外赌博，从中收取回扣、介绍费的。

第三条　中华人民共和国公民在我国领域外周边地区聚众赌博、开设赌场，以吸引中华人民共和国公民为主要客源，构成赌博罪的，可以依照刑法规定追究刑事责任。

第四条　明知他人实施赌博犯罪活动，而为其提供资金、计算机网络、通讯、费用结算等直接帮助的，以赌博罪的共犯论处。

第五条　实施赌博犯罪，有下列情形之一的，依照刑法第三百零三条的规定从重处罚：

（一）具有国家工作人员身份的；

（二）组织国家工作人员赴境外赌博的；

（三）组织未成年人参与赌博，或者开设赌场吸引未成年人参与赌博的。

第六条　未经国家批准擅自发行、销售彩票，构成犯罪的，依照刑法第二百二十五条第（四）项的规定，以非法经营罪定罪处罚。

第七条　通过赌博或者为国家工作人员赌博提供资金的形式实施行贿、受贿行为，构成犯罪的，依照刑法关于贿赂犯罪的规定定罪处罚。

第八条　赌博犯罪中用作赌注的款物、换取筹码的款物和通过赌博赢取的款物属于赌资。通过计算机网络实施赌博犯罪的，赌资数额可以按照在计算机网络上投注或者赢取的点数乘以每一点实际代表的金额认定。

赌资应当依法予以追缴；赌博用具、赌博违法所得以及赌博犯罪分子所有的专门用于赌博的资金、交通工具、通讯工具等，应当依法予以没收。

第九条　不以营利为目的，进行带有少量财物输赢的娱乐活动，以及提供棋牌室等娱乐场所只收取正常的场所和服务费用的经营行为等，不以赌博论处。

九、开设赌场罪

【罪名释义】

开设赌场罪，是指为赌博行为提供场地、设定赌博规则、提供筹码、赌具、资金等组织赌博的行为。

【海上犯罪】

在海上犯罪中，开设赌场罪既可以表现为行为人在港口、码头实施的开设赌场行为，也可以表现为行为人在海上交通工具如客船、游轮、货船、滚装船、大型渔船上实施的开设赌场行为，还可以表现为行为人在海上固定平台、浮动平台上实施的开设赌场行为。另外，行为人在上述场所利用网络虚拟环境、虚拟赌具开设赌场的行为，也能构成本罪。

【犯罪构成】

本罪的犯罪构成表现在如下四个方面：

第一，本罪侵犯的客体是国家对社会风尚的管理秩序。相较于赌博罪，开设赌场罪具有更大的社会危害性，《刑法修正案（六）》将开设赌场行为从赌博罪中分离出来，作为一种单独的犯罪加以规制。

第二，本罪的客观方面表现为为赌博行为提供场地、设定赌博规则、提供筹码、赌具、资金等组织赌博的行为。开设赌场的行为既包括行为人利用传统赌博工具开设赌场的行为，也包括行为人利用赌博机等现代赌博工具开设赌场的行为，既包括行为人在现实生活中利用真实的场地、赌具开设赌场的行为，也包括行为人利用网络虚拟环境、虚拟赌具开设赌场的行为。

第三，本罪的主体为一般主体，凡年满 16 周岁且具备刑事责任能力的自然人均可构成本罪。

第四，本罪的主观方面由故意构成，即行为人明知自己开设赌场的行为会对国家的社会风尚管理秩序造成危害，但仍然希望或放任危害结果发生的主观心理态度；尽管本罪没有要求行为人主观上必须具有营利的目的，但通常情况下行为人主观上均具有营利目的。

【犯罪认定】

1. 划清罪与非罪的界限

根据刑法第13条但书的规定“情节显著轻微危害不大的，不认为是犯罪”，在实践中，如果行为人虽然参与实施了开设赌场的行为，但只是在赌场中从事简单工作，并未在开设赌场的过程中起主要作用，也未参与投资入股、利润分成或取得高额利益的，通常不宜按开设赌场罪处理。另外，行为人提供棋牌室等娱乐场所，只收取正常的场所和服务费用的正常经营行为也不应构成开设赌场罪。根据2014年3月发布的最高人民法院、最高人民检察院、公安部《关于办理利用赌博机开设赌场案件适用法律若干问题的意见》规定，办理利用赌博机开设赌场的案件，应当贯彻宽严相济的刑事政策，重点打击赌场的出资者、经营者。对受雇佣为赌场从事接送参赌人员、望风看场、发牌坐庄、兑换筹码等活动的人员，除参与赌场利润分成或者领取高额固定工资的以外，一般不追究刑事责任，可由公安机关依法给予治安管理处罚。对设置游戏机，单次换取少量奖品的娱乐活动，不以违法犯罪论处。

2. 划清本罪与赌博罪的界限

赌博罪，是指以营利为目的，聚众赌博或者以赌博为业的行为。开设赌场罪与赌博罪的主体都是一般主体，即都由年满16周岁且具备刑事责任能力的自然人构成，主观方面都是出于故意，两罪侵犯的客体也都是国家对社会风尚的管理秩序，两罪的主要区别在于犯罪的客观方面表现不同。开设赌场罪的客观方面表现为为赌博行为提供场地、设定赌博规则、提供筹码、赌具、资金等组织赌博的行为；赌博罪的客观方面则表现为聚众赌博或者以赌博为业的行为。一般而言，开设赌场罪的社会危害性要大于赌博罪的社会危害性。

3. 关于利用赌博机开设赌场及利用网络开设赌场的认定

根据2014年3月发布的最高人民法院、最高人民检察院、公安部《关于办理利用赌博机开设赌场案件适用法律若干问题的意见》规定，设置具有退币、退分、退钢珠等赌博功能的电子游戏设施设备，并以现金、有价证券等贵重款物作为奖品，或者以回购奖品方式给予他人现金、有价证券等贵重款物（以下简称设置赌博机）组织赌博活动的，应当认定为刑法第303条第2款规定的"开设赌场"行为。

根据2005年5月发布的最高人民法院、最高人民检察院《关于办理赌博刑事案件具体应用法律若干问题的解释》规定，行为人以营利为目的，在计算机网络上建立赌博网站，或者为赌博网站担任代理，接受投注的，属于刑法第303条规定的"开设赌场"。根据2010年8月发布的最高人民法院、最高人民检察院、公安部《关于办理网络赌博犯罪案件适用法律若干问题的意见》规定，利用互联网、移动通讯终端等传输赌博视频、数据，组织赌博活动，具有下列情形之一的，属于刑法第303条第2款规定的"开设赌场"行为：（1）建立赌博网站并接受投注的；（2）建立赌博网站并提供给他人组织赌博的；（3）为赌博网站担任代理并接受投注的；（4）参与赌博网站利润分成的。

4. 对于开设赌场罪从重处罚情节的认定

根据2005年5月实施的最高人民法院、最高人民检察院《关于办理赌博刑事案件具体应用法律若干问题的解释》第5条规定，实施赌博犯罪，有下列情形之一的，依照刑法第303条的规定从重处罚：（1）具有国家工作人员身份的；（2）组织国家工作人员赴境外赌博的；（3）组织未成年人参与赌博，或者开设赌场吸引未成年人参与赌博的。

【立案标准】

行为人涉嫌开设赌场，具有下列情形的，应予以立案：

（一）开设普通赌场的。

（二）利用赌博机开设赌场，具有下列情形的：

1. 设置赌博机10台以上的；

2. 设置赌博机2台以上，容留未成年人赌博的；

3. 在中小学校附近设置赌博机2台以上的；

4. 违法所得累计达到5000元以上的；

5. 赌资数额累计达到5万元以上的；

6. 参赌人数累计达到20人以上的；

7. 因设置赌博机被行政处罚后，2年内再设置赌博机5台以上的；

8. 因赌博、开设赌场犯罪被刑事处罚后，5年内再设置赌博机5台以上的；

9. 其他应当追究刑事责任的情形。

（三）利用网络开设赌场，具有下列情形的：

1. 建立赌博网站并接受投注的；

2. 建立赌博网站并提供给他人组织赌博的；

3. 为赌博网站担任代理并接受投注的；

4. 参与赌博网站利润分成的。

【法条链接】

《刑法》第三百零三条第二款　开设赌场的，处三年以下有期徒刑、拘役或者管制，并处罚金；情节严重的，处三年以上十年以下有期徒刑，并处罚金。

2014年3月发布的最高人民法院、最高人民检察院、公安部《关于办理利用赌博机开设赌场案件适用法律若干问题的意见》

二、关于利用赌博机开设赌场的定罪处罚标准

设置赌博机组织赌博活动，具有下列情形之一的，应当按照刑

法第三百零三条第二款规定的开设赌场罪定罪处罚：

（一）设置赌博机 10 台以上的；

（二）设置赌博机 2 台以上，容留未成年人赌博的；

（三）在中小学校附近设置赌博机 2 台以上的；

（四）违法所得累计达到 5000 元以上的；

（五）赌资数额累计达到 5 万元以上的；

（六）参赌人数累计达到 20 人以上的；

（七）因设置赌博机被行政处罚后，两年内再设置赌博机 5 台以上的；

（八）因赌博、开设赌场犯罪被刑事处罚后，五年内再设置赌博机 5 台以上的；

（九）其他应当追究刑事责任的情形。

设置赌博机组织赌博活动，具有下列情形之一的，应当认定为刑法第三百零三条第二款规定的“情节严重”：

（一）数量或者数额达到第二条第一款第一项至第六项规定标准六倍以上的；

（二）因设置赌博机被行政处罚后，两年内再设置赌博机 30 台以上的；

（三）因赌博、开设赌场犯罪被刑事处罚后，五年内再设置赌博机 30 台以上的；

（四）其他情节严重的情形。

可同时供多人使用的赌博机，台数按照能够独立供一人进行赌博活动的操作基本单元的数量认定。

在两个以上地点设置赌博机，赌博机的数量、违法所得、赌资数额、参赌人数等均合并计算。

三、关于共犯的认定

明知他人利用赌博机开设赌场，具有下列情形之一的，以开设赌场罪的共犯论处：

（一）提供赌博机、资金、场地、技术支持、资金结算服务的；

（二）受雇参与赌场经营管理并分成的；

（三）为开设赌场者组织客源，收取回扣、手续费的；

（四）参与赌场管理并领取高额固定工资的；

（五）提供其他直接帮助的。

2010年8月发布的最高人民法院、最高人民检察院、公安部《关于办理网络赌博犯罪案件适用法律若干问题的意见》

一、关于网上开设赌场犯罪的定罪量刑标准

利用互联网、移动通讯终端等传输赌博视频、数据，组织赌博活动，具有下列情形之一的，属于刑法第三百零三条第二款规定的“开设赌场”行为：

（一）建立赌博网站并接受投注的；

（二）建立赌博网站并提供给他人组织赌博的；

（三）为赌博网站担任代理并接受投注的；

（四）参与赌博网站利润分成的。

实施前款规定的行为，具有下列情形之一的，应当认定为刑法第三百零三条第二款规定的“情节严重”：

（一）抽头渔利数额累计达到3万元以上的；

（二）赌资数额累计达到30万元以上的；

（三）参赌人数累计达到120人以上的；

（四）建立赌博网站后通过提供给他人组织赌博，违法所得数额在3万元以上的；

（五）参与赌博网站利润分成，违法所得数额在3万元以上的；

（六）为赌博网站招募下级代理，由下级代理接受投注的；

（七）招揽未成年人参与网络赌博的；

（八）其他情节严重的情形。

二、关于网上开设赌场共同犯罪的认定和处罚

明知是赌博网站，而为其提供下列服务或者帮助的，属于开设

赌场罪的共同犯罪，依照刑法第三百零三条第二款的规定处罚：

（一）为赌博网站提供互联网接入、服务器托管、网络存储空间、通讯传输通道、投放广告、发展会员、软件开发、技术支持等服务，收取服务费数额在2万元以上的；

（二）为赌博网站提供资金支付结算服务，收取服务费数额在1万元以上或者帮助收取赌资20万元以上的；

（三）为10个以上赌博网站投放与网址、赔率等信息有关的广告或者为赌博网站投放广告累计100条以上的。

实施前款规定的行为，数量或者数额达到前款规定标准5倍以上的，应当认定为刑法第三百零三条第二款规定的“情节严重”。

实施本条第一款规定的行为，具有下列情形之一的，应当认定行为人“明知”，但是有证据证明确实不知道的除外：

（一）收到行政主管机关书面等方式的告知后，仍然实施上述行为的；

（二）为赌博网站提供互联网接入、服务器托管、网络存储空间、通讯传输通道、投放广告、软件开发、技术支持、资金支付结算等服务，收取服务费明显异常的；

（三）在执法人员调查时，通过销毁、修改数据、账本等方式故意规避调查或者向犯罪嫌疑人通风报信的；

（四）其他有证据证明行为人明知的。

如果有开设赌场的犯罪嫌疑人尚未到案，但是不影响对已到案共同犯罪嫌疑人、被告人的犯罪事实认定的，可以依法对已到案者定罪处罚。

三、关于网络赌博犯罪的参赌人数、赌资数额和网站代理的认定

赌博网站的会员账号数可以认定为参赌人数，如果查实一个账号多人使用或者多个账号一人使用的，应当按照实际使用的人数计算参赌人数。

赌资数额可以按照在网络上投注或者赢取的点数乘以每一点实

际代表的金额认定。

对于将资金直接或间接兑换为虚拟货币、游戏道具等虚拟物品，并用其作为筹码投注的，赌资数额按照购买该虚拟物品所需资金数额或者实际支付资金数额认定。

对于开设赌场犯罪中用于接收、流转赌资的银行账户内的资金，犯罪嫌疑人、被告人不能说明合法来源的，可以认定为赌资。向该银行账户转入、转出资金的银行账户数量可以认定为参赌人数。如果查实一个账户多人使用或多个账户一人使用的，应当按照实际使用的人数计算参赌人数。

有证据证明犯罪嫌疑人在赌博网站上的账号设置有下级账号的，应当认定其为赌博网站的代理。

四、关于网络赌博犯罪案件的管辖

网络赌博犯罪案件的地域管辖，应当坚持以犯罪地管辖为主、被告人居住地管辖为辅的原则。

“犯罪地”包括赌博网站服务器所在地、网络接入地，赌博网站建立者、管理者所在地，以及赌博网站代理人、参赌人实施网络赌博行为地等。

公安机关对侦办跨区域网络赌博犯罪案件的管辖权有争议的，应本着有利于查清犯罪事实、有利于诉讼的原则，认真协商解决。经协商无法达成一致的，报共同的上级公安机关指定管辖。对即将侦查终结的跨省（自治区、直辖市）重大网络赌博案件，必要时可由公安部商最高人民法院和最高人民检察院指定管辖。

为保证及时结案，避免超期羁押，人民检察院对于公安机关提请审查逮捕、移送审查起诉的案件，人民法院对于已进入审判程序的案件，犯罪嫌疑人、被告人及其辩护人提出管辖异议或者办案单位发现没有管辖权的，受案人民检察院、人民法院经审查可以依法报请上级人民检察院、人民法院指定管辖，不再自行移送有管辖权的人民检察院、人民法院。

五、关于电子证据的收集与保全

侦查机关对于能够证明赌博犯罪案件真实情况的网站页面、上网记录、电子邮件、电子合同、电子交易记录、电子账册等电子数据，应当作为刑事证据予以提取、复制、固定。

侦查人员应当对提取、复制、固定电子数据的过程制作相关文字说明，记录案由、对象、内容以及提取、复制、固定的时间、地点、方法，电子数据的规格、类别、文件格式等，并由提取、复制、固定电子数据的制作人、电子数据的持有人签名或者盖章，附所提取、复制、固定的电子数据一并随案移送。

对于电子数据存储在境外的计算机上的，或者侦查机关从赌博网站提取电子数据时犯罪嫌疑人未到案的，或者电子数据的持有人无法签字或者拒绝签字的，应当由能够证明提取、复制、固定过程的见证人签名或者盖章，记明有关情况。必要时，可对提取、复制、固定有关电子数据的过程拍照或者录像。

2005 年 5 月发布的最高人民法院、最高人民检察院《关于办理赌博刑事案件具体应用法律若干问题的解释》

第二条　以营利为目的，在计算机网络上建立赌博网站，或者为赌博网站担任代理，接受投注的，属于刑法第三百零三条规定的“开设赌场”。

十、运送他人偷越国（边）境罪

【罪名释义】

运送他人偷越国（边）境罪，是指违反国家出入国（边）境管理规定，运送他人偷越国（边）境的行为。

【海上犯罪】

在海上犯罪中，运送他人偷越国（边）境罪通常表现为行为人违反国家出入国（边）境管理规定，在领海、界河、界湖等地点，利用海上交通工具如客船、货船、滚装船、游轮、渔船等实施的运送他人偷越国（边）境的行为。行为人利用水上飞机、水上地效飞行器实施的运送他人偷越国（边）境的行为也能构成本罪。

【犯罪构成】

本罪的犯罪构成表现在如下四个方面：

第一，本罪侵犯的客体是国家对国（边）境的正常管理秩序。所谓“国境”，是指我国与其他主权国家之间用以区分一国领土的疆界，包括水上疆界、陆上疆界和空中疆界，在海上犯罪中，通常只包括水上疆界和空中疆界；所谓“边境”，是指我国与他国及我国大陆地区与港、澳、台地区交界处的一定区域范围。

第二，本罪的客观方面表现为违反国（边）境管理规定，运送他人偷越国（边）境的行为。所谓“违反国家出入国（边）境管理规定”，是指违反我国关于出入境管理的法律、法规的规定，主要是指违反《出境入境管理法》、《中国公民因私事往来香港地区或者澳门地区的暂行管理办法》及《出境入境边防检查条例》等法律、法规的规定；所谓“运送他人”，是指行为人使用船只、水上飞机、水上地效飞行器等交通工具，将他人非法送出或者接入国（边）境的行为，至于运送他人偷越国（边）境的人数是多人还是一人，不影响本罪的成立；所谓“偷越国（边）境”，是指违反国（边）境管理法规，非法出入我国国（边）境的行为。根据2012年12月实施的最高人民法院、最高人民检察院《关于办理妨害国（边）境管理刑事案件应用法律若干问题的解释》第6条规定，具有以下五种情形之一的，属于“偷越国（边）境”的行为：(1) 没有出入境证件出入国（边）境或者逃避接受边防检查的；(2) 使用伪造、变造、无效的出入境证件出入国（边）境的；(3) 使用他人出入境证件出入国（边）境的；(4) 使用以虚假的出入境事由、隐瞒真实身份、冒用他人身份证件等方式骗取的出入境证件出入国（边）境的；(5) 采用其他方式非法出入国（边）境的。

第三，本罪的主体为一般主体，凡年满16周岁且具备刑事责任能力的自然人均可构成本罪。

第四，本罪的主观方面只能由故意构成，尽管本罪没有要求行为人主观上必须具有营利的目的，但运送他人偷越国（边）境的行为人通常具有谋取非法利益的目的。这里的“故意”是指行为人明知自己运送他人偷越国（边）境的行为会对国（边）境的正常管理秩序造成危害，但仍然希望或放任危害结果发生的主观心理态度。

【犯罪认定】

1. 划清本罪与组织他人偷越国（边）境罪的界限

组织他人偷越国（边）境罪，是指违反我国出入国（边）境管理规定，非法组织他人偷越国（边）境的行为。运送他人偷越国（边）境罪与组织他人偷越国（边）境罪侵犯的客体都是国家对国（边）境的正常管理秩序，犯罪主体也都是一般主体，主观方面也都出于故意，两罪的主要区别在于客观方面的行为表现不同。组织他人偷越国（边）境罪的客观方面表现为行为人实施的违反我国出入国（边）境管理规定，非法组织他人偷越国（边）境的行为，而运送他人偷越国（边）境罪的客观方面则表现为行为人实施的违反国家出入国（边）境管理规定，运送他人偷越国（边）境的行为。在实践中，组织他人偷越国（边）境罪通常表现为领导、策划、指挥他人偷越国（边）境，或者在首要分子的指挥下，实施拉拢、引诱、介绍他人偷越国（边）境的行为，而运送他人偷越国（边）境罪仅表现为为使他人能够顺利偷越国（边）境徒步或使用交通运输工具予以运送的行为。组织他人偷越国（边）境罪的社会危害性通常大于运送他人偷越国（边）境罪。如果行为人在实施组织他人偷越国（边）境罪的，同时又构成运送他人偷越国（边）境罪，骗取出境证件罪，提供伪造、变造的出入境证件罪的，符合牵连犯的特征，应当按照牵连犯的处理原则，从一重罪处断。

【立案标准】

行为人涉嫌运送他人偷越国（边）境，按下列不同情形予以立案：

（一）运送他人偷越国（边）境的，应当立案侦查。

（二）运送他人偷越国（边）境，具有下列情形之一的，应当立为重大案件：

1. 一次运送 20-49 人偷越国（边）境的；

2. 运送他人偷越国（边）境 3-4 次的；

3. 使用简陋、破旧、报废、通气状况很差的船只或者车辆等不具备必要安全条件的交通工具运送他人偷越国（边）境，足以造成严重后果的；

4. 违法所得 5-20 万元的；

5. 造成被运送人重伤 1-2 人的；

6. 以暴力、威胁方法抗拒检查的；

7. 有其他严重情节的。

（三）运送他人偷越国（边）境，具有下列情形之一的，应当立为特别重大案件：

1. 一次运送 50 人以上偷越国（边）境的；

2. 运送他人偷越国（边）境 5 次以上的；

3. 造成被运送人重伤 3 人以上或者死亡 1 人以上的；

4. 违法所得 20 万元以上的；

5. 有其他特别严重情节的。

【法条链接】

《刑法》第三百二十一条　运送他人偷越国（边）境的，处五年以下有期徒刑、拘役或者管制，并处罚金；有下列情形之一的，处五年以上十年以下有期徒刑，并处罚金：

（一）多次实施运送行为或者运送人数众多的；

（二）所使用的船只、车辆等交通工具不具备必要的安全条件，足以造成严重后果的；

（三）违法所得数额巨大的；

（四）有其他特别严重情节的。

在运送他人偷越国（边）境中造成被运送人重伤、死亡，或者以暴力、威胁方法抗拒检查的，处七年以上有期徒刑，并处罚金。

犯前两款罪，对被运送人有杀害、伤害、强奸、拐卖等犯罪行为，或者对检查人员有杀害，伤害等犯罪行为的，依照数罪并罚的规定处罚。

2012 年 12 月实施的最高人民法院、最高人民检察院《关于办理妨害国（边）境管理刑事案件应用法律若干问题的解释》

第四条　运送他人偷越国（边）境人数在十人以上的，应当认定为刑法第三百二十一条第一款第（一）项规定的“人数众多”；违法所得数额在二十万元以上的，应当认定为刑法第三百二十一条第一款第（三）项规定的“违法所得数额巨大”。

第六条　具有下列情形之一的，应当认定为刑法第六章第三节规定的“偷越国（边）境”行为：

（一）没有出入境证件出入国（边）境或者逃避接受边防检查的；

（二）使用伪造、变造、无效的出入境证件出入国（边）境的；

（三）使用他人出入境证件出入国（边）境的；

（四）使用以虚假的出入境事由、隐瞒真实身份、冒用他人身份证件等方式骗取的出入境证件出入国（边）境的；

（五）采用其他方式非法出入国（边）境的。

第七条　以单位名义或者单位形式组织他人偷越国（边）境、为他人提供伪造、变造的出入境证件或者运送他人偷越国（边）境的，应当依照刑法第三百一十八条、第三百二十条、第三百二十一条的规定追究直接负责的主管人员和其他直接责任人员的刑事责任。

第八条 实施组织他人偷越国（边）境犯罪，同时构成骗取出境证件罪、提供伪造、变造的出入境证件罪、出售出入境证件罪、运送他人偷越国（边）境罪的，依照处罚较重的规定定罪处罚。

十一、偷越国（边）境罪

【罪名释义】

偷越国（边）境罪，是指违反国家出入国（边）境管理规定，偷越国（边）境，情节严重的行为。

【海上犯罪】

在海上犯罪中，偷越国（边）境罪通常表现为行为人违反国家出入国（边）境管理规定，在领海、界河、界湖等地点，利用海上交通工具如客船、货船、滚装船、游轮、渔船、水上飞机、水上地效飞行器等实施的偷越国（边）境、情节严重的行为。

【犯罪构成】

本罪的犯罪构成表现在如下四个方面：

第一，本罪侵犯的客体是国家对国（边）境的正常管理秩序。所谓“国境”，是指我国与其他主权国家之间用以区分一国领土的疆界，包括水上疆界、陆上疆界和空中疆界，在海上犯罪中，通常只包括水上疆界和空中疆界；所谓“边境”，是指我国与他国及我国大陆地区与港、澳、台地区交界处的一定区域范围。

第二，本罪的客观方面表现为违反国家出入国（边）境管理规定，偷越国（边）境，情节严重的行为。所谓“违反国家出入国（边）境管理规定”，是指违反我国关于出入境管理的法律、法规的规定，主要是指违反《出境入境管理法》、《中国公民因私事往来香港地区或者澳门地区的暂行管理办法》及《出境入境边防检查条例》等法律、法规的规定；所谓“偷越国（边）境”，是指违反国（边）境管理法规，非法出入我国国（边）境的行为。根据2012年12月实施的最高人民法院、最高人民检察院《关于办理妨害国（边）境管理刑事案件应用法律若干问题的解释》第6条规定，具有以下五种情形之一的，属于“偷越国（边）境”的行为：（1）没有出入境证件出入国（边）境或者逃避接受边防检查的；（2）使用伪造、变造、无效的出入境证件出入国（边）境的；（3）使用他人出入境证件出入国（边）境的；（4）使用以虚假的出入境事由、隐瞒真实身份、冒用他人身份证件等方式骗取的出入境证件出入国（边）境的；（5）采用其他方式非法出入国（边）境的。实践中应注意，构成偷越国（边）境罪在客观方面需要具备相互联系的两个要素：一是行为人实施了违反国家出入国（边）境管理规定、偷越国（边）境的行为；二是行为人实施的偷越国（边）境的行为达到了情节严重的程度。

第三，本罪的主体为一般主体，凡年满16周岁且具备刑事责任能力的自然人均可构成本罪。

第四，本罪的主观方面只能由故意构成，即行为人明知自己违反国家出入国（边）境管理规定、偷越国（边）境的行为会对国（边）境的正常管理秩序造成危害，但仍然希望或放任危害结果发生的主观心理态度。

【犯罪认定】

1. 划清罪与非罪的界限

首先，构成偷越国（边）境罪要求行为人的主观方面必须出于故意，即行为人对自己偷越国（边）境的行为具备“明知”的心理态度，在实践中，如果行为人迷失路途、粗心大意或受他人诱骗、陷害确实不知是国（边）境而误入误出的，则不能对行为人以偷越国（边）境罪论处。其次，应注意行为人偷越国（边）境的行为是否确实达到了情节严重的程度。根据刑法第13条但书的规定“情节显著轻微危害不大的，不认为是犯罪”，在实践中，行为人虽然实施了偷越国（边）境的行为，但并未达到法定的“情节严重”的程度，则不应构成偷越国（边）境罪，仅属于一般违法行为，可以根据案件具体情况给予行政处理。

2. 划清本罪与组织他人偷越国（边）境罪的界限

组织他人偷越国（边）境罪，是指违反我国出入国（边）境管理规定，非法组织他人偷越国（边）境的行为。偷越国（边）境罪与组织他人偷越国（边）境罪侵犯的客体都是国家对国（边）境的正常管理秩序，犯罪主体也都是一般主体，主观方面也都出于故意，两罪的主要区别在于客观方面的行为表现不同。组织他人偷越国（边）境罪的客观方面表现为行为人实施的违反我国出入国（边）境管理规定，非法组织他人偷越国（边）境的行为，而偷越国（边）境罪的客观方面则表现为行为人实施的违反国家出入国（边）境管理规定，偷越国（边）境、情节严重的行为。在实践中，组织他人偷越国（边）境罪通常表现为领导、策划、指挥他人偷越国（边）境，或者在首要分子的指挥下，实施拉拢、引诱、介绍他人偷越国（边）境的行为，而偷越国（边）境罪仅表现为徒步或使用交通运输工具偷越国（边）境的行为，偷越国（边）境罪以达到“情节严重”的程度为构罪标准，而组织他人偷越国（边）境罪则并无此要求。组织他人偷越国（边）境罪的社会危害性通常大于偷越国（边）境罪，

【立案标准】

（一）行为人涉嫌偷越国（边）境，符合下列情形的，应予以立案：

1. 在境外实施损害国家利益行为的；

2. 偷越国（边）境3次以上或者3人以上结伙偷越国（边）境的；

3. 拉拢、引诱他人一起偷越国（边）境的；

4. 勾结境外组织、人员偷越国（边）境的；

5. 因偷越国（边）境被行政处罚后1年内又偷越国（边）境的；

6. 其他情节严重的情形。

（二）行为人非法进入我国领海，符合下列情形的，也应予以立案：

1. 经驱赶拒不离开的；

2. 被驱离后又非法进入我国领海的；

3. 因非法进入我国领海被行政处罚或者被刑事处罚后，1 年内又非法进入我国领海的；

4. 非法进入我国领海从事捕捞水产品等活动，尚不构成非法捕捞水产品等犯罪的；

5. 其他情节严重的情形。

【法条链接】

《刑法》第三百二十二条　违反国（边）境管理法规，偷越国（边）境，情节严重的，处一年以下有期徒刑、拘役或者管制，并处罚金；为参加恐怖活动组织、接受恐怖活动培训或者实施恐怖活动，偷越国（边）境的，处一年以上三年以下有期徒刑，并处罚金。

2016 年 8 月实施的最高人民法院《关于审理发生在我国管辖海域相关案件若干问题的规定（二）》

第三条　违反我国国（边）境管理法规，非法进入我国领海，具有下列情形之一的，应当认定为刑法第三百二十二条规定的“情节严重”：

（一）经驱赶拒不离开的；

（二）被驱离后又非法进入我国领海的；

（三）因非法进入我国领海被行政处罚或者被刑事处罚后，一年内又非法进入我国领海的；

（四）非法进入我国领海从事捕捞水产品等活动，尚不构成非法捕捞水产品等犯罪的；

（五）其他情节严重的情形。

2012年12月实施的最高人民法院、最高人民检察院《关于办理妨害国（边）境管理刑事案件应用法律若干问题的解释》

第五条　偷越国（边）境，具有下列情形之一的，应当认定为刑法第三百二十二条规定的“情节严重”：

（一）在境外实施损害国家利益行为的；

（二）偷越国（边）境三次以上或者三人以上结伙偷越国（边）境的；

（三）拉拢、引诱他人一起偷越国（边）境的；

（四）勾结境外组织、人员偷越国（边）境的；

（五）因偷越国（边）境被行政处罚后一年内又偷越国（边）境的；

（六）其他情节严重的情形。

十二、破坏永久性测量标志罪

【罪名释义】

破坏永久性测量标志罪，是指故意破坏国家设立的永久性测量标志的行为。

【海上犯罪】

在海上犯罪中，破坏永久性测量标志罪具有多种表现形式。在犯罪场所方面，既可以表现为行为人实施的故意破坏海上或海底永久性测量标志的行为，也可以表现为行为人在内水、界河、界湖等地点实施的故意破坏水上或水下永久性测量标志的行为；在犯罪方法方面，既可以表现为行为人徒手或利用普通工具在上述场所实施的破坏永久性测量标志的行为，也可以表现为行为人利用海上交通工具、海上作业工具或海上专用设备实施的故意破坏永久性测量标志的行为。

【犯罪构成】

本罪的犯罪构成表现在如下四个方面：

第一，本罪侵犯的客体是国家对永久性测量标志的管理秩序。犯罪对象是国家设立的永久性测量标志。“永久性测量标志”是指国家测绘单位为在全国各地进行测绘工作所建立的位于地上、地下或者水上、水下的各种测量标志物，包括标示各种等级的三角点、导线点、军用控制点、重力点、天文点、水准点的木质觇标、钢质觇标或石质觇标，以及用于地形测量、工程测量和形变测量的各种固定标志等。

第二，本罪的客观方面表现为行为人实施的故意破坏国家设立的永久性测量标志的行为。破坏永久性测量标志的手段可以包括撞击、切割、拔除、移动、毁坏等，无论行为人采取何种手段，只要使国家设立的永久性测量标志丧失了原有的作用和功能，即应视为破坏行为。

第三，本罪的主体为一般主体，凡年满 16 周岁且具备刑事责任能力的自然人均可构成本罪。

第四，本罪的主观方面只能由故意构成，过失不构成本罪。这里的“故意”是指行为人明知自己破坏永久性测量标志的行为会对国家的永久性测量标志管理秩序造成危害，但仍然希望或放任危害结果发生的主观心理态度。行为人的犯罪动机可能各有不同，但动机如何并不影响本罪的成立。

【犯罪认定】

划清罪与非罪的界限。

首先，构成破坏永久性测量标志罪要求行为人的主观方面必须出于故意，即行为人“明知”是国家设立的永久性测量标志而故意实施破坏行为的心理态度。在实践中，如果行为人出于疏忽大意、过于自信等过失心理或受他人欺骗、利诱、陷害确实不知是国家设立的永久性测量标志的，则不能对行为人以破坏永久性测量标志罪论处。其次，应注意本罪的犯罪对象必须是国家设立的永久性测量标志，如果行为人破坏的并非测量标志或仅为临时性测量标志的，如行为人故意损毁、擅自移动路牌、交通标志、临时测量点标志等，则不应构成本罪，可以给予相应的治安管理处罚。最后，应注意行为人破坏永久性测量标志的行为是否确实达到了使永久性测量标志丧失原有作用和功能的程度，如果行为人虽然实施了破坏永久性测量标志的行为，但仅仅造成其表面轻微破损或污染，并未使永久性测量标志丧失原有的作用和功能的，仅属于一般违法行为，不宜按构成破坏永久性测量标志罪处理，可以根据案件具体情况给予治安管理处罚或纪律处分。

【立案标准】

行为人涉嫌破坏永久性测量标志，具有下列情形的，应予以立案：

1. 采取盗取、拆毁、损坏、改变、移动、掩埋等手段破坏永久性测量标志，使其失去原有作用的，应当立案侦查。

2. 破坏3个以上永久性测量标志的，或者造成永久性测量标志严重损毁等严重后果的，应当立为重大案件。

【法条链接】

《刑法》第三百二十三条　故意破坏国家边境的界碑、界桩或者永久性测量标志的，处三年以下有期徒刑或者拘役。

2000年3月实施的公安部《关于妨害国（边）境管理犯罪案件立案标准及有关问题的通知》

（八）破坏永久性测量标志案

1. 采取盗取、拆毁、损坏、改变、移动、掩埋等手段破坏永久性测量标志，使其失去原有作用的，应当立案侦查。

2. 破坏3个以上永久性测量标志的，或者造成永久性测量标志严重损毁等严重后果的，应当立为重大案件。

十三、污染环境罪

【罪名释义】

污染环境罪，是指违反国家规定，排放、倾倒或者处置有放射性的废物、含传染病病原体的废物、有毒物质或者其他有害物质，严重污染环境的行为。

【海上犯罪】

在海上犯罪中，污染环境罪具有多种表现形式。既可以表现为行为人在沿岸铺设地上或地下管道直接延伸至水体中，实施的排放、处置废物、有害物质的行为；也可以表现为行为人利用水上交通工具如货船、客船、滚装船、大型渔船等，直接将承载的废物、有害物质倾倒于水体环境中的行为；还可以表现为行为人在海上固定平台、浮动平台实施生产、作业过程中，直接将产生的废物、有害物质倾倒于水体环境中的行为。

【犯罪构成】

本罪的犯罪构成表现在如下四个方面：

第一，本罪侵犯的客体是国家防治污染的环境保护制度。犯罪对象是体现人类生存环境的土地、水体、大气等。所谓“土地”，包括耕地、林地、草地、荒地、山岭、滩涂、河滩地和其他陆地；所谓“水体”，包括我国的内海、领海，内水（江河、湖泊、运河等）以及界河、界湖等边界水域，水体不仅指地表水体，还包括地下水体；所谓“大气”，是指包围地球的全部空气层。在海上犯罪中，本罪的犯罪对象主要包括水体、大气和底土。随着人类工业化步伐的加快，环境污染所造成的危害也日趋严重，危害着人类的生命、健康安全和生存环境安全。根据2017年1月1日施行的最高人民法院、最高人民检察院《关于办理环境污染刑事案件适用法律若干问题的解释》的规定，所谓“有毒物质”，包括如下内容：（1）列入国家危险废物名录，或者根据国家规定的危险废物鉴别标准和鉴别方法认定的，具有危险特性的废物；（2）《关于持久性有机污染物的斯德哥尔摩公约》附件所列物质；（3）含重金属的污染物；（4）其他具有毒性，可能污染环境的物质。

第二，本罪的客观方面表现为违反国家规定，排放、倾倒或者处置有放射性的废物、含传染病病原体的废物、有毒物质或者其他有害物质，严重污染环境的行为；此处所谓“违反国家规定”，是指违反国家有关环境保护的法律、法规的规定，如《环境保护法》、《大气污染防治法》，《水污染防治法》、《海洋环境保护法》等；所谓“排放”，是指将放射性废物、含传染病病原体废物、有毒物质或者其他有害物质通过管道、沟渠、烟囱、风机等设施直接排入外界环境的行为；所谓“倾倒”，是指通过船舶、航空器、车辆或者其他运载工具将放射性废物、含传染病病原体废物、有毒物质或者其他有害物质直接倾卸、弃置于外界环境的行为。所谓“处置”，是指以焚烧、填埋、毁拆、抛弃等方式违法处理放射性废物、含传染病病原体废物、有毒物质或者其他有害物质的行为。在海上犯罪中，本罪的客观方面既可以表现为“排放”行为，也可以表现为“倾倒”行为，还可以表现为“处置”行为。

第三，本罪的主体为一般主体，凡年满 16 周岁且具备刑事责任能力的自然人均可构成本罪，单位也可以成为污染环境罪的主体，单位犯本罪的，对单位判处罚金，并对其直接负责的主管人员和其他直接责任人员以本罪处罚。

第四，本罪的主观方面表现为过失，即行为人应当预见自己违反国家规定，排放、倾倒或者处置有放射性的废物、含传染病病原体的废物、有毒物质或者其他有害物质的行为，可能会造成严重环境污染，因为疏忽大意而没有预见，或者虽然已经预见但轻信能够避免的主观心理态度。

【犯罪认定】

1. 划清罪与非罪的界限

我国《刑法》规定，构成污染环境罪必须是行为人违反国家规定，排放、倾倒或者处置有放射性的废物、含传染病病原体的废物、有毒物质或者其他有害物质的行为，造成了严重污染环境的后果。在实践中，如果行为人排放、倾倒或者处置有放射性的废物、含传染病病原体的废物、有毒物质或者其他有害物质的行为，并未对环境造成严重污染，则行为人不应构成污染环境罪，仅为一般违法行为，可视案件具体情况给予行政处罚。另外，根据 2017 年 1 月 1 日施行的最高人民法院、最高人民检察院《关于办理环境污染刑事案件适用法律若干问题的解释》的规定，行为人实施污染环境的行为，刚达到应当追究刑事责任的标准，但行为人及时采取措施，防止损失扩大、消除污染，全部赔偿损失，积极修复生态环境，且系初犯，确有悔罪表现的，可以认定为情节轻微，不起诉或者免予刑事处罚；确有必要判处刑罚的，应当从宽处罚。

2. 划清本罪与妨害传染病防治罪的界限

妨害传染病防治罪，是指违反国家《传染病防治法》和国务院卫生行政部门的相关规定，引起甲类传染病传播或引发传播危险的行为。污染环境罪与妨害传染病防治罪的主体都是一般主体，即年满 16 周岁且具备刑事责任能力的自然人以及单位都可以构成本罪，主观方面也都由过失构成，区分的关键在于行为侵犯的客体和行为的客观方面表现形式不同。妨害传染病防治罪侵犯的客体是国家对传染病的管理制度；污染环境罪侵犯的客体则是国家防治污染的环境保护制度。妨害传染病防治罪的客观方面表现为违反国家《传染病防治法》和国务院卫生行政部门的相关规定，引起甲类传染病传播或引发传播危险的行为，行为人引发甲类传染病传播危险的行为也可构成犯罪；污染环境罪的客观方面则表现为违反国家规定，排放、倾倒或者处置有放射性的废物、含传染病病原体的废物、有毒物质或者其他有害物质，严重污染环境的行为，只有已经造成严重污染环境后果的行为才构成犯罪。

3. 划清本罪与投放危险物质罪的界限

在司法实践中，本罪与投放危险物质罪是容易混淆的罪名，但只要找出这两个罪名的不同之处，就可以清楚地将两者分辨开来。首先，两罪侵犯的客体不同。污染环境罪侵犯的客体是国家防治污染的环境保护制度；投放危险物质罪侵犯的客体是公共安全，即不特定多数人的生命、健康或者重大公私财产的安全。其次，两罪的犯罪主体不同。污染环境罪的犯罪主体既可以是自然人，也可以是单位，自然人主体应年满 16 周岁；投放危险物质罪的主体只能是自然人，不包括单位，并且自然人主体的年龄条件只需达到 14 周岁即可。再次，两罪的客观方面表现不同，污染环境罪的客观方面表现为违反国家规定，排放、倾倒或者处置有放射性的废物、含传染病病原体的废物、有毒物质或者其他有害物质，严重污染环境的行为，只有已经造成严重污染环境后果的行为才构成犯罪；投放危险物质罪的客观方面则表现为故意投放毒害性、放射性、传染病病原体等物质，危害公共安全的行为，构成本罪并不需要造成实际的危害后果。最后，两罪的主观方面不同。污染环境罪的主观方面表现为过失；投放危险物质罪的主观方面则表现为故意，即行为人明知其投放危险物质的行为会引发危害公共安全的后果，并且希望或者放任这种危害结果发生的主观心理态度。另外，根据 2017 年 1 月 1 日施行的最高人民法院、最高人民检察院《关于办理环境污染刑事案件适用法律若干问题的解释》的规定，违反国家规定，排放、倾倒、处置含有毒害性、放射性、传染病病原体等物质的污染物，同时构成污染环境罪、非法处置进口的固体废物罪、投放危险物质罪等犯罪的，依照处罚较重的规定定罪处罚。

【立案标准】

行为人涉嫌实施污染环境的行为，具有下列情形的，应予以立案：

1. 在饮用水水源一级保护区、自然保护区核心区排放、倾倒、处置有放射性的废物、含传染病病原体的废物、有毒物质的；

2. 非法排放、倾倒、处置危险废物 3 吨以上的；

3. 排放、倾倒、处置含铅、汞、镉、铬、砷、铊、锑的污染物，超过国家或者地方污染物排放标准 3 倍以上的；

4. 排放、倾倒、处置含镍、铜、锌、银、钒、锰、钴的污染物，超过国家或者地方污染物排放标准 10 倍以上的；

5. 通过暗管、渗井、渗坑、裂隙、溶洞、灌注等逃避监管的方式排放、倾倒、处置有放射性的废物、含传染病病原体的废物、有毒物质的；

6. 2年内曾因违反国家规定，排放、倾倒、处置有放射性的废物、含传染病病原体的废物、有毒物质受过2次以上行政处罚，又实施前列行为的；

7. 重点排污单位篡改、伪造自动监测数据或者干扰自动监测设施，排放化学需氧量、氨氮、二氧化硫、氮氧化物等污染物的；

8. 违法减少防治污染设施运行支出100万元以上的；

9. 违法所得或者致使公私财产损失30万元以上的；

10. 造成生态环境严重损害的；

11. 致使乡镇以上集中式饮用水水源取水中断12小时以上的；

12. 致使基本农田、防护林地、特种用途林地5亩以上，其他农用地10亩以上，其他土地20亩以上基本功能丧失或者遭受永久性破坏的；

13. 致使森林或者其他林木死亡50立方米以上，或者幼树死亡2500株以上的；

14. 致使疏散、转移群众5000人以上的；

15. 致使30人以上中毒的；

16. 致使3人以上轻伤、轻度残疾或者器官组织损伤导致一般功能障碍的；

17. 致使1人以上重伤、中度残疾或者器官组织损伤导致严重功能障碍的；

18. 其他严重污染环境的情形。

【法条链接】

《刑法》第三百三十八条 违反国家规定，排放、倾倒或者处置有放射性的废物、含传染病病原体的废物、有毒物质或者其他有害物质，严重污染环境的，处三年以下有期徒刑或者拘役，并处或者单处罚金；后果特别严重的，处三年以上七年以下有期徒刑，并处罚金。

2017年1月1日施行的最高人民法院、最高人民检察院《关于办理环境污染刑事案件适用法律若干问题的解释》

第一条　实施刑法第三百三十八条规定的行为，具有下列情形之一的，应当认定为“严重污染环境”：

（一）在饮用水水源一级保护区、自然保护区核心区排放、倾倒、处置有放射性的废物、含传染病病原体的废物、有毒物质的；

（二）非法排放、倾倒、处置危险废物三吨以上的；

（三）排放、倾倒、处置含铅、汞、镉、铬、砷、铊、锑的污染物，超过国家或者地方污染物排放标准三倍以上的；

（四）排放、倾倒、处置含镍、铜、锌、银、钒、锰、钴的污染物，超过国家或者地方污染物排放标准十倍以上的；

（五）通过暗管、渗井、渗坑、裂隙、溶洞、灌注等逃避监管的方式排放、倾倒、处置有放射性的废物、含传染病病原体的废物、有毒物质的；

（六）二年内曾因违反国家规定，排放、倾倒、处置有放射性的废物、含传染病病原体的废物、有毒物质受过两次以上行政处罚，又实施前列行为的；

（七）重点排污单位篡改、伪造自动监测数据或者干扰自动监测设施，排放化学需氧量、氨氮、二氧化硫、氮氧化物等污染物的；

（八）违法减少防治污染设施运行支出一百万元以上的；

（九）违法所得或者致使公私财产损失三十万元以上的；

（十）造成生态环境严重损害的；

（十一）致使乡镇以上集中式饮用水水源取水中断十二小时以上的；

（十二）致使基本农田、防护林地、特种用途林地五亩以上，其他农用地十亩以上，其他土地二十亩以上基本功能丧失或者遭受永久性破坏的；

（十三）致使森林或者其他林木死亡五十立方米以上，或者幼树死亡二千五百株以上的；

（十四）致使疏散、转移群众五千人以上的；

（十五）致使三十人以上中毒的；

（十六）致使三人以上轻伤、轻度残疾或者器官组织损伤导致一般功能障碍的；

（十七）致使一人以上重伤、中度残疾或者器官组织损伤导致严重功能障碍的；

（十八）其他严重污染环境的情形。

第三条　实施刑法第三百三十八条、第三百三十九条规定的行为，具有下列情形之一的，应当认定为“后果特别严重”：

（一）致使县级以上城区集中式饮用水水源取水中断十二小时以上的；

（二）非法排放、倾倒、处置危险废物一百吨以上的；

（三）致使基本农田、防护林地、特种用途林地十五亩以上，其他农用地三十亩以上，其他土地六十亩以上基本功能丧失或者遭受永久性破坏的；

（四）致使森林或者其他林木死亡一百五十立方米以上，或者幼树死亡七千五百株以上的；

（五）致使公私财产损失一百万元以上的；

（六）造成生态环境特别严重损害的；

（七）致使疏散、转移群众一万五千人以上的；

（八）致使一百人以上中毒的；

（九）致使十人以上轻伤、轻度残疾或者器官组织损伤导致一般功能障碍的；

（十）致使三人以上重伤、中度残疾或者器官组织损伤导致严重功能障碍的；

（十一）致使一人以上重伤、中度残疾或者器官组织损伤导致严重功能障碍，并致使五人以上轻伤、轻度残疾或者器官组织损伤导致一般功能障碍的；

（十二）致使一人以上死亡或者重度残疾的；

（十三）其他后果特别严重的情形。

第四条 实施刑法第三百三十八条、第三百三十九条规定的犯罪行为，具有下列情形之一的，应当从重处罚：

（一）阻挠环境监督检查或者突发环境事件调查，尚不构成妨害公务等犯罪的；

（二）在医院、学校、居民区等人口集中地区及其附近，违反国家规定排放、倾倒、处置有放射性的废物、含传染病病原体的废物、有毒物质或者其他有害物质的；

（三）在重污染天气预警期间、突发环境事件处置期间或者被责令限期整改期间，违反国家规定排放、倾倒、处置有放射性的废物、含传染病病原体的废物、有毒物质或者其他有害物质的；

（四）具有危险废物经营许可证的企业违反国家规定排放、倾倒、处置有放射性的废物、含传染病病原体的废物、有毒物质或者其他有害物质的。

第五条 实施刑法第三百三十八条、第三百三十九条规定的行为，刚达到应当追究刑事责任的标准，但行为人及时采取措施，防止损失扩大、消除污染，全部赔偿损失，积极修复生态环境，且系初犯，确有悔罪表现的，可以认定为情节轻微，不起诉或者免予刑事处罚；确有必要判处刑罚的，应当从宽处罚。

第六条 无危险废物经营许可证从事收集、贮存、利用、处置危险废物经营活动，严重污染环境的，按照污染环境罪定罪处罚；同时构成非法经营罪的，依照处罚较重的规定定罪处罚。

实施前款规定的行为，不具有超标排放污染物、非法倾倒污染物或者其他违法造成环境污染的情形的，可以认定为非法经营情节显著轻微危害不大，不认为是犯罪；构成生产、销售伪劣产品等其他犯罪的，以其他犯罪论处。

第七条 明知他人无危险废物经营许可证，向其提供或者委托其收集、贮存、利用、处置危险废物，严重污染环境的，以共同犯罪论处。

第八条　违反国家规定，排放、倾倒、处置含有毒害性、放射性、传染病病原体等物质的污染物，同时构成污染环境罪、非法处置进口的固体废物罪、投放危险物质罪等犯罪的，依照处罚较重的规定定罪处罚。

十四、非法处置进口的固体废物罪

【罪名释义】

非法处置进口的固体废物罪，是指违反国家相关规定，将境外的固体废物进境倾倒、堆放、处置的行为。

【海上犯罪】

在海上犯罪中，非法处置进口的固体废物罪既可以表现为行为人利用水上交通工具将境外固体废物非法运进我国领海、内水予以倾倒的行为，也可以表现为行为人将非法从境外运进我国的固体废物在港口、码头或水上交通工具上直接予以堆放的行为，还可以表现为行为人将非法从境外运进我国的固体废物在港口、码头或水上交通工具上直接予以处置的行为。

【犯罪构成】

本罪的犯罪构成表现在如下四个方面：

第一，本罪侵犯的客体是国家防治进口固体废物污染环境的管理制度。本罪的犯罪对象是固体废物，所谓“固体废物”，是指在生产、生活或其他活动中产生的丧失原有利用价值或者虽未丧失利用价值但被抛弃或者放弃的固态、半固态和置于容器中的气态的物品、物质以及法律、行政法规规定纳入固体废物管理的物品、物质。

第二，本罪的客观方面表现为违反国家规定，将境外的固体废物进境倾倒、堆放、处置的行为。所谓“境外”，是指我国国（边）境以外的其他国家和地区；所谓“倾倒”，是指通过船舶、航空器、车辆或者其他运载工具将进口固体废物直接倾卸、弃置于外界环境的行为；所谓“堆放”，是指在陆地或其他承载体上直接堆积、放置进口固体废物的行为；所谓“处置”，是指采用焚烧、填埋、拆毁、改装等方式改变固体废物的物理、化学或生物特性，以达到减少固体废物数量、缩小固体废物体积、消除固体废物危险成分以及再次利用和销售等目的的行为。在海上犯罪中，本罪的客观方面既可以表现为“倾倒”行为，也可以表现为“堆放”行为，还可以表现为“处置”行为。非法处置进口的固体废物罪是选择性罪名，行为人只要实施了倾倒、堆放、处置进口固体废物行为之一，即可构成本罪，行为人实施两种以上行为的，通常仍应定为一罪，不实行数罪并罚，只加重处罚即可。

第三，本罪的主体为一般主体，凡年满 16 周岁且具备刑事责任能力的自然人均可构成本罪，单位也可以成为非法处置进口的固体废物罪的主体，单位犯本罪的，对单位判处罚金，并对其直接负责的主管人员和其他直接责任人员以本罪处罚。

第四，本罪的主观方面由故意构成，即行为人明知是境外的固体废物，仍然违反国家规定，将其进境倾倒、堆放、处置的主观心理态度。在实践中，行为人的犯罪动机可能各有不同，但犯罪动机如何并不影响本罪的成立。

【犯罪认定】

1. 划清罪与非罪的界限

首先，构成非法处置进口的固体废物罪要求行为人的主观方面出于故意，过失不能构成本罪。如果行为人实施的非法处置进口固体废物的行为缺乏故意的主观心理态度，而是由于受他人欺骗、蒙蔽或陷害而将境外的固体废物进境倾倒、堆放或处置的，则不能对行为人以非法处置进口的固体废物罪论处。其次，根据刑法第 13 条但书的规定，“情节显著轻微危害不大的，不认为是犯罪”，在实践中，如果行为人虽然实施了非法处置进口固体废物的行为，但情节确实轻微，并未达到法定的构罪标准，则不应对行为人按犯罪处理，可视案件具体情况给予一般行政处罚。另外，根据 2017 年 1 月 1 日施行的最高人民法院、最高人民检察院《关于办理环境污染刑事案件适用法律若干问题的解释》的规定，行为人实施非法处置进口固体废物的行为，刚达到应当追究刑事责任的标准，但行为人及时采取措施，防止损失扩大、消除污染，全部赔偿损失，积极修复生态环境，且系初犯，确有悔罪表现的，可以认定为情节轻微，不起诉或者免予刑事处罚；确有必要判处刑罚的，应当从宽处罚。

2. 划清本罪与走私废物罪的界限

走私废物罪，是指违反海关法规、逃避海关监管，将境外固体废物、液态废物、气态废物运输进境，情节严重的行为，或者直接向走私人员非法收购走私进口的废物以及在内海、领海、界河、界湖运输、收购、贩卖固体废物、液态废物、气态废物，情节严重的行为。非法处置进口的固体废物罪与走私废物罪的犯罪主体都是一般主体，都可以由自然人和单位构成，并且主观方面也都是出于故意，两罪的主要区别在于：第一，犯罪行为侵犯的客体不同。走私废物罪侵犯的客体是国家禁止、限制固体废物、液态废物和气态废物进入国（边）境的海关监管制度；非法处置进口的固体废物罪侵犯的客体则是国家防治进口固体废物污染环境的管理制度。第二，两罪的客观方面表现不同。走私废物罪的客观方面表现为行为人违反海关法规、逃避海关监管，将境外固体废物、液态废物、气态废物运输进境，情节严重的行为，或者直接向走私人员非法收购走私进口的废物以及在内海、领海、界河、界湖运输、收购、贩卖固体废物、液态废物、气态废物，情节严重的行为，即主要表现为走私或类走私行为，犯罪对象既可以是固体废物，也可以是液态废物或气态废物；非法处置进口的固体废物罪的客观方面则表现为行为人违反国家规定，将境外的固体废物进境倾倒、堆放、处置的行为，即主要表现为固体废物的进境倾倒、堆放、处置行为，犯罪对象仅包括固体废物。在实践中，如果行为人走私固体废物后，又在我国境内倾倒、堆放、处置的，则既构成走私废物罪，又构成非法处置进口的固体废物罪，应当实行数罪并罚。

【立案标准】

行为人涉嫌违反国家相关规定，将境外的固体废物进境倾倒、堆放、处置的，应予以立案。

【法条链接】

《刑法》第三百三十九条　违反国家规定，将境外的固体废物进境倾倒、堆放、处置的，处五年以下有期徒刑或者拘役，并处罚金；造成重大环境污染事故，致使公私财产遭受重大损失或者严重危害人体健康的，处五年以上十年以下有期徒刑，并处罚金；后果特别严重的，处十年以上有期徒刑，并处罚金。

2017 年 1 月 1 日施行的最高人民法院、最高人民检察院《关于办理环境污染刑事案件适用法律若干问题的解释》

第二条　实施刑法第三百三十九条、第四百零八条规定的行为，致使公私财产损失三十万元以上，或者具有本解释第一条第十项至第十七项规定情形之一的，应当认定为“致使公私财产遭受重大损失或者严重危害人体健康”或者“致使公私财产遭受重大损失或者造成人身伤亡的严重后果”。

第三条　实施刑法第三百三十八条、第三百三十九条规定的行为，具有下列情形之一的，应当认定为“后果特别严重”：

（一）致使县级以上城区集中式饮用水水源取水中断十二小时以上的；

（二）非法排放、倾倒、处置危险废物一百吨以上的；

（三）致使基本农田、防护林地、特种用途林地十五亩以上，其他农用地三十亩以上，其他土地六十亩以上基本功能丧失或者遭受永久性破坏的；

（四）致使森林或者其他林木死亡一百五十立方米以上，或者幼树死亡七千五百株以上的；

（五）致使公私财产损失一百万元以上的；

（六）造成生态环境特别严重损害的；

（七）致使疏散、转移群众一万五千人以上的；

（八）致使一百人以上中毒的；

（九）致使十人以上轻伤、轻度残疾或者器官组织损伤导致一般功能障碍的；

（十）致使三人以上重伤、中度残疾或者器官组织损伤导致严重功能障碍的；

（十一）致使一人以上重伤、中度残疾或者器官组织损伤导致严重功能障碍，并致使五人以上轻伤、轻度残疾或者器官组织损伤导致一般功能障碍的；

（十二）致使一人以上死亡或者重度残疾的；

（十三）其他后果特别严重的情形。

第四条　实施刑法第三百三十八条、第三百三十九条规定的犯罪行为，具有下列情形之一的，应当从重处罚：

（一）阻挠环境监督检查或者突发环境事件调查，尚不构成妨害公务等犯罪的；

（二）在医院、学校、居民区等人口集中地区及其附近，违反国家规定排放、倾倒、处置有放射性的废物、含传染病病原体的废物、有毒物质或者其他有害物质的；

（三）在重污染天气预警期间、突发环境事件处置期间或者被责令限期整改期间，违反国家规定排放、倾倒、处置有放射性的废物、含传染病病原体的废物、有毒物质或者其他有害物质的；

（四）具有危险废物经营许可证的企业违反国家规定排放、倾倒、处置有放射性的废物、含传染病病原体的废物、有毒物质或者其他有害物质的。

第五条　实施刑法第三百三十八条、第三百三十九条规定的行为，刚达到应当追究刑事责任的标准，但行为人及时采取措施，防止损失扩大、消除污染，全部赔偿损失，积极修复生态环境，且系初犯，确有悔罪表现的，可以认定为情节轻微，不起诉或者免予刑事处罚；确有必要判处刑罚的，应当从宽处罚。

第八条 违反国家规定，排放、倾倒、处置含有毒害性、放射性、传染病病原体等物质的污染物，同时构成污染环境罪、非法处置进口的固体废物罪、投放危险物质罪等犯罪的，依照处罚较重的规定定罪处罚。

2008年发布的最高人民检察院、公安部《关于公安机关管辖的刑事案件立案追诉标准的规定（一）》

第六十一条 ［非法处置进口的固体废物案（刑法第三百三十九条第一款）］违反国家规定，将境外的固体废物进境倾倒、堆放、处置的，应予立案追诉。

十五、擅自进口固体废物罪

【罪名释义】

擅自进口固体废物罪，是指未经国务院有关主管部门许可，擅自进口固体废物用作原料，造成重大环境污染事故，致使公私财产遭受重大损失或者严重危害人体健康的行为。

【海上犯罪】

在海上犯罪中，擅自进口固体废物罪主要表现为行为人未经国务院有关主管部门许可，利用水上交通工具，如货船、滚装船、大型渔船等擅自将境外固体废物非法运进我国领海或内水的进口行为。

【犯罪构成】

本罪的犯罪构成表现在如下四个方面：

第一，本罪侵犯的客体是国家对固体废物进口利用的污染防治管理制度。本罪的犯罪对象是固体废物，所谓“固体废物”，是指在生产、生活或其他活动中产生的丧失原有利用价值或者虽未丧失利用价值但被抛弃或者放弃的固态、半固态和置于容器中的气态的物品、物质以及法律、行政法规规定纳入固体废物管理的物品、物质，本罪中的“固体废物”通常指能够用作原料、可以再次利用的固体废物。

第二，本罪的客观方面表现为未经国务院有关主管部门许可，擅自进口固体废物用作原料，造成重大环境污染事故，致使公私财产遭受重大损失或者严重危害人体健康的行为。所谓“擅自进口固体废物”，是指行为人未经国务院有关部门许可，超越进口权限，自行决定并实施进口固体废物的行为；所谓“未经许可”，主要是指未经国务院有关主管部门的许可，在实践中，通常表现为具有进口资格的行为人超越进口权限规定的数量、额度、标准等擅自进口固体废物的行为，也可以表现为行为人逾期未向国家相关主管部门补办或续办进口固体废物的相关许可，但仍然继续进口固体废物的行为。本罪的客观方面包括相互联系的三个要素：一是行为人实施了擅自进口固体废物的行为；二是造成了重大环境污染事故，发生了公私财产遭受重大损失或者严重危害人体健康的危害后果；三是行为人擅自进口固体废物的行为与严重危害后果之间具有法律上的因果关系。

第三，本罪的主体为一般主体，凡年满 16 周岁且具备刑事责任能力的自然人均可构成本罪，单位也可以成为擅自进口固体废物罪的主体，单位犯本罪的，对单位判处罚金，并对其直接负责的主管人员和其他直接责任人员以本罪处罚。

第四，本罪的主观方面由故意构成，即行为人明知未经国务院有关主管部门许可，仍然擅自进口固体废物的主观心理态度。在实践中，行为人通常具有谋取非法利益的目的，但犯罪目的如何并不影响本罪的成立。

【犯罪认定】

1. 划清罪与非罪的界限

首先，擅自进口固体废物罪要求行为人的主观方面出于故意，过失不能构成本罪。如果行为人虽然实施了擅自进口固体废物的行为，但并非出于主观故意，而是由于工作不负责任、粗心大意实施了该行为，则不能对行为人以擅自进口固体废物罪论处。其次，构成擅自进口固体废物罪，客观上必须造成了重大环境污染事故，发生了公私财产遭受重大损失或者严重危害人体健康的严重后果，如果行为人虽然实施了擅自进口固体废物的行为，但情节轻微，并未达到法定的构罪标准，未造成重大环境污染事故，也未使公私财产遭受重大损失或者严重危害人体健康的，则行为人不应构成本罪，可视案件具体情况给予一般行政处罚。另外，根据 2017 年 1 月 1 日施行的最高人民法院、最高人民检察院《关于办理环境污染刑事案件适用法律若干问题的解释》的规定，行为人实施擅自进口固体废物的行为，刚达到应当追究刑事责任的标准，但行为人及时采取措施，防止损失扩大、消除污染，全部赔偿损失，积极修复生态环境，且系初犯，确有悔罪表现的，可以认定为情节轻微，不起诉或者免予刑事处罚；确有必要判处刑罚的，应当从宽处罚。

2. 划清本罪与走私废物罪的界限

走私废物罪，是指违反海关法规、逃避海关监管，将境外固体废物、液态废物、气态废物运输进境，情节严重的行为，或者直接向走私人员非法收购走私进口的废物以及在内海、领海、界河、界湖运输、收购、贩卖固体废物、液态废物、气态废物，情节严重的行为。擅自进口固体废物罪与走私废物罪的犯罪主体都是一般主体，都可以由自然人和单位构成，并且主观方面也都是出于故意，两罪的主要区别在于：第一，犯罪行为侵犯的客体不同。走私废物罪侵犯的客体是国家禁止、限制固体废物、液态废物和气态废物进入国（边）境的海关监管制度；擅自进口固体废物罪侵犯的客体则是国家对固体废物进口利用的污染防治管理制度。第二，两罪的客观方面表现不同。走私废物罪的客观方面表现为行为人违反海关法规、逃避海关监管，将境外固体废物、液态废物、气态废物运输进境，情节严重的行为，或者直接向走私人员非法收购走私进口的废物以及在内海、领海、界河、界湖运输、收购、贩卖固体废物、液态废物、气态废物，情节严重的行为，犯罪对象既可以是固体废物，也可以是液态废物或气态废物；擅自进口固体废物罪的客观方面则表现为行为人未经国务院有关主管部门许可，擅自进口固体废物用作原料，造成重大环境污染事故，致使公私财产遭受重大损失或者严重危害人体健康的行为，犯罪对象仅包括固体废物。

3. 划清本罪与非法处置进口的固体废物罪的界限

非法处置进口的固体废物罪，是指违反国家相关规定，将境外的固体废物进境倾倒、堆放、处置的行为。非法处置进口的固体废物罪与擅自进口固体废物罪的犯罪主体都是一般主体，都可以由自然人和单位构成，犯罪对象都是固体废物，并且主观方面也都是出于故意，两罪的主要区别在于：第一，犯罪行为侵犯的客体不同。擅自进口固体废物罪侵犯的客体是国家对固体废物进口利用的污染防治管理制度；非法处置进口的固体废物罪侵犯的客体则是国家防治进口固体废物污染环境的管理制度。第二，两罪的客观方面表现不同。擅自进口固体废物罪的客观方面表现为行为人未经国务院有关主管部门许可，擅自进口固体废物用作原料，造成重大环境污染事故，致使公私财产遭受重大损失或者严重危害人体健康的行为，法律规制的是擅自进口行为，并且要求擅自进口行为导致了重大环境污染事故，发生了公私财产遭受重大损失或者严重危害人体健康的严重后果；非法处置进口的固体废物罪的客观方面则表现为行为人违反国家规定，将境外的固体废物进境倾倒、堆放、处置的行为，法律规制的是固体废物的进境倾倒、堆放、处置行为，并不以实际发生严重污染环境或其他严重后果为必要条件。在实践中，如果行为人实施了擅自进口固体废物行为后，又在我国境内倾倒、堆放、处置的，则既构成擅自进口固体废物罪，又构成非法处置进口的固体废物罪，应当实行数罪并罚。

【立案标准】

行为人涉嫌擅自进口固体废物的行为，具有下列情形的，应予以立案：

1. 致使公私财产损失30万元以上的；

2. 致使基本农田、防护林地、特种用途林地5亩以上，其他农用地10亩以上，其他土地20亩以上基本功能丧失或者遭受永久性破坏的；

3. 致使森林或者其他林木死亡50立方米以上，或者幼树死亡2500株以上的；

4. 致使1人以上死亡、3人以上重伤、10人以上轻伤，或者1人以上重伤并且5人以上轻伤的；

5. 致使传染病发生、流行或者人员中毒达到《国家突发公共卫生事件应急预案》中突发公共卫生事件分级Ⅲ级以上情形，严重危害人体健康的；

6. 其他致使公私财产遭受重大损失或者严重危害人体健康的情形。

【法条链接】

《刑法》第三百三十九条第二、三款　未经国务院有关主管部门许可，擅自进口固体废物用作原料，造成重大环境污染事故，致使公私财产遭受重大损失或者严重危害人体健康的，处五年以下有期徒刑或者拘役，并处罚金；后果特别严重的，处五年以上十年以下有期徒刑，并处罚金。

以原料利用为名，进口不能用作原料的固体废物、液态废物和气态废物的，依照本法第一百五十二条第二款、第三款的规定定罪处罚。

2008年发布的最高人民检察院、公安部《关于公安机关管辖的刑事案件立案追诉标准的规定（一）》

第六十二条　［擅自进口固体废物案（刑法第三百三十九条第二款）］未经国务院有关主管部门许可，擅自进口固体废物用作原料，造成重大环境污染事故，涉嫌下列情形之一的，应予立案追诉：

（一）致使公私财产损失三十万元以上的；

（二）致使基本农田、防护林地、特种用途林地五亩以上，其他农用地十亩以上，其他土地二十亩以上基本功能丧失或者遭受永久性破坏的；

（三）致使森林或者其他林木死亡五十立方米以上，或者幼树死亡二千五百株以上的；

（四）致使一人以上死亡、三人以上重伤、十人以上轻伤，或者一人以上重伤并且五人以上轻伤的；

（五）致使传染病发生、流行或者人员中毒达到《国家突发公共卫生事件应急预案》中突发公共卫生事件分级Ⅲ级以上情形，严重危害人体健康的；

（六）其他致使公私财产遭受重大损失或者严重危害人体健康的情形。

2017年1月1日施行的最高人民法院、最高人民检察院《关于办理环境污染刑事案件适用法律若干问题的解释》

第二条　实施刑法第三百三十九条、第四百零八条规定的行为，致使公私财产损失三十万元以上，或者具有本解释第一条第十项至第十七项规定情形之一的，应当认定为“致使公私财产遭受重大损失或者严重危害人体健康”或者“致使公私财产遭受重大损失或者造成人身伤亡的严重后果”。

第三条　实施刑法第三百三十八条、第三百三十九条规定的行为，具有下列情形之一的，应当认定为“后果特别严重”：

（一）致使县级以上城区集中式饮用水水源取水中断十二小时以上的；

（二）非法排放、倾倒、处置危险废物一百吨以上的；

（三）致使基本农田、防护林地、特种用途林地十五亩以上，其他农用地三十亩以上，其他土地六十亩以上基本功能丧失或者遭受永久性破坏的；

（四）致使森林或者其他林木死亡一百五十立方米以上，或者幼树死亡七千五百株以上的；

（五）致使公私财产损失一百万元以上的；

（六）造成生态环境特别严重损害的；

（七）致使疏散、转移群众一万五千人以上的；

（八）致使一百人以上中毒的；

（九）致使十人以上轻伤、轻度残疾或者器官组织损伤导致一般功能障碍的；

（十）致使三人以上重伤、中度残疾或者器官组织损伤导致严重功能障碍的；

（十一）致使一人以上重伤、中度残疾或者器官组织损伤导致严重功能障碍，并致使五人以上轻伤、轻度残疾或者器官组织损伤导致一般功能障碍的；

（十二）致使一人以上死亡或者重度残疾的；

（十三）其他后果特别严重的情形。

第四条　实施刑法第三百三十八条、第三百三十九条规定的犯罪行为，具有下列情形之一的，应当从重处罚：

（一）阻挠环境监督检查或者突发环境事件调查，尚不构成妨害公务等犯罪的；

（二）在医院、学校、居民区等人口集中地区及其附近，违反国家规定排放、倾倒、处置有放射性的废物、含传染病病原体的废物、有毒物质或者其他有害物质的；

（三）在重污染天气预警期间、突发环境事件处置期间或者被责令限期整改期间，违反国家规定排放、倾倒、处置有放射性的废物、含传染病病原体的废物、有毒物质或者其他有害物质的；

（四）具有危险废物经营许可证的企业违反国家规定排放、倾倒、处置有放射性的废物、含传染病病原体的废物、有毒物质或者其他有害物质的。

十六、非法捕捞水产品罪

【罪名释义】

非法捕捞水产品罪，是指违反水产资源保护法规，在禁渔区、禁渔期或者使用禁用的工具、方法捕捞水产品，情节严重的行为。

【海上犯罪】

在海上犯罪中，非法捕捞水产品罪既可以表现为行为人在我国领海、专属经济区违反禁渔区、禁渔期的规定或者使用禁用的工具、方法捕捞水产品，情节严重的行为，也可以表现为行为人在我国内海、内河、内湖、界河、界湖违反禁渔区、禁渔期的规定或者使用禁用的工具、方法捕捞水产品，情节严重的行为。

【犯罪构成】

本罪的犯罪构成表现在如下四个方面：

第一，本罪侵犯的客体是国家保护水产资源的管理活动。这里的“水产资源”是指海洋、江河、湖泊里出产的动物或藻类等的统称，包括具有经济价值的水生动物和水生植物，但本罪通常指水生动物。为了加强对水产资源的保护，国家通过立法对水产资源养殖、繁殖和捕捞等活动作出了具体的规定，在我国内水、领海、专属经济区从事捕捞业的单位和个人必须按照捕捞许可证关于作业类型、场所、时限和渔具类型、数量的规定进行作业，不得在禁渔区和禁渔期实施捕捞作业，也不得使用禁用的渔具、捕捞方法和小于规定的最小网眼尺寸的网具进行捕捞。

第二，本罪的客观方面表现为违反水产资源保护法规，在禁渔区、禁渔期或者使用禁用的工具、方法捕捞水产品，情节严重的行为。所谓“水产资源保护法规”，主要是指我国《渔业法》和《水产资源繁殖保护条例》等相关法规；所谓“禁渔区”，是指为保护某些重要的经济鱼类、虾蟹类或其他水产品资源，在其产卵繁殖、幼鱼生长、索饵育肥和越冬洄游水域，政府相关部门划定的全面禁止一切捕捞作业或禁止部分捕捞作业的特定区域；所谓“禁渔期”，是指为保护水产品的正常生长或繁殖，保证鱼类资源得以恢复和发展，政府相关部门规定的禁止一切捕捞作业或禁止部分捕捞作业的特定时期；所谓“禁用的工具”，是指超过国家针对不同捕捞对象分别规定的最小网眼尺寸的禁止使用的网具或其他会对水产资源造成破坏的禁止使用的捕捞工具；所谓“禁止的方法”，主要是指采用爆炸、放电、施毒等使水产品正常生长、繁殖受到严重损害的破坏性方法。另外，行为人非法捕捞水产品的行为只有达到“情节严重”的程度才能构成本罪。

第三，本罪的主体为一般主体，凡年满16周岁且具备刑事责任能力的自然人均可构成本罪，单位也可以成为非法捕捞水产品罪的主体，单位犯本罪的，对单位判处罚金，并对其直接负责的主管人员和其他直接责任人员以本罪处罚。外国人在我国管辖海域内实施非法捕捞水产品犯罪行为的，依照我国刑法追究刑事责任。

第四，本罪的主观方面由故意构成，即行为人明知是禁渔区、禁渔期或者明知是禁用的捕捞工具、捕捞方法而仍然违反水产资源保护法规，实施捕捞行为的主观心理态度，过失不构成本罪。在实践中，行为人通常具有谋取非法利益的犯罪动机，但犯罪动机如何并不影响本罪的成立。

【犯罪认定】

1. 划清罪与非罪的界限

首先，构成非法捕捞水产品罪要求行为人在主观上必须出于故意，过失不能构成本罪。如果行为人并不知道自己是在禁渔期、禁渔区实施捕捞水产的行为，只是由于过失才实施了违法行为的，不应按构成非法捕捞水产品罪处理。其次，构成非法捕捞水产品罪需要行为人的非法捕捞行为达到情节严重的程度，在实践中，如果行为人虽然在禁渔区、禁渔期或者使用禁用的工具、方法捕捞水产品，但所获水产品较少，未达到法定的构罪额度和标准，也未造成水产资源的严重破坏，则属于一般违法行为，不能以犯罪论处，可视案件具体情况给予行政处罚。

2. 划清本罪与破坏生产经营罪的界限

破坏生产经营罪，是指出于泄愤报复或其他个人目的，毁坏机器设备、残害耕畜或者以其他方法破坏生产经营的行为。非法捕捞水产品罪和破坏生产经营罪虽然都是对资源的破坏，主观方面也都表现为故意，但仍存在差别。两罪的主要区别在于：第一，两罪的主体不尽相同。虽然两罪的主体都是一般主体，但破坏生产经营罪的主体仅为自然人，非法捕捞水产品罪的主体不仅包括自然人，还包括单位。第二，两罪侵犯的客体不同。破坏生产经营罪侵犯的客体是复杂客体，既侵犯了公私财产所有权，也侵犯了正常的生产经营秩序；非法捕捞水产品罪侵犯的客体则是国家保护水产资源的管理活动。第三，两罪的客观方面表现不同。破坏生产经营罪的客观方面表现为毁坏机器设备、残害耕畜或者以其他方法破坏生产经营的行为；非法捕捞水产品罪的客观方面则表现为违反水产资源保护法规，在禁渔区、禁渔期或者使用禁用的工具、方法捕捞水产品，情节严重的行为。第四，两罪的主观方面不尽相同。虽然两罪的主观方面都由故意构成，但破坏生产经营罪要求行为人在主观上具有泄愤报复或者其他个人目的，而非法捕捞水产品罪虽然通常具有谋取非法利益的目的，但主观目的究竟如何，并不影响本罪成立。

【立案标准】

行为人涉嫌非法捕捞水产品的行为具有下列情形的，应予以立案：

1. 非法捕捞水产品 1 万公斤以上或者价值 10 万元以上的；

2. 非法捕捞有重要经济价值的水生动物苗种、怀卵亲体 2 千公斤以上或者价值 2 万元以上的；

3. 在水产种质资源保护区内捕捞水产品 2 千公斤以上或者价值 2 万元以上的；

4. 在禁渔区内使用禁用的工具或者方法捕捞的；

5. 在禁渔期内使用禁用的工具或者方法捕捞的；

6. 在公海使用禁用渔具从事捕捞作业，造成严重影响的；

7. 其他情节严重的情形。

【法条链接】

《刑法》第三百四十条　违反保护水产资源法规，在禁渔区、禁渔期或者使用禁用的工具、方法捕捞水产品，情节严重的，处三年以下有期徒刑、拘役、管制或者罚金。

2016年5月发布的最高人民法院《关于审理发生在我国管辖海域相关案件若干问题的规定（二）》

第四条　违反保护水产资源法规，在海洋水域，在禁渔区、禁渔期或者使用禁用的工具、方法捕捞水产品，具有下列情形之一的，应当认定为刑法第三百四十条规定的“情节严重”：

（一）非法捕捞水产品一万公斤以上或者价值十万元以上的；

（二）非法捕捞有重要经济价值的水生动物苗种、怀卵亲体二千公斤以上或者价值二万元以上的；

（三）在水产种质资源保护区内捕捞水产品二千公斤以上或者价值二万元以上的；

（四）在禁渔区内使用禁用的工具或者方法捕捞的；

（五）在禁渔期内使用禁用的工具或者方法捕捞的；

（六）在公海使用禁用渔具从事捕捞作业，造成严重影响的；

（七）其他情节严重的情形。

2016年8月施行的最高人民法院《关于审理发生在我国管辖海域相关案件若干问题的规定（一）》

第三条　中国公民或者外国人在我国管辖海域实施非法猎捕、杀害珍贵濒危野生动物或者非法捕捞水产品等犯罪的，依照我国刑法追究刑事责任。

十七、非法猎捕、杀害珍贵、濒危野生动物罪

【罪名释义】

非法猎捕、杀害珍贵、濒危野生动物罪，是指违反国家相关野生动物保护法规，猎捕、杀害国家重点保护的珍贵、濒危野生动物的行为。

【海上犯罪】

在海上犯罪中，非法猎捕、杀害珍贵、濒危野生动物罪既可以表现为行为人在我国领海、专属经济区违反国家相关野生动物保护法规，猎捕、杀害国家重点保护的珍贵、濒危野生动物的行为，也可以表现为行为人在我国内海、内河、内湖、界河、界湖违反国家相关野生动物保护法规，猎捕、杀害国家重点保护的珍贵、濒危野生动物的行为。犯罪对象既包括水下珍贵、濒危野生动物，也包括水上珍贵、濒危野生动物。

【犯罪构成】

本罪的犯罪构成表现在如下四个方面：

第一，本罪侵害的客体是国家保护珍贵、濒危野生动物资源的管理制度。本罪的犯罪对象是国家重点保护的珍贵、濒危野生动物。根据2000年12月11日实施的最高人民法院《关于审理破坏野生动物资源刑事案件具体应用法律若干问题的解释》规定，“珍贵、濒危野生动物”，本法规定保护的野生动物，是指珍贵、濒危的陆生、水生野生动物和有重要生态、科学、社会价值的陆生野生动物。包括列入国家重点保护野生动物名录的国家一、二级保护野生动物和列入《濒危野生动植物种国际贸易公约》附录Ⅰ、附录Ⅱ的野生动物以及驯养繁殖的上述物种。

第二，本罪的客观方面表现为违反国家相关野生动物保护法规，猎捕、杀害国家重点保护的珍贵、濒危野生动物的行为。所谓“违反国家相关野生动物保护法规”，主要是指违反《野生动物保

护法》、《陆生野生动物保护实施条例》、《水生野生动物保护实施条例》等法律法规。所谓“猎捕、杀害”，是指违反上述法律法规，未取得特许捕猎证或者虽取得特许捕猎证，但并未按照特许捕猎证规定的种类、数量、地点、工具、方法和期限等非法捕猎、非法杀害国家野生动物的行为。根据 2017 年 1 月开始实施的最新修订的《野生动物保护法》规定，猎捕者应当按照特许猎捕证、狩猎证规定的种类、数量、地点、工具、方法和期限进行猎捕。因科学研究、种群调控、疫源疫病监测或者其他特殊情况，需要猎捕国家一级保护野生动物的，应当向国务院野生动物保护主管部门申请特许猎捕证；需要猎捕国家二级保护野生动物的，应当向省、自治区、直辖市人民政府野生动物保护主管部门申请特许猎捕证；猎捕非国家重点保护野生动物的，应当依法取得县级以上地方人民政府野生动物保护主管部门核发的狩猎证，并且服从猎捕量限额管理。

第三，本罪的主体为一般主体，凡年满 16 周岁且具备刑事责任能力的自然人均可构成本罪，单位也可以成为非法猎捕、杀害珍贵、濒危野生动物罪的主体，单位犯本罪的，对单位判处罚金，并对其直接负责的主管人员和其他直接责任人员以本罪处罚。

第四，本罪的主观方面由故意构成，即行为人明知是国家重点保护的珍贵、濒危野生动物而仍然违反国家相关野生动物保护法规，实施非法猎捕、杀害行为的主观心理态度，过失不构成本罪。在实践中，行为人的犯罪动机各有不同，有的是为了牟取暴利，有的是为了个人食用或制作工艺品，但动机究竟如何并不影响本罪成立。

【犯罪认定】

1. 划清罪与非罪的界限

对行为人是否构成非法猎捕、杀害珍贵、濒危野生动物罪，主要应注意以下问题：首先，构成本罪要求行为人主观方面出于故意，如果行为人基于过失而猎捕、杀害国家重点保护的珍贵、濒危野生动物的，则不应构成本罪。其次，本罪的犯罪对象要求必须是国家重点保护的珍贵、濒危野生动物，即列入国家重点保护野生动物名录的国家一、二级保护野生动物和列入《濒危野生动植物种国际贸易公约》附录Ⅰ、附录Ⅱ的野生动物以及驯养繁殖的上述物种，在实践中，如果行为人实际猎捕、杀害的并非国家重点保护的珍贵、濒危野生动物的，则行为人也不能构成本罪，可能只是一般违法行为。

2. 划清本罪与非法狩猎罪的界限

非法狩猎罪，是指违反国家有关狩猎法规，在禁猎区、禁猎期或者使用禁用的工具、方法进行狩猎活动，情节严重的行为。非法猎捕、杀害珍贵、濒危野生动物罪和非法狩猎罪的主体都是一般主体，都可以由自然人和单位构成，主观方面也都由故意构成。两罪的主要区别在于：第一，两罪侵犯的客体不同。非法猎捕、杀害珍贵、濒危野生动物罪侵犯的客体是国家保护珍贵、濒危野生动物资源的管理制度，犯罪对象是国家重点保护的珍贵、濒危野生动物；非法狩猎罪侵犯的客体则是国家对野生动物的保护制度，犯罪对象是除珍贵、濒危野生动物以外的其他野生动物。第二，两罪的客观方面表现不同。非法猎捕、杀害珍贵、濒危野生动物罪的客观方面表现为违反国家相关野生动物保护法规，猎捕、杀害国家重点保护的珍贵、濒危野生动物的行为，法律规制的是任何表现形式的非法猎捕、杀害行为，并且本罪并不要求达到情节严重的程度才构成犯罪；非法狩猎罪的客观方面则表现为违反国家有关狩猎法规，在禁猎区、禁猎期或者使用禁用的工具、方法进行狩猎活动，情节严重的行为，法律规制的是在禁猎区、禁猎期或者使用禁用的工具、方法进行狩猎的行为，并且要求行为人的非法狩猎行为只有达到情节严重的程度才能构成犯罪。

3. 划清本罪与非法收购、运输、出售珍贵、濒危野生动物、珍贵、濒危野生动物制品罪的界限

非法收购、运输、出售珍贵、濒危野生动物、珍贵、濒危野生动物制品罪，是指非法收购、运输、出售国家重点保护的珍贵、濒

危野生动物、野生动物制品的行为。非法猎捕、杀害珍贵、濒危野生动物罪与非法收购、运输、出售珍贵、濒危野生动物、珍贵、濒危野生动物制品罪的主体都是一般主体，都可以由自然人和单位构成，主观方面也都由故意构成，并且犯罪行为侵犯的客体也都是国家保护珍贵、濒危野生动物资源的管理制度。两罪的主要区别在于：第一，两罪的犯罪对象不尽相同。虽然两罪的犯罪对象都包括国家重点保护的珍贵、濒危野生动物，但非法收购、运输、出售珍贵、濒危野生动物、珍贵、濒危野生动物制品罪的犯罪对象还包括珍贵、濒危野生动物制品。第二，两罪的客观方面表现不同。非法收购、运输、出售珍贵、濒危野生动物、珍贵、濒危野生动物制品罪的客观方面表现为非法收购、运输、出售国家重点保护的珍贵、濒危野生动物、野生动物制品的行为，法律仅规制收购、运输、出售行为；非法猎捕、杀害珍贵、濒危野生动物罪的客观方面则表现为违反国家相关野生动物保护法规，猎捕、杀害国家重点保护的珍贵、濒危野生动物的行为，法律规制的是非法猎捕、杀害行为。

【立案标准】

（一）行为人涉嫌非法猎捕、杀害国家重点保护的珍贵、濒危野生动物的行为，具有下列情形的，应予以立案：

1. 非法猎捕、杀害《国家重点保护野生动物名录》的国家一、二级保护野生动物的；

2. 非法猎捕、杀害《濒危野生动植物种国际贸易公约》附录Ⅰ、附录Ⅱ的野生动物以及驯养繁殖的上述物种的。

（二）行为人涉嫌非法猎捕、杀害国家重点保护的珍贵、濒危野生动物的行为，具有下列“情节严重”情形的，应予以立案：

1. 价值在50万元以上的；

2. 非法获利20万元以上的；

3. 造成海域生态环境严重破坏的；

4. 造成严重国际影响的；

5. 其他情节严重的情形。

（三）行为人涉嫌非法猎捕、杀害国家重点保护的珍贵、濒危野生动物的行为，具有下列“情节特别严重”情形的，应予以立案：

1. 价值或者非法获利达到本条第1款规定标准5倍以上的；

2. 价值或者非法获利达到本条第1款规定的标准，造成海域生态环境严重破坏的；

3. 造成海域生态环境特别严重破坏的；

4. 造成特别严重国际影响的；

5. 其他情节特别严重的情形。

【法条链接】

《刑法》第三百四十一条第一款　非法猎捕、杀害国家重点保护的珍贵、濒危野生动物的，或者非法收购、运输、出售国家重点保护的珍贵、濒危野生动物及其制品的，处五年以下有期徒刑或者拘役，并处罚金；情节严重的，处五年以上十年以下有期徒刑，并处罚金；情节特别严重的，处十年以上有期徒刑，并处罚金或者没收财产。

2016年5月发布的最高人民法院《关于审理发生在我国管辖海域相关案件若干问题的规定（二）》

第五条　非法采捕珊瑚、砗磲或者其他珍贵、濒危水生野生动物，具有下列情形之一的，应当认定为刑法第三百四十一条第一款规定的“情节严重”：

（一）价值在五十万元以上的；

（二）非法获利二十万元以上的；

（三）造成海域生态环境严重破坏的；

（四）造成严重国际影响的；

（五）其他情节严重的情形。

实施前款规定的行为，具有下列情形之一的，应当认定为刑法第三百四十一条第一款规定的“情节特别严重”：

（一）价值或者非法获利达到本条第一款规定标准五倍以上的；

（二）价值或者非法获利达到本条第一款规定的标准，造成海域生态环境严重破坏的；

（三）造成海域生态环境特别严重破坏的；

（四）造成特别严重国际影响的；

（五）其他情节特别严重的情形。

第六条　非法收购、运输、出售珊瑚、砗磲或者其他珍贵、濒危水生野生动物及其制品，具有下列情形之一的，应当认定为刑法第三百四十一条第一款规定的“情节严重”：

（一）价值在五十万元以上的；

（二）非法获利在二十万元以上的；

（三）具有其他严重情节的。

非法收购、运输、出售珊瑚、砗磲或者其他珍贵、濒危水生野生动物及其制品，具有下列情形之一的，应当认定为刑法第三百四十一条第一款规定的“情节特别严重”：

（一）价值在二百五十万元以上的；

（二）非法获利在一百万元以上的；

（三）具有其他特别严重情节的。

第七条　对案件涉及的珍贵、濒危水生野生动物的种属难以确定的，由司法鉴定机构出具鉴定意见，或者由国务院渔业行政主管部门指定的机构出具报告。

珍贵、濒危水生野生动物或者其制品的价值，依照国务院渔业行政主管部门的规定核定。核定价值低于实际交易价格的，以实际交易价格认定。

本解释所称珊瑚、砗磲，是指列入《国家重点保护野生动物名录》中国家一、二级保护的，以及列入《濒危野生动植物种国际贸易公约》附录一、附录二中的珊瑚、砗磲的所有种，包括活体和死体。

第八条　实施破坏海洋资源犯罪行为，同时构成非法捕捞罪、非法猎捕、杀害珍贵、濒危野生动物罪、组织他人偷越国（边）境罪、偷越国（边）境罪等犯罪的，依照处罚较重的规定定罪处罚。

有破坏海洋资源犯罪行为，又实施走私、妨害公务等犯罪的，依照数罪并罚的规定处理。

十八、非法采矿罪

【罪名释义】

非法采矿罪，是指违反矿产资源法的规定，未取得采矿许可证擅自采矿，擅自进入国家规划矿区、对国民经济具有重要价值的矿区和他人矿区范围采矿，或者擅自开采国家规定实行保护性开采的特定矿种，情节严重的行为。

【海上犯罪】

在海上犯罪中，非法采矿罪既可以表现为行为人在我国领海、专属经济区违反矿产资源法的规定，使用海上固定平台、移动平台、海上作业船或其他专用设备、工具非法采矿的行为；也可以表现为行为人在我国内海、内河、内湖违反矿产资源法的规定，使用专业的作业船只、采矿设备、工具非法采矿的行为；还可以表现为行为人在我国领海、内海、内河、内湖非法采挖海砂、河砂的行为。

【犯罪构成】

本罪的犯罪构成表现在如下四个方面：

第一，本罪侵犯的客体是国家保护矿产资源的管理制度。矿产资源是人们生产、生活的主要物质基础，是国家的宝贵财富。矿业的发展为国民经济其他行业提供了所需的能源和矿产品原料。因此，要大力加强矿产资源的开发利用。同时要看到矿产资源是不可再生的资源。虽然从总量而言，我国矿产资源储量丰富，但人均拥有的矿产资源储量却十分有限，一些重要矿种的储量还不能满足经济建设发展的需要。因此，我们必须对矿产资源加倍珍惜，加强对矿产资源的开发利用和保护，促进矿业的健康发展。近几年，随着市场经济的发展，对矿产资源的开发利用受到了社会的广泛关注，有越来越多的企业和个人加入采矿的行列，这对增加我国矿产品产量、安置农村剩余劳动力、帮助贫困地区农民致富发挥了重要作用。与此同时也带来了诸多社会问题，其中最突出的是个别企业或者个人盲目追求经济利益，无视国家法律的规定，非法采矿，给国家矿产资源造成了极大的破坏和损失，也给我国国民经济的健康发展带来了消极影响。

第二，本罪的客观方面表现为违反矿产资源法的规定，未取得采矿许可证擅自采矿，擅自进入国家规划矿区、对国民经济具有重要价值的矿区和他人矿区范围采矿，或者擅自开采国家规定实行保护性开采的特定矿种，情节严重的行为。根据 2016 年 11 月发布的最高人民法院、最高人民检察院《关于办理非法采矿、破坏性采矿刑事案件适用法律若干问题的解释》规定，这里的“违反矿产资源法的规定”是指违反《矿产资源法》、《水法》等法律、行政法规有关矿产资源开发、利用、保护和管理的规定。具体来说，本罪的客观方面可由下列三种行为构成：其一，无证采矿行为，即没有经过法定程序取得采矿许可证而擅自采矿的。根据《矿产资源法》的规定，不论是国营采矿企业，还是乡镇集体采矿企业或个体采矿企业，都必须经过国家相关部门审查批准并取得依法颁发的采矿许可证，才能实施矿业开采行为。根据《矿产资源法》第 16 条规定，开采下列矿产资源的，由国务院地质矿产主管部门审批，并颁发采矿许可证：（1）国家规划矿区和对国民经济具有重要价值的矿区内的矿产资源；（2）前项规定区域以外可供开采的矿产储量规模在大型以上的矿产资源；（3）国家规定实行保护性开采的特定矿种；（4）领海及中国管辖的其他海域的矿产资源；（5）国务院规定的其他矿产资源。开采石油、天然气、放射性矿产等特定矿种的，可以由国务院授权的有关主管部门审批，并颁发采矿许可证。开采第 1 款、第 2 款规定以外的矿产资源，其可供开采的矿产储量规划为中型的，由省、自治区、直辖市人民政府地质矿产主管部门审批和颁发采矿许可证。开采第 1 款、第 2 款和第 3 款规定以外的矿产资源的管理办法，由省、自治区、直辖市人民代表大会常务委员会依法制定。依照第 3 款、第 4 款的规定审批和颁发采矿许可证的，由省、自治区、直辖市人民政府地质矿产主管部门汇总向国务院地质矿产主管部门备案。矿产储量规模的大型、中型的划分标准，由国务院矿产储量审批机构规定。同时，《矿产资源法》规定，国家鼓励集体采矿企业开采国家指定范围内的矿产资源，允许个人采挖零星分散资源和只能用作普通建筑材料的砂、石、粘土以及生活自用采挖少量矿产。对开办乡镇集体采矿企业的审查批准、颁发采矿许可证的办法，个体采矿的管理办法，由省级权力机关制定。凡未经过上述合法程序取得采矿许可证的，均视为无证采矿行为。其二，擅自进入国家规划矿区、对国民经济具有重要价值的矿区以及他人矿区范围采矿的行为。根据法律规定，国家对国有规划矿区、对国民经济具有重要价值的矿区实行有计划开采，未经国务院有关主管部门批准，任何单位和个人不得擅自开采；任何单位和个人不得进入他人已取得采矿权的采矿区域、企业矿区内采矿。所谓“国家规划矿区”，是指在一定时期内，根据国民经济建设长期发展的需要和资源分布情况，经国务院或国务院有关主管部门依法定程序审查、批准，确定列入国家矿产资源开发长期或中期规划的矿区，以及作为老矿区后备资源基地的矿区。所谓“对国民经济具有重要价值的矿区”，是指经济价值重大或经济效益很高，对国家经济建设的全局性、战略性有重要影响的矿区。所谓“他人矿区范围”，是指国家矿业勘察、设计部门确定的并依照法律程序批准的行为人之外的其他人享有采矿许可的采矿范围，“擅自进入他人矿区范围采矿”即通常所说的“越界采矿”行为。根据《矿产资源法》的规定，任何单位和个人不得非法进入依法设立的国有采矿企业和其他采矿企业的矿区范围采矿，超越批准的矿区范围采矿的，责令退回本矿区范围内开采、赔偿损失，没收越界开采的矿产品和违法所得，可以并处罚款；拒不退回本矿区范围内开采，造成矿产资源严重破坏的，吊销采矿许可证，对直接责任人员追究刑事责任。其三，擅自开采保护性矿种，即擅自开采国家规定实行保护性开采的特定矿种，经责令停止开采后拒不停止的行为。国家对保护性开采的特定矿种实行有计划开采，未经国务院有关部门批准，任何单位和个人不得任意开采。所谓“保护性开采的特定矿种”，是指对国民经济建设、科学技术发展具有特殊重要价值、资源严重稀缺、贵重或者在国际市场上占有明显优势的、国家依法定程序确定的矿种，如国土资源部发布的《保护性开采的特定矿种勘查开采管理暂行办法》中规定的黄金矿、钨矿、锡矿、锑矿、稀土矿等矿种即为实行保护性开采的特定矿种。

第三，本罪的主体为一般主体，凡年满 16 周岁且具备刑事责任能力的自然人均可构成本罪，单位也可以成为非法采矿罪的主体，单位犯本罪的，对单位判处罚金，并对其直接负责的主管人员和其他直接责任人员以本罪处罚。

第四，本罪的主观方面由故意构成，即行为人明知未取得采矿许可证，或明知是国家规划矿区、对国民经济具有重要价值的矿区或他人矿区范围，以及明知是国家规定实行保护性开采的特定矿种，而仍然实施非法开采行为的主观心理态度，过失不构成本罪。在实践中，非法采矿行为人通常具有谋取非法利益的目的，但犯罪目的并不影响本罪的成立。

【犯罪认定】

1. 划清罪与非罪的界限

根据我国《刑法》规定，构成非法采矿罪要求行为人的主观方面必须出于故意，过失不能构成本罪。如果行为人虽然实施了非法采矿行为，但并非出于主观故意，而是由于工作不负责任、粗心大意或过于自信等主观过失实施了该行为的，则不能对行为人以非法采矿罪论处。另外，构成非法采矿罪，要求在客观上达到“情节严重”的程度，如果行为人虽然实施了非法采矿的行为，但情节轻微，并未达到法定的构罪标准，则行为人不应构成本罪，可视案件具体情况给予一般行政处罚。根据 2016 年 11 月发布的最高人民法院、最高人民检察院《关于办理非法采矿、破坏性采矿刑事案件适用法律若干问题的解释》规定，行为人实施非法采矿犯罪，不属于“情节特别严重”，行为人系初犯，全部退赃退赔，积极修复环境，并确有悔改表现的，可以认定为犯罪情节轻微，不起诉或者免予刑事处罚；对受雇佣为非法采矿犯罪提供劳务的人员，除参与利润分成或者领取高额固定工资的以外，一般不以犯罪论处，但曾因非法采矿受过处罚的除外。

2. 划清本罪与破坏性采矿罪的界限

破坏性采矿罪，是指违反矿产资源法的规定，采用破坏性方法开采矿产资源，造成矿产资源严重破坏的行为。非法采矿罪与破坏性采矿罪侵犯的客体都是国家保护矿产资源的管理制度，主观方面也都由故意构成，两罪的主要区别在于：第一，两罪的主体不同。非法采矿罪的主体是一般主体，包括已取得或未取得采矿许可证的自然人和单位，而破坏性采矿罪的主体是特殊主体，仅指已取得采矿许可证的自然人或单位。第二，两罪的客观方面表现不同。破坏性采矿罪的客观方面表现为违反矿产资源法的规定，采用破坏性方法开采矿产资源，造成矿产资源严重破坏的行为，法律规制的是有权开采但未按合理的开采顺序、开采方法和选矿工艺进行开采，致使矿产资源的开采回采率、采矿贫化率和选矿回收率达不到设计要求的行为；非法采矿罪的客观方面则表现为违反矿产资源法的规定，未取得采矿许可证擅自采矿，擅自进入国家规划矿区、对国民经济具有重要价值的矿区和他人矿区范围采矿，或者擅自开采国家规定实行保护性开采的特定矿种，情节严重的行为，法律规制的是无证开采或虽已取得采矿许可证但越界开采等无权开采行为。

3. 划清本罪与故意毁坏财物罪的界限

故意毁坏财物罪，是指故意非法毁损、破坏公私财物，情节严重或数额较大的行为。非法采矿罪与故意毁坏财物罪的主观方面都由故意构成，客观方面也都造成了资源或财物的损失，两罪的主要区别在于：第一，两罪的主体不同。非法采矿罪的主体是一般主体，包括已取得或未取得采矿许可证的自然人和单位；故意毁坏财物罪的主体虽然也是一般主体，但仅包括年满16周岁且具备刑事责任能力的自然人，并不包括单位。第二，两罪侵犯的客体不同。非法采矿罪侵犯的客体是国家保护矿产资源的管理制度；故意毁坏财物罪侵犯的客体则是公私财产所有权。第三，两罪的客观方面表现不同。非法采矿罪的客观方面表现为违反矿产资源法的规定，未取得采矿许可证擅自采矿，擅自进入国家规划矿区、对国民经济具有重要价值的矿区和他人矿区范围采矿，或者擅自开采国家规定实行保护性开采的特定矿种，情节严重的行为，法律规制的是无证开采或虽已取得采矿许可证但越界开采等无权开采行为；故意毁坏财物罪的客观方面则表现为故意毁损或者破坏公私财物，情节严重或数额较大的行为，法律规制的是仅是故意毁损或破坏行为。另外，非法采矿罪与故意毁坏财物罪发生的场所也不尽相同，非法采矿罪仅发生在含有矿产资源的场所，而故意毁坏财物罪发生的场所则要宽泛得多，可以发生在任何存有财物的地方。

【立案标准】

行为人涉嫌非法采矿，具有下列情形的，应予以立案：

1. 开采的矿产品价值或者造成矿产资源破坏的价值在10万元至30万元以上的；

2. 在国家规划矿区、对国民经济具有重要价值的矿区采矿，开采国家规定实行保护性开采的特定矿种，或者在禁采区、禁采期内采矿，开采的矿产品价值或者造成矿产资源破坏的价值在5万元至15万元以上的；

3. 2年内曾因非法采矿受过两次以上行政处罚，又实施非法采矿行为的；

4. 造成生态环境严重损害的；

5. 其他情节严重的情形。

【法条链接】

《刑法》第三百四十三条　违反矿产资源法的规定，未取得采矿许可证擅自采矿，擅自进入国家规划矿区、对国民经济具有重要价值的矿区和他人矿区范围采矿，或者擅自开采国家规定实行保护性开采的特定矿种，情节严重的，处三年以下有期徒刑、拘役或者管制，并处或者单处罚金；情节特别严重的，处三年以上七年以下有期徒刑，并处罚金。

2016 年 11 月发布的最高人民法院、最高人民检察院《关于办理非法采矿、破坏性采矿刑事案件适用法律若干问题的解释》

第一条　违反《中华人民共和国矿产资源法》《中华人民共和国水法》等法律、行政法规有关矿产资源开发、利用、保护和管理的规定的，应当认定为刑法第三百四十三条规定的“违反矿产资源法的规定”。

第二条　具有下列情形之一的，应当认定为刑法第三百四十三条第一款规定的“未取得采矿许可证”：

（一）无许可证的；

（二）许可证被注销、吊销、撤销的；

（三）超越许可证规定的矿区范围或者开采范围的；

（四）超出许可证规定的矿种的（共生、伴生矿种除外）；

（五）其他未取得许可证的情形。

第三条　实施非法采矿行为，具有下列情形之一的，应当认定为刑法第三百四十三条第一款规定的“情节严重”：

（一）开采的矿产品价值或者造成矿产资源破坏的价值在十万元至三十万元以上的；

（二）在国家规划矿区、对国民经济具有重要价值的矿区采矿，开采国家规定实行保护性开采的特定矿种，或者在禁采区、禁采期内采矿，开采的矿产品价值或者造成矿产资源破坏的价值在五万元至十五万元以上的；

（三）二年内曾因非法采矿受过两次以上行政处罚，又实施非法采矿行为的；

（四）造成生态环境严重损害的；

（五）其他情节严重的情形。

实施非法采矿行为，具有下列情形之一的，应当认定为刑法第三百四十三条第一款规定的“情节特别严重”：

（一）数额达到前款第一项、第二项规定标准五倍以上的；

（二）造成生态环境特别严重损害的；

（三）其他情节特别严重的情形。

第四条　在河道管理范围内采砂，具有下列情形之一，符合刑法第三百四十三条第一款和本解释第二条、第三条规定的，以非法采矿罪定罪处罚：

（一）依据相关规定应当办理河道采砂许可证，未取得河道采砂许可证的；

（二）依据相关规定应当办理河道采砂许可证和采矿许可证，既未取得河道采砂许可证，又未取得采矿许可证的。

实施前款规定行为，虽不具有本解释第三条第一款规定的情形，但严重影响河势稳定，危害防洪安全的，应当认定为刑法第三百四十三条第一款规定的“情节严重”。

第五条　未取得海砂开采海域使用权证，且未取得采矿许可证，采挖海砂，符合刑法第三百四十三条第一款和本解释第二条、第三条规定的，以非法采矿罪定罪处罚。

实施前款规定行为，虽不具有本解释第三条第一款规定的情形，但造成海岸线严重破坏的，应当认定为刑法第三百四十三条第一款规定的“情节严重”。

2008 年 6 月最高人民检察院、公安部《关于公安机关管辖的刑事案件立案追诉标准的规定（一）》

第六十八条　［非法采矿案（刑法第三百四十三条第一款）］

违反矿产资源法的规定，未取得采矿许可证擅自采矿的，或者擅自进入国家规划矿区、对国民经济具有重要价值的矿区和他人矿区范围采矿的，或者擅自开采国家规定实行保护性开采的特定矿种，经责令停止开采后拒不停止开采，造成矿产资源破坏的价值数额在五万元至十万元以上的，应予立案追诉。

具有下列情形之一的，属于本条规定的“未取得采矿许可证擅自采矿”：

（一）无采矿许可证开采矿产资源的；

（二）采矿许可证被注销、吊销后继续开采矿产资源的；

（三）超越采矿许可证规定的矿区范围开采矿产资源的；

（四）未按采矿许可证规定的矿种开采矿产资源的（共生、伴生矿种除外）；

（五）其他未取得采矿许可证开采矿产资源的情形。

在采矿许可证被依法暂扣期间擅自开采的，视为本条规定的“未取得采矿许可证擅自采矿”。

造成矿产资源破坏的价值数额，由省级以上地质矿产主管部门出具鉴定结论，经查证属实后予以认定。

十九、破坏性采矿罪

【罪名释义】

破坏性采矿罪，是指违反矿产资源法的规定，采取破坏性的开采方法开采矿产资源，造成矿产资源严重破坏的行为。

【海上犯罪】

在海上犯罪中，破坏性采矿罪既可以表现为行为人在我国领海、专属经济区违反矿产资源法的规定，使用海上固定平台、移动平台、海上作业船或其他专用设备、工具采取破坏性的开采方法开采矿产资源的行为；也可以表现为行为人在我国内海、内河、内湖违反矿产资源法的规定，使用专业的作业船只、采矿设备、工具采取破坏性的开采方法开采矿产资源的行为。

【犯罪构成】

本罪的犯罪构成表现在如下四个方面：

第一，本罪侵犯的客体是国家保护矿产资源的管理制度，犯罪对象是矿产资源。所谓“矿产资源”，是指通过地质成矿作用形成的，埋藏于地下或出露于地表以及埋藏于海底大陆架等地点的具有开发利用价值的矿物或有用元素的集合体。矿产资源是重要的自然资源，是人类社会生产、生活发展的重要物质基础，矿产资源属于非可再生资源，其储量是有限的。矿产资源通常要经过几千甚至数亿年的演变才得以形成，目前世界已探知的矿产有160多种，其中80多种应用较广泛，按矿产资源的不同特点和用途，可以细分为金属矿产、非金属矿产和能源矿产三大类。

第二，本罪的客观表现为违反矿产资源法的规定，采取破坏性的开采方法开采矿产资源，造成矿产资源严重破坏的行为。根据2016年11月发布的最高人民法院、最高人民检察院《关于办理非法采矿、破坏性采矿刑事案件适用法律若干问题的解释》规定，所谓“违反矿产资源法的规定”，是指违反《矿产资源法》、《水法》等法律、行政法规有关矿产资源开发、利用、保护和管理的规定。根据2008年6月发布的最高人民检察院、公安部《关于公安机关管辖的刑事案件立案追诉标准的规定（一）》规定，所谓“破坏性的开采方法”，是指行为人违反地质矿产主管部门审查批准的矿产资源开发利用方案开采矿产资源，并造成矿产资源严重破坏的行为。在实践中，破坏性开采行为通常表现为未按合理的开采顺序、开采方法和选矿工艺进行开采，致使矿产资源的开采回采率、采矿贫化率和选矿回收率达不到设计要求的行为。

第三，本罪的主体为特殊主体，即依法取得采矿许可证的自然人和单位。

第四，本罪的主观方面由故意构成，即行为人明知自己的开采行为违反了地质矿产主管部门审查批准的矿产资源开发利用方案，而仍然实施违法采矿行为的主观心理态度，过失不构成本罪。在实践中，破坏性采矿行为人通常具有谋取非法利益的目的，但犯罪目的并不影响本罪的成立。

【犯罪认定】

1. 划清罪与非罪的界限

对于行为人是否构成破坏性采矿罪主要应注意以下问题：首先，构成本罪要求行为人主观方面出于故意，如果行为人基于过失使用了破坏性的开采方法开采矿产资源的，则不应构成本罪；其次，行为人实施的破坏性开采矿产资源的行为必须造成了矿产资源严重破坏的严重后果，如果行为人采取破坏性的开采方法开采矿产资源，但并未造成矿产资源的严重破坏，则不应对行为人按本罪论处，只是一般的违法行为，可视案件具体情况给予行政处罚。根据2016 年 11 月发布的最高人民法院、最高人民检察院《关于办理非法采矿、破坏性采矿刑事案件适用法律若干问题的解释》规定，实施破坏性采矿犯罪，行为人系初犯，全部退赃退赔，积极修复环境，并确有悔改表现的，可以认定为犯罪情节轻微，不起诉或者免予刑事处罚；对受雇佣为破坏性采矿犯罪提供劳务的人员，除参与利润分成或者领取高额固定工资的以外，一般不以犯罪论处，但曾因破坏性采矿受过处罚的除外。

2. 划清本罪与非法采矿罪的界限

非法采矿罪，是指违反矿产资源法的规定，未取得采矿许可证擅自采矿，擅自进入国家规划矿区、对国民经济具有重要价值的矿区和他人矿区范围采矿，或者擅自开采国家规定实行保护性开采的特定矿种，情节严重的行为。非法采矿罪与破坏性采矿罪侵犯的客体都是国家保护矿产资源的管理制度，主观方面也都由故意构成，两罪的主要区别在于：第一，两罪的主体不同。非法采矿罪的主体是一般主体，包括已取得或未取得采矿许可证的自然人和单位，而破坏性采矿罪的主体是特殊主体，仅指已取得采矿许可证的自然人或单位。第二，两罪的客观方面表现不同。破坏性采矿罪的客观方面表现为违反矿产资源法的规定，采用破坏性方法开采矿产资源，造成矿产资源严重破坏的行为，法律规制的是有权开采但未按合理的开采顺序、开采方法和选矿工艺进行开采，致使矿产资源的开采回采率、采矿贫化率和选矿回收率达不到设计要求的行为；非法采矿罪的客观方面则表现为违反矿产资源法的规定，未取得采矿许可证擅自采矿，擅自进入国家规划矿区、对国民经济具有重要价值的矿区和他人矿区范围采矿，或者擅自开采国家规定实行保护性开采的特定矿种，情节严重的行为，法律规制的是无证开采或虽已取得采矿许可证但越界开采等无权开采行为。

3. 划清本罪与故意毁坏财物罪的界限

故意毁坏财物罪，是指故意非法毁损、破坏公私财物，情节严重或数额较大的行为。破坏性采矿罪与故意毁坏财物罪的主观方面都由故意构成，客观方面也都造成了资源或财物的破坏，两罪的主要区别在于：第一，两罪的主体不同。破坏性采矿罪的主体为特殊主体，即依法取得采矿许可证的自然人和单位；故意毁坏财物罪的主体则是一般主体，并且仅包括年满 16 周岁且具备刑事责任能力的自然人，并不包括单位。第二，两罪侵犯的客体不同。破坏性采矿罪侵犯的客体是国家保护矿产资源的管理制度，犯罪对象是矿产资源；故意毁坏财物罪侵犯的客体则是公私财产所有权，犯罪对象通常是普通财物。第三，两罪的客观方面表现不同。破坏性采矿罪的客观方面表现为违反矿产资源法的规定，采取破坏性的开采方法开采矿产资源，造成矿产资源严重破坏的行为，法律规制的是有权开采但未按合理的开采顺序、开采方法和选矿工艺进行开采，致使矿产资源的开采回采率、采矿贫化率和选矿回收率达不到设计要求的行为；故意毁坏财物罪的客观方面则表现为故意毁损或者破坏公私财物，情节严重或数额较大的行为，法律规制的仅是故意毁损或破坏行为。另外，破坏性采矿罪与故意毁坏财物罪发生的场所也不尽相同，破坏性采矿罪仅发生在实施采矿作业的场所，而故意毁坏财物罪发生的场所则要宽泛得多，可以发生在任何存有财物的地方。

【立案标准】

行为人涉嫌实施破坏性采矿行为，具有下列情形的，应予以立案：

1. 造成矿产资源破坏的价值在50万元至100万元以上的；

2. 造成国家规划矿区、对国民经济具有重要价值的矿区和国家规定实行保护性开采的特定矿种资源破坏的价值在25万元至50万元以上的。

【法条链接】

《刑法》第三百四十三条第二款　违反矿产资源法的规定，采取破坏性的开采方法开采矿产资源，造成矿产资源严重破坏的，处五年以下有期徒刑或者拘役，并处罚金。

2016年11月发布的最高人民法院、最高人民检察院《关于办理非法采矿、破坏性采矿刑事案件适用法律若干问题的解释》

第一条　违反《中华人民共和国矿产资源法》《中华人民共和国水法》等法律、行政法规有关矿产资源开发、利用、保护和管理的规定的，应当认定为刑法第三百四十三条规定的“违反矿产资源法的规定”。

第六条　造成矿产资源破坏的价值在五十万元至一百万元以上，或者造成国家规划矿区、对国民经济具有重要价值的矿区和国家规定实行保护性开采的特定矿种资源破坏的价值在二十五万元至五十万元以上的，应当认定为刑法第三百四十三条第二款规定的“造成矿产资源严重破坏”。

第七条　明知是犯罪所得的矿产品及其产生的收益，而予以窝藏、转移、收购、代为销售或者以其他方法掩饰、隐瞒的，依照刑法第三百一十二条的规定，以掩饰、隐瞒犯罪所得、犯罪所得收益罪定罪处罚。

实施前款规定的犯罪行为，事前通谋的，以共同犯罪论处。

第八条　多次非法采矿、破坏性采矿构成犯罪，依法应当追诉的，或者二年内多次非法采矿、破坏性采矿未经处理的，价值数额累计计算。

第九条　单位犯刑法第三百四十三条规定之罪的，依照本解释规定的相应自然人犯罪的定罪量刑标准，对直接负责的主管人员和其他直接责任人员定罪处罚，并对单位判处罚金。

第十条　实施非法采矿犯罪，不属于“情节特别严重”，或者实施破坏性采矿犯罪，行为人系初犯，全部退赃退赔，积极修复环境，并确有悔改表现的，可以认定为犯罪情节轻微，不起诉或者免予刑事处罚。

第十一条　对受雇佣为非法采矿、破坏性采矿犯罪提供劳务的人员，除参与利润分成或者领取高额固定工资的以外，一般不以犯罪论处，但曾因非法采矿、破坏性采矿受过处罚的除外。

第十二条　对非法采矿、破坏性采矿犯罪的违法所得及其收益，应当依法追缴或者责令退赔。

对用于非法采矿、破坏性采矿犯罪的专门工具和供犯罪所用的本人财物，应当依法没收。

2008 年 6 月发布的最高人民检察院、公安部《关于公安机关管辖的刑事案件立案追诉标准的规定（一）》

第六十九条　［破坏性采矿案（刑法第三百四十三条第二款）］违反矿产资源法的规定，采取破坏性的开采方法开采矿产资源，造成矿产资源严重破坏，价值数额在三十万元至五十万元以上的，应予立案追诉。

本条规定的“采取破坏性的开采方法开采矿产资源”，是指行为人违反地质矿产主管部门审查批准的矿产资源开发利用方案开采矿产资源，并造成矿产资源严重破坏的行为。

破坏性的开采方法以及造成矿产资源严重破坏的价值数额，由省级以上地质矿产主管部门出具鉴定结论，经查证属实后予以认定。

二十、非法采伐、毁坏国家重点保护植物罪

【罪名释义】

非法采伐、毁坏国家重点保护植物罪，是指违反国家规定，非法采伐、毁坏珍贵树木或者国家重点保护的其他植物的行为。

【海上犯罪】

在海上犯罪中，非法采伐、毁坏国家重点保护植物罪通常表现为行为人在我国领海、专属经济区、内海、内河、内湖违反国家规定，使用水上交通运输工具或专门作业设备、工具非法采伐、毁坏水韭属、水蕨属、貉藻等国家重点保护水生植物的行为。

【犯罪构成】

本罪的犯罪构成表现在如下四个方面：

第一，本罪侵犯的客体是国家保护重点植物资源的管理制度。犯罪对象是国家重点保护的植物。所谓“国家重点保护的植物”，是指由省级以上林业主管部门或者其他部门确定的具有重大历史纪念意义、科学研究价值或者年代久远的古树名木，国家禁止、限制出口的珍贵树木以及列入《国家重点保护野生植物名录》的植物。就海上犯罪而言，本罪的犯罪对象包括列入《国家重点保护野生植物名录》的水韭属、水蕨属、貉藻等国家重点保护的一、二级水生植物。

第二，本罪的客观方面表现为违反国家规定，非法采伐、毁坏珍贵树木或者国家重点保护的其他植物的行为。所谓“违反国家规定”，是指违反《森林法》、《国家重点保护野生植物名录》等相关法律、法规的规定。所谓“非法采伐”，是指没有取得采伐许可证而进行采伐或者违反许可证规定的面积、株数、植物种类进行采伐的行为。所谓“毁坏”，是指行为人采用铲除、刮削、砍枝等方法致使珍贵树木或者国家重点保护的其他植物死亡或者影响其正常生长的行为。在海上犯罪中，非法采伐、毁坏国家重点保护植物罪

的客观方面通常表现为行为人使用水上交通运输、作业工具或专门作业设备、工具非法采伐、毁坏水韭属、水蕨属、貉藻等国家重点保护的一、二级水生植物的行为，行为人非法实施的“采捞”、“捞取”行为与“采伐”具有同质性，行为人非法实施的“毁损”、“破坏”国家重点保护的一、二级水生植物的行为，导致国家重点保护的水生植物死亡或者影响其正常生长的，应视为“毁坏”行为。

第三，本罪的主体为一般主体，凡年满 16 周岁且具备刑事责任能力的自然人均可构成本罪，单位也可以成为非法采伐、毁坏国家重点保护植物罪的主体，单位犯本罪的，对单位判处罚金，并对其直接负责的主管人员和其他直接责任人员以本罪处罚。

第四，本罪的主观方面由故意构成，即行为人明知是珍贵树木或者国家重点保护的其他植物，而仍然实施非法采伐、毁坏行为的主观心理态度，过失不构成本罪。在实践中，行为人非法采伐、毁坏国家重点保护植物的动机各有不同，但犯罪动机并不影响本罪的成立。

【犯罪认定】

1. 划清罪与非罪的界限

首先，构成非法采伐、毁坏国家重点保护植物罪要求行为人的主观方面出于故意，过失不能构成本罪。如果行为人实施的非法采伐、毁坏行为缺乏故意的主观心理态度，则不能对行为人以非法采伐、毁坏国家重点保护植物罪论处，可视案件具体情况给予相应的行政处理。其次，应正确认识非法采伐、毁坏国家重点保护植物罪的犯罪对象，本罪的犯罪对象是国家重点保护的植物，即由省级以上林业主管部门或者其他部门确定的具有重大历史纪念意义、科学研究价值或者年代久远的古树名木，国家禁止、限制出口的珍贵树木，以及列入《国家重点保护野生植物名录》的植物，就海上犯罪而言，本罪的犯罪对象包括列入《国家重点保护野生植物名录》的水韭属、水蕨属、貉藻等国家重点保护的一、二级水生植物。在实践中，如果行为人非法采伐、毁坏的对象并非国家重点保护的植物，则不应构成本罪。最后，根据刑法第 13 条但书的规定“情节显著轻微危害不大的，不认为是犯罪”，如果行为人实施的非法采伐、毁坏行为并未对国家重点保护植物造成损害或仅造成轻微损害的，则对行为人不宜按构成非法采伐、毁坏国家重点保护植物罪论处，可根据案件具体情况给予相应的行政处罚。

2. 划清本罪与盗伐林木罪、滥伐林木罪的界限

盗伐林木罪与滥伐林木罪分别指违反国家森林法的规定，盗伐、滥伐森林或其他林木，数量较大的行为。非法采伐、毁坏国家重点保护植物罪与盗伐林木罪、滥伐林木罪都属于侵害国家植物资源的犯罪，主体都包括自然人和单位，主观方面也都是出于故意，三罪主要区别如下：第一，犯罪对象不同。非法采伐、毁坏国家重点保护植物罪的犯罪对象只能是国家重点保护的植物，即由省级以上林业主管部门或者其他部门确定的具有重大历史纪念意义、科学研究价值或者年代久远的古树名木，国家禁止、限制出口的珍贵树木以及列入《国家重点保护野生植物名录》的植物，而盗伐林木罪和滥伐林木罪的犯罪对象则是国家重点保护植物以外的其他普通林木。第二，犯罪客观方面表现不同。非法采伐、毁坏国家重点保护植物罪的客观方面表现为违反国家规定，非法采伐、毁坏珍贵树木或国家重点保护植物的行为，本罪属于选择性罪名，不仅包括非法采伐的行为，还包括故意毁坏的行为，行为人只要实施了非法采伐或故意毁坏行为之一即可构成本罪，并且犯罪成立没有情节上的要求；盗伐林木罪与滥伐林木罪的客观方面则分别表现为违反国家森林法的规定，盗伐、滥伐森林或其他林木，数量较大的行为，此两罪均为情节犯，要求达到“数量较大”的法定情节才能构成犯罪。另外，盗伐林木罪与滥伐林木罪通常仅适用于陆上犯罪，而非法采伐、毁坏国家重点保护植物罪既可以适用于陆上犯罪，也可以适用于海上犯罪。

【立案标准】

行为人涉嫌违反国家规定，非法采伐、毁坏珍贵树木或者国家重点保护的其他植物的，应予以立案。

【法条链接】

《刑法》第三百四十四条　违反国家规定，非法采伐、毁坏珍贵树木或者国家重点保护的其他植物的，或者非法收购、运输、加工、出售珍贵树木或者国家重点保护的其他植物及其制品的，处三年以下有期徒刑、拘役或者管制，并处罚金；情节严重的，处三年以上七年以下有期徒刑，并处罚金。

2008 年 6 月发布的最高人民检察院、公安部《关于公安机关管辖的刑事案件立案追诉标准的规定（一）》

第七十条　［非法采伐、毁坏国家重点保护植物案（刑法第三百四十四条）］违反国家规定，非法采伐、毁坏珍贵树木或者国家重点保护的其他植物的，应予立案追诉。

本条和本规定第七十一条规定的“珍贵树木或者国家重点保护的其他植物”，包括由省级以上林业主管部门或者其他部门确定的具有重大历史纪念意义、科学研究价值或者年代久远的古树名木，国家禁止、限制出口的珍贵树木以及列入《国家重点保护野生植物名录》的树木或者其他植物。

2001 年 5 月发布的国家林业局、公安部《关于森林和陆生野生动物刑事案件管辖及立案标准》

二、森林和陆生野生动物刑事案件的立案标准

……

（四）非法采伐、毁坏珍贵树木案

非法采伐、毁坏珍贵树木的应当立案；采伐珍贵树木 2 株、2 立方米以上或者毁坏珍贵树木致死 3 株以上的，为重大案件；采伐珍贵树木 10 株、10 立方米以上或者毁坏珍贵树木致死 15 株以上的，为特别重大案件。

二十一、非法收购、运输、加工、出售国家重点保护植物、国家重点保护植物制品罪

【罪名释义】

非法收购、运输、加工、出售国家重点保护植物、国家重点保护植物制品罪，是指违反国家规定，非法收购、运输、加工、出售珍贵树木或者国家重点保护的其他植物及其制品的行为。

【海上犯罪】

在海上犯罪中，非法收购、运输、加工、出售国家重点保护植物、国家重点保护植物制品罪既可以表现为行为人利用海上交通工具，如货船、客船、滚装船、渔船等实施的非法收购、运输、加工、出售国家重点保护植物及其制品的行为，也可以表现为行为人利用海上固定平台、浮动平台实施的非法收购、运输、加工、出售国家重点保护植物及其制品的行为。犯罪对象是水韭属、水蕨属、貉藻等列入《国家重点保护野生植物名录》的水生植物。

【犯罪构成】

本罪的犯罪构成表现在如下四个方面：

第一，本罪侵犯的客体是国家保护重点植物资源及其制品的管理制度。犯罪对象是国家重点保护的植物及其制品。所谓“国家重点保护的植物及其制品”，应理解为由省级以上林业主管部门或者其他部门确定的具有重大历史纪念意义、科学研究价值或者年代久远的古树名木，国家禁止、限制出口的珍贵树木以及列入《国家重点保护野生植物名录》的植物以及上述植物制品。就海上犯罪而言，本罪的犯罪对象包括列入《国家重点保护野生植物名录》的水韭属、水蕨属、貉藻等国家重点保护的一、二级水生植物。

第二，本罪的客观方面表现为违反国家规定，非法收购、运输、加工、出售珍贵树木或者国家重点保护的其他植物及其制品的行为。所谓“违反国家规定”，主要是指违反《森林法》、《国家重

点保护野生植物名录》等相关法律、法规的规定。所谓“非法收购”，是指行为人出于营利、自用等目的，明知自己没有权限而仍然实施的购买国家重点保护植物及其制品的行为；所谓“非法运输”，是指行为人出于营利、自用等目的，明知自己没有权限而采用携带、夹带、邮寄等方法运送国家重点保护植物及其制品的行为；所谓“非法加工”，是指行为人出于营利、自用等目的，明知自己没有权限而将国家重点保护植物制成成品或者半成品的行为；所谓“非法出售”，是指行为人出于营利目的，明知自己没有权限而将国家重点保护植物或其制品与他人交易的行为。本罪属于选择性罪名，犯罪行为和犯罪对象都可以选择，行为人只要实施了非法收购、运输、加工、出售行为之一即可构成本罪，犯罪对象只要符合国家重点保护植物或其制品之一，也同样可以构成本罪。在实践中，如果行为人实施了两种以上行为，或者行为对象既包括国家重点保护的植物也包括植物制品的，通常仍定为一罪，加重处罚，而不实行数罪并罚。

第三，本罪的主体为一般主体，凡年满 16 周岁且具备刑事责任能力的自然人均可构成本罪，单位也可以成为非法收购、运输、加工、出售国家重点保护植物、国家重点保护植物制品罪的主体，单位犯本罪的，对单位判处罚金，并对其直接负责的主管人员和其他直接责任人员以本罪处罚。

第四，本罪的主观方面由故意构成，即行为人明知是珍贵树木或者国家重点保护的其他植物及其制品，仍然违反国家规定实施非法收购、运输、加工、出售行为的主观心理态度。在实践中，行为人主观上通常具有牟利目的，但犯罪目的如何并不影响本罪成立。

【犯罪认定】

1. 划清罪与非罪的界限

对于行为人是否构成非法收购、运输、加工、出售国家重点保护植物、国家重点保护植物制品罪，主要应注意以下问题：首先，构成本罪要求行为人主观方面出于故意，如果行为人基于过失实施了收购、运输、加工、出售珍贵树木或者国家重点保护的其他植物及其制品的行为，则不应构成本罪；其次，应正确认识非法收购、运输、加工、出售国家重点保护植物、国家重点保护植物制品罪的犯罪对象，本罪的犯罪对象是国家重点保护的植物及其制品，即由省级以上林业主管部门或者其他部门确定的具有重大历史纪念意义、科学研究价值或者年代久远的古树名木，国家禁止、限制出口的珍贵树木，以及列入《国家重点保护野生植物名录》的植物及其制品，就海上犯罪而言，本罪的犯罪对象包括列入《国家重点保护野生植物名录》的水韭属、水蕨属、貉藻等国家重点保护的一、二级水生植物。在实践中，如果行为人非法收购、运输、加工、出售的对象并非国家重点保护的植物或其制品，则不应构成本罪。

2. 划清本罪与走私国家禁止进出口的货物、物品罪的界限

走私国家禁止进出口的货物、物品罪，是指违反海关法规关于禁止进出口货物、物品的规定，逃避海关监管，非法运输、携带、邮寄国家禁止进出口的珍稀植物及其制品等其他货物、物品进出国（边）境的行为，或者直接向走私人员非法收购国家禁止进口的货物、物品以及在内海、领海、界河、界湖运输、收购、贩卖国家禁止进出口的货物、物品的行为。非法收购、运输、加工、出售国家重点保护植物、国家重点保护植物制品罪与走私国家禁止进出口的货物、物品罪的犯罪对象都包括国家重点保护的珍稀植物及其制品，主体都是一般主体，都可以由自然人和单位构成犯罪，主观方面也都是出于故意，两罪的主要区别在于：第一，犯罪行为侵犯的客体不同。走私国家禁止进出口的货物、物品罪侵犯的客体是国家海关对珍稀植物及其制品等国家禁止进出口的其他货物、物品的监管制度；非法收购、运输、加工、出售国家重点保护植物、国家重点保护植物制品罪侵犯的客体则是国家保护重点植物资源及其制品的管理制度。第二，犯罪的客观方面表现不同。走私国家禁止进出口的货物、物品罪的客观方面表现为违反海关法规关于禁止进出口

货物、物品的规定，逃避海关监管，非法运输、携带、邮寄国家禁止进出口的珍稀植物及其制品等其他货物、物品进出国（边）境的行为，或者直接向走私人员非法收购国家禁止进口的货物、物品以及在内海、领海、界河、界湖运输、收购、贩卖国家禁止进出口的货物、物品的行为，刑法规制的是违反海关法规、逃避海关监管的走私行为；非法收购、运输、加工、出售国家重点保护植物、国家重点保护植物制品罪的客观方面则表现为行为人违反国家规定，非法收购、运输、加工、出售珍贵树木或者国家重点保护的其他植物及其制品的行为，刑法规制的是非法收购、运输、加工、出售行为，与违反海关法规、逃避海关监管无关。

【立案标准】

行为人涉嫌违反国家规定，非法收购、运输、加工、出售珍贵树木或者国家重点保护的其他植物及其制品的，应予以立案。

【法条链接】

《刑法》第三百四十四条　违反国家规定，非法采伐、毁坏珍贵树木或者国家重点保护的其他植物的，或者非法收购、运输、加工、出售珍贵树木或者国家重点保护的其他植物及其制品的，处三年以下有期徒刑、拘役或者管制，并处罚金；情节严重的，处三年以上七年以下有期徒刑，并处罚金。

2008 年 6 月发布的最高人民检察院、公安部《关于公安机关管辖的刑事案件立案追诉标准的规定（一）》

第七十一条　［非法收购、运输、加工、出售国家重点保护植物、国家重点保护植物制品案（刑法第三百四十四条）］违反国家规定，非法收购、运输、加工、出售珍贵树木或者国家重点保护的其他植物及其制品的，应予立案追诉。

二十二、走私、贩卖、运输、制造毒品罪

【罪名释义】

走私、贩卖、运输、制造毒品罪，是指违反国家相关毒品管理法规，走私、贩卖、运输、制造鸦片、海洛因、甲基苯丙胺（冰毒）、吗啡、大麻、可卡因或其他毒品的行为。

【海上犯罪】

在海上犯罪中，走私、贩卖、运输、制造毒品罪有多种表现形式，但通常只表现为对毒品的走私、贩卖、运输行为。在犯罪场所方面，既可以表现为行为人在海上交通工具上，如货船、客船、滚装船、渔船、游艇等场所实施的走私、贩卖、运输毒品的行为，也可以表现为行为人在海上固定平台、浮动平台实施的走私、贩卖、运输毒品的行为；在犯罪方法方面，既可以表现为行为人作为海上交通工具的乘坐者通过随身携带、夹带、藏匿等方式走私、贩卖、运输毒品的行为，也可以表现为行为人作为海上交通工具的所有者、使用者通过在交通工具内设置夹层、暗格等，以夹带、藏匿的方式走私、贩卖、运输毒品的行为。

【犯罪构成】

本罪的犯罪构成表现在如下四个方面：

第一，本罪侵犯的客体是国家对毒品的管理制度。本罪的犯罪对象是毒品。所谓“毒品”，是指鸦片、海洛因、甲基苯丙胺（冰毒）、吗啡、大麻、可卡因或者其他依照国家相关法规需要管制的，能够使人形成瘾癖的麻醉药品和精神药品。所谓“麻醉药品”，是指对中枢神经有麻醉作用，连续使用后易产生身体依赖性、能形成瘾癖的药品，常用的麻醉药品有醋托啡、乙酰阿法甲基芬太尼、醋美沙朵等；所谓“精神药品”，是指直接作用于中枢神经系统，使之产生极度兴奋或抑制，连续使用能产生依赖性的药品，如卡西酮、安纳咖、苯丙胺、甲米雷司等。根据 2015 年 9 月

公安部、国家卫生计生委、国家食品药品监管总局、国家禁毒办联合发布的《非药用类麻醉药品和精神药品列管办法》的规定，麻醉药品和精神药品按照药用类和非药用类分类列管，对列管的非药用类麻醉药品和精神药品，禁止任何单位和个人生产、买卖、运输、使用、储存和进出口，因科研、实验需要使用非药用类麻醉药品和精神药品的需要经过严格的审批程序。根据公安部、国家食品药品监管总局、国家卫生计生委2017年1月联合发布的《关于将卡芬太尼等四种芬太尼类物质列入非药用类麻醉药品和精神药品管制品种增补目录的公告》，目前我国实际进行非药用类管制的麻醉药品和精神药品已经达到120种。

第二，本罪的客观方面表现为走私、贩卖、运输、制造毒品的行为。这里所谓的"走私"，包括明知是毒品而非法将其运输、携带、寄递进出国（边）境的行为，或者直接向走私人非法收购走私进口的毒品以及在内海、领海、界河、界湖运输、收购、贩卖毒品的行为；所谓"贩卖"，是指明知是毒品而非法销售或者以贩卖为目的而非法收买的行为；所谓"运输"，是指明知是毒品而采用携带、寄递、托运、利用他人或者使用交通工具等方法非法运送毒品的行为；所谓"制造"，是指非法利用毒品原植物直接提炼或者用化学方法加工、配制毒品，以及以改变毒品成分和效用为目的，用混合等物理方法加工、配制毒品的行为。在实践中，行为人为了便于隐蔽运输、销售、使用、欺骗购买者，或者为了增重，对毒品掺杂使假，添加或者去除其他非毒品物质的行为，不属于制造毒品。另外，行为人为了制造毒品而采用生产、加工、提炼等方法非法制造易制毒化学品的，应以制造毒品罪（预备犯）立案追诉；行为人购进制造毒品的设备和原材料，开始着手制造毒品，尚未制造出毒品或者半成品的，应以制造毒品罪（未遂犯）立案追诉。行为人明知他人制造毒品而为其生产、加工、提炼、提供醋酸酐、乙醚、三氯甲烷等制毒物品的，以制造毒品罪的共犯立案追诉。

第三，本罪的主体为一般主体，自然人和单位均可构成本罪。

根据我国《刑法》第 17 条第 2 款的规定，已满 14 周岁不满 16 周岁、具备刑事责任能力的自然人实施贩卖毒品行为的，可以构成贩卖毒品罪。但自然人实施走私、运输、制造毒品行为的，则要求主体必须年满 16 周岁且具备刑事责任能力。单位犯本罪的，对单位判处罚金，并对其直接负责的主管人员和其他直接责任人员以本罪处罚。

第四，本罪的主观方面由故意构成，即行为人明知是毒品或者国家依法管制的能够使人形成瘾癖的麻醉药品或精神药品，而仍然违反国家相关管理法规，实施走私、贩卖、运输、制造行为的主观心理态度。在实践中，行为人主观上通常具有牟利的目的，但犯罪目的如何并不影响本罪成立。这里的“明知”既包括行为人对犯罪对象的认识也包括行为人对自己行为的认识。根据 2012 年 5 月发布的最高人民检察院、公安部《关于公安机关管辖的刑事案件立案追诉标准的规定（三）》规定，对于行为人主观上是否“明知”，应区分以下不同情况分别处理：首先，行为人实施走私、贩卖、运输毒品行为的，应按照下述不同情况结合行为人的供述和其他证据综合认定具备“明知”的主观心理态度：（1）执法人员在口岸、机场、车站、港口、邮局和其他检查站点检查时，要求行为人申报携带、运输、寄递的物品和其他疑似毒品物，并告知其法律责任，而行为人未如实申报，在其携带、运输、寄递的物品中查获毒品的；（2）以伪报、藏匿、伪装等蒙蔽手段逃避海关、边防等检查，在其携带、运输、寄递的物品中查获毒品的；（3）执法人员检查时，有逃跑、丢弃携带物品或者逃避、抗拒检查等行为，在其携带、藏匿或者丢弃的物品中查获毒品的；（4）体内或者贴身隐秘处藏匿毒品的；（5）为获取不同寻常的高额或者不等值的报酬为他人携带、运输、寄递、收取物品，从中查获毒品的；（6）采用高度隐蔽的方式携带、运输物品，从中查获毒品的；（7）采用高度隐蔽的方式交接物品，明显违背合法物品惯常交接方式，从中查获毒品的；（8）行程路线故意绕开检查站点，在其携带、运输的物品中查获毒品的；（9）以虚假身份、地址或者其他虚假方式办理托运、寄递手续，在托运、寄递的物品中查获毒品的；（10）有其他证据足以证明行为人应当知道的。其次，行为人实施制造毒品行为的，应按照下述不同情况结合行为人的供述和其他证据综合认定具备“明知”的主观心理态度：（1）购置了专门用于制造毒品的设备、工具、制毒物品或者配制方案的；（2）为获取不同寻常的高额或者不等值的报酬为他人制造物品，经检验是毒品的；（3）在偏远、隐蔽场所制造，或者采取对制造设备进行伪装等方式制造物品，经检验是毒品的；（4）制造人员在执法人员检查时，有逃跑、抗拒检查等行为，在现场查获制造出的物品，经检验是毒品的；（5）有其他证据足以证明行为人应当知道的。

【犯罪认定】

1. 划清罪与非罪的界限

首先，构成走私、贩卖、运输、制造毒品罪要求行为人的主观方面出于故意，过失不能构成本罪。根据2012年5月发布的最高人民检察院、公安部《关于公安机关管辖的刑事案件立案追诉标准的规定（三）》的本意，如果行为人实施的走私、贩卖、运输、制造毒品行为缺乏故意的主观心理态度，有证据证明确属被蒙骗、利用或陷害的，则不能对行为人以走私、贩卖、运输、制造毒品罪论处，可视案件具体情况给予相应的行政处理。其次，应正确认识走私、贩卖、运输、制造毒品罪的犯罪对象，本罪的犯罪对象是毒品，即鸦片、海洛因、甲基苯丙胺（冰毒）、吗啡、大麻、可卡因等传统毒品以及其他依照国家相关法规需要管制的，能够使人形成瘾癖的麻醉药品和精神药品。在实践中，如果行为人走私、贩卖、运输、制造的对象并未《非药用类麻醉药品和精神药品列管办法》中规定的麻醉药品和精神药品，只是具有极轻度形成瘾癖危险的麻醉药品或精神药品的，则不应构成本罪。最后，根据我国《刑法》第347条的规定，本罪为行为犯，走私、贩卖、运输、制造毒品，无论数量多少，都应当追究刑事责任，予以刑事处罚。另外，根据

2012 年 5 月发布的最高人民检察院、公安部《关于公安机关管辖的刑事案件立案追诉标准的规定（三）》规定，有证据证明行为人以牟利为目的，为他人代购仅用于吸食、注射的毒品，对代购者应以贩卖毒品罪立案追诉。

2. 划清一罪与数罪的界限

在司法实践中，行为人走私的物品既包括毒品，又包括我国《刑法》分则第三章第二节规定的其他物品的，则应对行为人按走私毒品罪和构成的其他走私罪名分别定罪，并实行数罪并罚。根据 2012 年 5 月发布的最高人民检察院、公安部《关于公安机关管辖的刑事案件立案追诉标准的规定（三）》规定，走私、贩卖、运输、制造毒品罪是选择性罪名，对同一宗毒品实施了两种以上犯罪行为，并有相应确凿证据的，应当按照所实施的犯罪行为的性质并列适用罪名，毒品数量不重复计算。对同一宗毒品可能实施了两种以上犯罪行为，但相应证据只能认定其中一种或者几种行为，认定其他行为的证据不够确实充分的，只按照依法能够认定的行为的性质适用罪名。对不同宗毒品分别实施了不同种犯罪行为的，应对不同行为并列适用罪名，累计计算毒品数量。

3. 划清本罪与非法生产、买卖、运输制毒物品、走私制毒物品罪的界限

非法生产、买卖、运输制毒物品、走私制毒物品罪，是指违反国家规定，非法生产、买卖、运输或者走私醋酸酐、乙醚、三氯甲烷以及其他用于制造毒品的原料或者配剂，情节较重的行为。走私、贩卖、运输、制造毒品罪与非法生产、买卖、运输制毒物品、走私制毒物品罪的主体都是一般主体，自然人和单位都可以构成两罪，主观方面也都由故意构成。两罪的主要区别在于：第一，两罪的主体不尽相同。虽然两罪的主体都是一般主体，但非法生产、买卖、运输制毒物品、走私制毒物品罪的自然人主体是年满 16 周岁且具备刑事责任能力的自然人，而贩卖毒品罪的自然人主体还包括已满 14 周岁不满 16 周岁且具备刑事责任能力的自然人。第二，两

罪的客体和犯罪对象不同。非法生产、买卖、运输制毒物品、走私制毒物品罪侵犯的客体是国家对制毒物品的管理制度，犯罪对象是醋酸酐、乙醚、三氯甲烷等用于制造毒品的原料或者配剂；走私、贩卖、运输、制造毒品罪侵犯的客体则是国家对毒品的管理制度，犯罪对象是毒品，包括鸦片、海洛因、甲基苯丙胺（冰毒）、吗啡、大麻、可卡因或者其他依照国家相关法规需要管制的、能够使人形成瘾癖的麻醉药品和精神药品。第三，两罪的客观方面表现不同。非法生产、买卖、运输制毒物品、走私制毒物品罪的客观方面表现为违反国家规定，非法生产、买卖、运输或者走私醋酸酐、乙醚、三氯甲烷以及其他用于制造毒品的原料或者配剂，情节较重的行为，属于情节犯；走私、贩卖、运输、制造毒品罪的客观方面则表现为走私、贩卖、运输、制造毒品的行为，属于行为犯，行为人只要实施了走私、贩卖、运输、制造毒品行为之一的，即可构成本罪，数量多少在所不计。

【立案标准】

行为人涉嫌违反国家相关毒品管理法规，走私、贩卖、运输、制造鸦片、海洛因、甲基苯丙胺（冰毒）、吗啡、大麻、可卡因或其他毒品的，应予以立案。

【法条链接】

《刑法》第十七条第一、二、三款　已满十六周岁的人犯罪，应当负刑事责任。

已满十四周岁不满十六周岁的人，犯故意杀人、故意伤害致人重伤或者死亡、强奸、抢劫、贩卖毒品、放火、爆炸、投毒罪的，应当负刑事责任。

已满十四周岁不满十八周岁的人犯罪，应当从轻或者减轻处罚。

第三百四十七条　走私、贩卖、运输、制造毒品，无论数量多少，都应当追究刑事责任，予以刑事处罚。

走私、贩卖、运输、制造毒品，有下列情形之一的，处十五年有期徒刑、无期徒刑或者死刑，并处没收财产：

（一）走私、贩卖、运输、制造鸦片一千克以上、海洛因或者甲基苯丙胺五十克以上或者其他毒品数量大的；

（二）走私、贩卖、运输、制造毒品集团的首要分子；

（三）武装掩护走私、贩卖、运输、制造毒品的；

（四）以暴力抗拒检查、拘留、逮捕，情节严重的；

（五）参与有组织的国际贩毒活动的。

走私、贩卖、运输、制造鸦片二百克以上不满一千克、海洛因或者甲基苯丙胺十克以上不满五十克或者其他毒品数量较大的，处七年以上有期徒刑，并处罚金。

走私、贩卖、运输、制造鸦片不满二百克、海洛因或者甲基苯丙胺不满十克或者其他少量毒品的，处三年以下有期徒刑、拘役或者管制，并处罚金；情节严重的，处三年以上七年以下有期徒刑，并处罚金。

单位犯第二款、第三款、第四款罪的，对单位判处罚金，并对其直接负责的主管人员和其他直接责任人员，依照各该款的规定处罚。

利用、教唆未成年人走私、贩卖、运输、制造毒品，或者向未成年人出售毒品的，从重处罚。

对多次走私、贩卖、运输、制造毒品，未经处理的，毒品数量累计计算。

2016年4月施行的最高人民法院《关于审理毒品犯罪案件适用法律若干问题的解释》

第一条　走私、贩卖、运输、制造、非法持有下列毒品，应当认定为刑法第三百四十七条第二款第一项、第三百四十八条规定的“其他毒品数量大”：

（一）可卡因五十克以上；

（二）3，4-亚甲二氧基甲基苯丙胺（MDMA）等苯丙胺类毒品（甲基苯丙胺除外）、吗啡一百克以上；

（三）芬太尼一百二十五克以上；

（四）甲卡西酮二百克以上；

（五）二氢埃托啡十毫克以上；

（六）哌替啶（度冷丁）二百五十克以上；

（七）氯胺酮五百克以上；

（八）美沙酮一千克以上；

（九）曲马多、γ-羟丁酸二千克以上；

（十）大麻油五千克、大麻脂十千克、大麻叶及大麻烟一百五十千克以上；

（十一）可待因、丁丙诺啡五千克以上；

（十二）三唑仑、安眠酮五十千克以上；

（十三）阿普唑仑、恰特草一百千克以上；

（十四）咖啡因、罂粟壳二百千克以上；

（十五）巴比妥、苯巴比妥、安钠咖、尼美西泮二百五十千克以上；

（十六）氯氮卓、艾司唑仑、地西泮、溴西泮五百千克以上；

（十七）上述毒品以外的其他毒品数量大的。

国家定点生产企业按照标准规格生产的麻醉药品或者精神药品被用于毒品犯罪的，根据药品中毒品成分的含量认定涉案毒品数量。

第二条　走私、贩卖、运输、制造、非法持有下列毒品，应当认定为刑法第三百四十七条第三款、第三百四十八条规定的“其他毒品数量较大”：

（一）可卡因十克以上不满五十克；

（二）3，4-亚甲二氧基甲基苯丙胺（MDMA）等苯丙胺类毒品（甲基苯丙胺除外）、吗啡二十克以上不满一百克；

（三）芬太尼二十五克以上不满一百二十五克；

（四）甲卡西酮四十克以上不满二百克；

（五）二氢埃托啡二毫克以上不满十毫克；

（六）哌替啶（度冷丁）五十克以上不满二百五十克；

（七）氯胺酮一百克以上不满五百克；

（八）美沙酮二百克以上不满一千克；

（九）曲马多、γ-羟丁酸四百克以上不满二千克；

（十）大麻油一千克以上不满五千克、大麻脂二千克以上不满十千克、大麻叶及大麻烟三十千克以上不满一百五十千克；

（十一）可待因、丁丙诺啡一千克以上不满五千克；

（十二）三唑仑、安眠酮十千克以上不满五十千克；

（十三）阿普唑仑、恰特草二十千克以上不满一百千克；

（十四）咖啡因、罂粟壳四十千克以上不满二百千克；

（十五）巴比妥、苯巴比妥、安钠咖、尼美西泮五十千克以上不满二百五十千克；

（十六）氯氮卓、艾司唑仑、地西泮、溴西泮一百千克以上不满五百千克；

（十七）上述毒品以外的其他毒品数量较大的。

第三条　在实施走私、贩卖、运输、制造毒品犯罪的过程中，携带枪支、弹药或者爆炸物用于掩护的，应当认定为刑法第三百四十七条第二款第三项规定的“武装掩护走私、贩卖、运输、制造毒品”。枪支、弹药、爆炸物种类的认定，依照相关司法解释的规定执行。

在实施走私、贩卖、运输、制造毒品犯罪的过程中，以暴力抗拒检查、拘留、逮捕，造成执法人员死亡、重伤、多人轻伤或者具有其他严重情节的，应当认定为刑法第三百四十七条第二款第四项规定的“以暴力抗拒检查、拘留、逮捕，情节严重”。

第四条　走私、贩卖、运输、制造毒品，具有下列情形之一的，应当认定为刑法第三百四十七条第四款规定的“情节严重”：

（一）向多人贩卖毒品或者多次走私、贩卖、运输、制造毒品的；

（二）在戒毒场所、监管场所贩卖毒品的；

（三）向在校学生贩卖毒品的；

（四）组织、利用残疾人、严重疾病患者、怀孕或者正在哺乳自己婴儿的妇女走私、贩卖、运输、制造毒品的；

（五）国家工作人员走私、贩卖、运输、制造毒品的；

（六）其他情节严重的情形。

二十三、非法生产、买卖、运输制毒物品、走私制毒物品罪

【罪名释义】

非法生产、买卖、运输制毒物品、走私制毒物品罪，是指违反国家规定，非法生产、买卖、运输或者走私醋酸酐、乙醚、三氯甲烷以及其他用于制造毒品的原料或者配剂，情节较重的行为。

【海上犯罪】

非法生产、买卖、运输制毒物品、走私制毒物品罪是行为选择性罪名，行为人只要实施了非法生产、买卖、运输、走私行为之一，即可构成本罪。在海上犯罪中，非法生产、买卖、运输制毒物品、走私制毒物品罪有多种表现形式，但通常只表现为非法买卖、运输、走私制毒物品的行为。在犯罪场所方面，既可以表现为行为人在海上交通工具上，如货船、客船、滚装船、渔船、游艇等场所实施的非法买卖、运输、走私制毒物品的行为，也可以表现为行为人在海上固定平台、浮动平台上实施的非法买卖、运输、走私制毒物品的行为；在犯罪方法方面，既可以表现为行为人作为海上交通工具的乘坐者通过随身携带、夹带、藏匿等方式买卖、运输、走私制毒物品的行为，也可以表现为行为人作为海上交通工具的所有者、使用者通过在交通工具内设置夹层、暗格等，以夹带、藏匿的方式非法买卖、运输、走私制毒物品的行为。

【犯罪构成】

本罪的犯罪构成表现在如下四个方面：

第一，本罪侵犯的客体是国家对制毒物品的管理制度。本罪的犯罪对象是制毒物品，即醋酸酐、乙醚、三氯甲烷等用于制造毒品的原料或者配剂，具体的制毒物品范围应按 2016 年 2 月新修订的《易制毒化学品管理条例》确定。国家对易制毒化学品的生产、经营、购买、运输和进口、出口实行分类管理和许可制度，易制毒化学品分为三类：第一类是可以用于制毒的主要原料，第二类、第三类是可以用于制毒的化学配剂。易制毒化学品的分类和品种需要调整的，由国务院公安部门会同国务院食品药品监督管理部门、安全生产监督管理部门、商务主管部门、卫生主管部门和海关总署提出方案，报国务院批准。生产、买卖、运输、进出口易制毒物品的，应严格按照《易制毒化学品管理条例》的规定，取得相应国家行政主管部门的审批或备案后，方可实施。在实践中，对于制毒物品的确定，还应参照全国人民代表大会常务委员会于 1989 年 9 月批准加入的《联合国禁止非法贩运麻醉药品和精神药物公约》的相关规定，该规定附表一和附表二列举了 12 种化学物品，除醋酸酐和乙醚外，还包括麻黄碱、麦角新碱、麦角胺、麦角酸、1-苯基-2-丙酮、伪麻黄碱、丙酮、邻氨基苯甲酸、苯乙醚、哌啶，含有上述物质的盐类也归属禁止之列。

第二，本罪的客观方面表现为违反国家规定，非法生产、买卖、运输或者走私醋酸酐、乙醚、三氯甲烷以及其他用于制造毒品的原料或者配剂，情节较重的行为。根据 2016 年 4 月施行的最高人民法院《关于审理毒品犯罪案件适用法律若干问题的解释》规定，所谓“情节较重”，是指行为人实施的非法生产、买卖、运输或者走私制毒物品的行为达到如下标准：（1）麻黄碱（麻黄素）、伪麻黄碱（伪麻黄素）、消旋麻黄碱（消旋麻黄素）1 千克以上不满 5 千克；（2）1-苯基-2-丙酮、1-苯基-2-溴-1-丙酮、3，4-亚甲基二氧苯基-2-丙酮、羟亚胺 2 千克以上不满 10 千克；（3）3-氧-2-苯基丁腈、邻氯苯基环戊酮、去甲麻黄碱（去甲麻黄素）、甲基麻黄碱（甲基麻黄素）4 千克以上不满 20 千克；（4）醋酸酐

10 千克以上不满 50 千克；（5）麻黄浸膏、麻黄浸膏粉、胡椒醛、黄樟素、黄樟油、异黄樟素、麦角酸、麦角胺、麦角新碱、苯乙酸 20 千克以上不满 100 千克；（6）N-乙酰邻氨基苯酸、邻氨基苯甲酸、三氯甲烷、乙醚、哌啶 50 千克以上不满 250 千克；（7）甲苯、丙酮、甲基乙基酮、高锰酸钾、硫酸、盐酸 100 千克以上不满 500 千克；（8）其他制毒物品数量相当的。如果行为人非法生产、买卖、运输制毒物品、走私制毒物品，达到上述规定数量标准最低值的 50%，且具有下列情形之一的，也应当认定为“情节较重”：（1）曾因非法生产、买卖、运输制毒物品、走私制毒物品受过刑事处罚的；（2）2 年内曾因非法生产、买卖、运输制毒物品、走私制毒物品受过行政处罚的；（3）一次组织 5 人以上或者多次非法生产、买卖、运输制毒物品、走私制毒物品，或者在多个地点非法生产制毒物品的；（4）利用、教唆未成年人非法生产、买卖、运输制毒物品、走私制毒物品的；（5）国家工作人员非法生产、买卖、运输制毒物品、走私制毒物品的；（6）严重影响群众正常生产、生活秩序的；（7）其他情节较重的情形。

第三，本罪的主体为一般主体，凡年满 16 周岁且具备刑事责任能力的自然人均可构成本罪，单位也可以成为非法生产、买卖、运输制毒物品、走私制毒物品罪的主体，单位犯本罪的，对单位判处罚金，并对其直接负责的主管人员和其他直接责任人员以本罪处罚。

第四，本罪的主观方面由故意构成，即行为人明知是醋酸酐、乙醚、三氯甲烷以及其他用于制造毒品的原料或者配剂，仍然违反国家规定实施非法生产、买卖、运输或者走私行为的主观心理态度。在实践中，行为人主观上通常具有牟利目的，但犯罪目的如何并不影响本罪成立。对于走私制毒物品行为人是否“明知”的判断，除犯罪嫌疑人、被告人口供和其他证据外，还应根据行为的客观表现加以确定。根据 2012 年 5 月发布的最高人民检察院、公安部《关于公安机关管辖的刑事案件立案追诉标准的规定（三）》

规定，行为人具有下列情形的，结合犯罪嫌疑人、被告人的供述和其他证据，可以认定行为人具备“明知”的主观心理态度：（1）改变产品形状、包装或者使用虚假标签、商标等产品标志的；（2）以藏匿、夹带、伪装或者其他隐蔽方式运输、携带易制毒化学品逃避检查的；（3）抗拒检查或者在检查时丢弃货物逃跑的；（4）以伪报、藏匿、伪装等蒙蔽手段逃避海关、边防等检查的；（5）选择不设海关或者边防检查站的路段绕行出入境的；（6）以虚假身份、地址或者其他虚假方式办理托运、寄递手续的；（7）以其他方法隐瞒真相，逃避对易制毒化学品依法监管的。

【犯罪认定】

1. 划清罪与非罪的界限

对行为人是否构成非法生产、买卖、运输制毒物品、走私制毒物品罪，主要应注意以下问题：首先，构成本罪要求行为人主观方面出于故意，如果确实有证据证明行为人受他人欺骗、蒙蔽或陷害而实施了非法生产、买卖、运输或者走私醋酸酐、乙醚、三氯甲烷以及其他用于制造毒品的原料或者配剂行为的，则对行为人不应按本罪论处，可视案件具体情况给予行政处罚。其次，本罪的犯罪对象要求必须是醋酸酐、乙醚、三氯甲烷以及其他用于制造毒品的原料或者配剂，即国家《易制毒化学品管理条例》列明的三类化学物质，在实践中，如果行为人实际生产、买卖、运输、走私的并非制毒物品的，则行为人也不能构成本罪，可能会构成其他犯罪或只是一般违法行为。最后，构成本罪要求达到“情节严重”的程度，如果行为人生产、买卖、运输或走私制毒物品的行为并未达到法定的严重程度，则不应对行为人按犯罪处理。另外，根据 2016 年 4 月施行的最高人民法院《关于审理毒品犯罪案件适用法律若干问题的解释》规定：“易制毒化学品生产、经营、购买、运输单位或者个人未办理许可证明或者备案证明，生产、销售、购买、运输易制毒化学品，确实用于合法生产、生活需要的，不以制毒物品犯罪论处。”

2. 划清本罪与走私、贩卖、运输、制造毒品罪的界限

走私、贩卖、运输、制造毒品罪，是指违反国家相关毒品管理法规，走私、贩卖、运输、制造鸦片、海洛因、甲基苯丙胺（冰毒）、吗啡、大麻、可卡因或其他毒品的行为。非法生产、买卖、运输制毒物品、走私制毒物品罪与走私、贩卖、运输、制造毒品罪的主体都是一般主体，自然人和单位都可以构成两罪，主观方面也都由故意构成。两罪的主要区别在于：第一，两罪的主体不尽相同。虽然两罪的主体都是一般主体，但非法生产、买卖、运输制毒物品、走私制毒物品罪的自然人主体是年满16周岁且具备刑事责任能力的自然人，而贩卖毒品罪的自然人主体还包括已满14周岁不满16周岁且具备刑事责任能力的自然人。第二，两罪的客体和犯罪对象不同。非法生产、买卖、运输制毒物品、走私制毒物品罪侵犯的客体是国家对制毒物品的管理制度，犯罪对象是醋酸酐、乙醚、三氯甲烷等用于制造毒品的原料或者配剂；走私、贩卖、运输、制造毒品罪侵犯的客体则是国家对毒品的管理制度，犯罪对象是毒品，包括鸦片、海洛因、甲基苯丙胺（冰毒）、吗啡、大麻、可卡因或者其他依照国家相关法规需要管制的、能够使人形成瘾癖的麻醉药品和精神药品。第三，两罪的客观方面表现不同。非法生产、买卖、运输制毒物品、走私制毒物品罪的客观方面表现为违反国家规定，非法生产、买卖、运输或者走私醋酸酐、乙醚、三氯甲烷以及其他用于制造毒品的原料或者配剂，情节较重的行为，属于情节犯；走私、贩卖、运输、制造毒品罪的客观方面则表现为走私、贩卖、运输、制造毒品的行为，属于行为犯，行为人只要实施了走私、贩卖、运输、制造毒品行为之一的，即可构成本罪，数量多少在所不计。

【立案标准】

（一）行为人涉嫌非法生产、买卖、运输制毒物品、走私制毒物品，具有下列情形的，应予以立案：

1. 麻黄碱（麻黄素）、伪麻黄碱（伪麻黄素）、消旋麻黄碱

（消旋麻黄素）1 千克以上不满 5 千克；

2. 1-苯基-2-丙酮、1-苯基-2-溴-1-丙酮、3，4-亚甲基二氧苯基-2-丙酮、羟亚胺 2 千克以上不满 10 千克；

3. 3-氧-2-苯基丁腈、邻氯苯基环戊酮、去甲麻黄碱（去甲麻黄素）、甲基麻黄碱（甲基麻黄素）4 千克以上不满 20 千克；

4. 醋酸酐 10 千克以上不满 50 千克；

5. 麻黄浸膏、麻黄浸膏粉、胡椒醛、黄樟素、黄樟油、异黄樟素、麦角酸、麦角胺、麦角新碱、苯乙酸 20 千克以上不满 100 千克；

6. N-乙酰邻氨基苯酸、邻氨基苯甲酸、三氯甲烷、乙醚、哌啶 50 千克以上不满 250 千克；

7. 甲苯、丙酮、甲基乙基酮、高锰酸钾、硫酸、盐酸 100 千克以上不满 500 千克；

8. 其他制毒物品数量相当的。

（二）行为人涉嫌非法生产、买卖、运输制毒物品、走私制毒物品，达到上述规定的数量标准最低值的 50%，且具有下列情形的，应予以立案：

1. 曾因非法生产、买卖、运输制毒物品、走私制毒物品受过刑事处罚的；

2. 2 年内曾因非法生产、买卖、运输制毒物品、走私制毒物品受过行政处罚的；

3. 一次组织 5 人以上或者多次非法生产、买卖、运输制毒物品、走私制毒物品，或者在多个地点非法生产制毒物品的；

4. 利用、教唆未成年人非法生产、买卖、运输制毒物品、走私制毒物品的；

5. 国家工作人员非法生产、买卖、运输制毒物品、走私制毒物品的；

6. 严重影响群众正常生产、生活秩序的；

7. 其他情节较重的情形。

【法条链接】

《刑法》第三百五十条　违反国家规定，非法生产、买卖、运输醋酸酐、乙醚、三氯甲烷或者其他用于制造毒品的原料、配剂，或者携带上述物品进出境，情节较重的，处三年以下有期徒刑、拘役或者管制，并处罚金；情节严重的，处三年以上七年以下有期徒刑，并处罚金；情节特别严重的，处七年以上有期徒刑，并处罚金或者没收财产。

明知他人制造毒品而为其生产、买卖、运输前款规定的物品的，以制造毒品罪的共犯论处。

单位犯前两款罪的，对单位判处罚金，并对其直接负责的主管人员和其他直接责任人员，依照前两款的规定处罚。

2016 年 4 月施行的最高人民法院《关于审理毒品犯罪案件适用法律若干问题的解释》

第七条　违反国家规定，非法生产、买卖、运输制毒物品、走私制毒物品，达到下列数量标准的，应当认定为刑法第三百五十条第一款规定的“情节较重”：

（一）麻黄碱（麻黄素）、伪麻黄碱（伪麻黄素）、消旋麻黄碱（消旋麻黄素）一千克以上不满五千克；

（二）1-苯基-2-丙酮、1-苯基-2-溴-1-丙酮、3，4-亚甲基二氧苯基-2-丙酮、羟亚胺二千克以上不满十千克；

（三）3-氧-2-苯基丁腈、邻氯苯基环戊酮、去甲麻黄碱（去甲麻黄素）、甲基麻黄碱（甲基麻黄素）四千克以上不满二十千克；

（四）醋酸酐十千克以上不满五十千克；

（五）麻黄浸膏、麻黄浸膏粉、胡椒醛、黄樟素、黄樟油、异黄樟素、麦角酸、麦角胺、麦角新碱、苯乙酸二十千克以上不满一百千克；

（六）N-乙酰邻氨基苯酸、邻氨基苯甲酸、三氯甲烷、乙醚、哌啶五十千克以上不满二百五十千克；

（七）甲苯、丙酮、甲基乙基酮、高锰酸钾、硫酸、盐酸一百千克以上不满五百千克；

（八）其他制毒物品数量相当的。

违反国家规定，非法生产、买卖、运输制毒物品、走私制毒物品，达到前款规定的数量标准最低值的百分之五十，且具有下列情形之一的，应当认定为刑法第三百五十条第一款规定的“情节较重”：

（一）曾因非法生产、买卖、运输制毒物品、走私制毒物品受过刑事处罚的；

（二）二年内曾因非法生产、买卖、运输制毒物品、走私制毒物品受过行政处罚的；

（三）一次组织五人以上或者多次非法生产、买卖、运输制毒物品、走私制毒物品，或者在多个地点非法生产制毒物品的；

（四）利用、教唆未成年人非法生产、买卖、运输制毒物品、走私制毒物品的；

（五）国家工作人员非法生产、买卖、运输制毒物品、走私制毒物品的；

（六）严重影响群众正常生产、生活秩序的；

（七）其他情节较重的情形。

易制毒化学品生产、经营、购买、运输单位或者个人未办理许可证明或者备案证明，生产、销售、购买、运输易制毒化学品，确实用于合法生产、生活需要的，不以制毒物品犯罪论处。

第八条　违反国家规定，非法生产、买卖、运输制毒物品、走私制毒物品，具有下列情形之一的，应当认定为刑法第三百五十条第一款规定的“情节严重”：

（一）制毒物品数量在本解释第七条第一款规定的最高数量标准以上，不满最高数量标准五倍的；

（二）达到本解释第七条第一款规定的数量标准，且具有本解释第七条第二款第三项至第六项规定的情形之一的；

（三）其他情节严重的情形。

违反国家规定，非法生产、买卖、运输制毒物品、走私制毒物品，具有下列情形之一的，应当认定为刑法第三百五十条第一款规定的“情节特别严重”：

（一）制毒物品数量在本解释第七条第一款规定的最高数量标准五倍以上的；

（二）达到前款第一项规定的数量标准，且具有本解释第七条第二款第三项至第六项规定的情形之一的；

（三）其他情节特别严重的情形。

2012年5月发布的最高人民检察院、公安部《关于公安机关管辖的刑事案件立案追诉标准的规定（三）》

第五条 ［走私制毒物品案（刑法第三百五十条）］违反国家规定，非法运输、携带制毒物品进出国（边）境，涉嫌下列情形之一的，应予立案追诉：

（一）1-苯基-2-丙酮五千克以上；

（二）麻黄碱、伪麻黄碱及其盐类和单方制剂五千克以上，麻黄浸膏、麻黄浸膏粉一百千克以上；

（三）3，4-亚甲基二氧苯基-2-丙酮、去甲麻黄素（去甲麻黄碱）、甲基麻黄素（甲基麻黄碱）、羟亚胺及其盐类十千克以上；

（四）胡椒醛、黄樟素、黄樟油、异黄樟素、麦角酸、麦角胺、麦角新碱、苯乙酸二十千克以上；

（五）N-乙酰邻氨基苯酸、邻氨基苯甲酸、哌啶一百五十千克以上；

（六）醋酸酐、三氯甲烷二百千克以上；

（七）乙醚、甲苯、丙酮、甲基乙基酮、高锰酸钾、硫酸、盐酸四百千克以上；

（八）其他用于制造毒品的原料或者配剂相当数量的。

非法运输、携带两种以上制毒物品进出国（边）境，每种制毒物品均没有达到本条第一款规定的数量标准，但按前款规定的立案追诉数量比例折算成一种制毒物品后累计相加达到上述数量标准的，应予立案追诉。

为了走私制毒物品而采用生产、加工、提炼等方法非法制造易制毒化学品的，以走私制毒物品罪（预备）立案追诉。

实施走私制毒物品行为，有下列情形之一，且查获了易制毒化学品，结合行为人的供述和其他证据综合审查判断，可以认定其“明知”是制毒物品而走私或者非法买卖，但有证据证明确属被蒙骗的除外：

（一）改变产品形状、包装或者使用虚假标签、商标等产品标志的；

（二）以藏匿、夹带、伪装或者其他隐蔽方式运输、携带易制毒化学品逃避检查的；

（三）抗拒检查或者在检查时丢弃货物逃跑的；

（四）以伪报、藏匿、伪装等蒙蔽手段逃避海关、边防等检查的；

（五）选择不设海关或者边防检查站的路段绕行出入境的；

（六）以虚假身份、地址或者其他虚假方式办理托运、寄递手续的；

（七）以其他方法隐瞒真相，逃避对易制毒化学品依法监管的。

明知他人实施走私制毒物品犯罪，而为其运输、储存、代理进出口或者以其他方式提供便利的，以走私制毒物品罪的共犯立案追诉。

第七章　危害国防利益罪

一、破坏武器装备、军事设施、军事通信罪

【罪名释义】

破坏武器装备、军事设施、军事通信罪，是指故意破坏武器装备、军事设施、军事通信，危害国防利益的行为。

【海上犯罪】

在海上犯罪中，破坏武器装备、军事设施、军事通信罪有多种表现形式。“破坏武器装备”既可以表现为行为人对军用舰艇、军用潜艇、舰载机、军用水上飞机、军用海上地效飞行器等大型海上军用武器装备实施的破坏行为，也可以表现为行为人对大型海上军用武器装备的附属武器系统，如舰载火炮、机枪、鱼雷、导弹等的破坏行为；“破坏军事设施”既可以表现为行为人对军用港口、码头、航道以及军用海上导航、助航标志等设施的破坏行为，也可以表现为行为人对海上军事试验区、海上靶场中的相关军用设施的破坏行为；“破坏军事通信”既可以表现为行为人对军用海底通信电缆、光缆、军用海上通信台站的破坏行为，也可以表现为行为人躲避于海上实施故意侵入军用计算机信息系统、故意使用无线电台干扰军用通信信号传输等破坏行为。

【犯罪构成】

本罪的犯罪构成表现在如下四个方面：

第一，本罪侵犯的客体是体现国防利益的我国军队物质保障的

管理制度。本罪的犯罪对象包括武器装备、军事设施、军事通信。所谓“武器装备”，是指武装部队用于实施和保障作战行动顺利进行而使用的武器、武器系统和军事技术器材等，包括枪械、鱼雷、水雷、火炮、导弹、坦克、装甲车辆、军用飞机、军用舰艇、生物武器、化学武器、核武器等，武器装备的训练模拟器材也应视为武器装备。所谓“军事设施”，是指国家直接用于军事目的保障军事行动顺利进行的设备、场地、建筑物等，包括军用机场、港口、码头、营区、训练场、试验场，军用洞库、仓库、医院、指挥机关，以及地面和地下指挥工程，作战工程，军用观测台站，军用公路、铁路，军用输油、输水管道等。所谓“军事通信”，是指武装部队为顺利完成军事任务运用各种通信手段实施部队指挥、控制、协同的信息传递活动，通常包括无线电通信、有线电通信、光通信、运动通信、简易信号通信等。

第二，本罪的客观方面表现为故意破坏武器装备、军事设施、军事通信的行为。这里所谓“破坏”是指行为人实施的使武器装备、军事设施、军事通信功能全部丧失或部分丧失的行为。破坏行为既可以表现为作为方式，也可以表现为不作为方式；既包括有形的破坏行为，也包括无形的破坏行为，如行为人利用无线电台对军事通信实施干扰等。本罪的客观方面要求具备三个构成要素：第一，行为人实施了破坏武器装备、军事设施、军事通信的行为；第二，武器装备、军事设施、军事通信出现被破坏的结果；第三，行为人实施的破坏行为与破坏结果之间具有法律上的因果关系。

第三，本罪的主体为一般主体，凡年满 16 周岁且具备刑事责任能力的自然人均可构成本罪。2007 年 6 月实施的最高人民法院《关于审理危害军事通信刑事案件具体应用法律若干问题的解释》第 5 条第 1 款规定，建设、施工单位直接负责的主管人员、施工管理人员，明知是军事通信线路、设备而指使、强令、纵容他人予以损毁的，或者不听管护人员劝阻，指使、强令、纵容他人违章作业，造成军事通信线路、设备损毁的，以破坏军事通信罪定罪处罚。

第四，本罪的主观方面由故意构成，包括直接故意和间接故意，即行为人明知自己实施的行为会导致武器装备、军事设施、军事通信发生破坏的危害结果而仍然希望或放任危害结果发生的主观心理态度。过失不构成本罪。

【犯罪认定】

1. 划清罪与非罪的界限

首先，构成破坏武器装备、军事设施、军事通信罪要求行为人的主观方面必须出于故意，过失不能构成本罪。如果行为人实施的破坏武器装备、军事设施、军事通信的行为缺乏故意的主观心理态度，则不能对行为人以破坏武器装备、军事设施、军事通信罪论处。其次，应正确认识破坏武器装备、军事设施、军事通信罪的犯罪对象。如果行为人实施破坏行为的对象并不属于武器装备、军事设施或军事通信的对象范围，则行为人不应构成破坏武器装备、军事设施、军事通信罪。最后，应注意行为人是否存在“情节显著轻微危害不大”的情形。根据刑法第 13 条但书的规定“情节显著轻微危害不大的，不认为是犯罪”。在司法实践中，如果行为人对武器装备、军事设施、军事通信的破坏行为并未使其丧失全部或部分功能，也未影响武器装备、军事设施、军事通信的正常使用，确实存在情节显著轻微的情形，可以不按犯罪处理。

2. 划清本罪与故意毁坏财物罪的界限

故意毁坏财物罪，是指故意非法毁损、破坏公私财物，情节严重或数额较大的行为。破坏武器装备、军事设施、军事通信罪与故意毁坏财物罪的犯罪主体都是一般主体，凡年满 16 周岁且具备刑事责任能力的自然人均可构成两罪，主观方面也都由故意构成，两罪的主要区别在于：第一，犯罪行为侵犯的客体不同。破坏武器装备、军事设施、军事通信罪侵犯的客体是体现国防利益的我国军队物质保障的管理制度；故意毁坏财物罪侵犯的客体则是公私财物所有权；第二，两罪的犯罪对象不同。破坏武器装备、军事设施、军事通信罪的犯罪对象是特定对象，包括武器装备、军事设施、军事通信；故意毁坏财物罪的犯罪对象则是普通对象，即各种公私财物。第三，两罪的客观方面表现不尽相同。破坏武器装备、军事设施、军事通信罪的客观方面表现为故意破坏武器装备、军事设施、军事通信的行为，既包括有形的破坏行为，也包括无形的破坏行为，如行为人利用无线电台对军事通信实施干扰等；故意毁坏财物罪的客观方面则表现为故意毁损或者破坏公私财物，情节严重或数额较大的行为，对公私财物的破坏行为是有形的破坏，并且要求达到情节严重或数额较大的标准。

3. 划清本罪与盗窃罪的界限

盗窃罪，是指以非法占有为目的秘密窃取公私财物，数额较大或者多次窃取、入户窃取、携带凶器窃取以及扒窃公私财物的行为。破坏武器装备、军事设施、军事通信罪与盗窃罪的主体都是一般主体，凡年满 16 周岁且具备刑事责任能力的自然人均可构成两罪，主观方面也都由故意构成，两罪的主要区别在于：第一，犯罪行为侵犯的客体不同。破坏武器装备、军事设施、军事通信罪侵犯的客体是体现国防利益的我国军队物质保障的管理制度；盗窃罪侵犯的客体则是公私财物所有权。第二，两罪的犯罪对象不同。破坏武器装备、军事设施、军事通信罪的犯罪对象是特定对象，包括武器装备、军事设施、军事通信；盗窃罪的犯罪对象则是普通对象，即国家、集体和公民个人所有的财物。第三，两罪的客观方面表现不同。破坏武器装备、军事设施、军事通信罪的客观方面表现为故意破坏武器装备、军事设施、军事通信的行为，既包括有形的破坏行为，也包括无形的破坏行为；盗窃罪的客观方面则表现为秘密窃取公私财物，数额较大或者多次窃取、入户窃取、携带凶器窃取以及扒窃公私财物的行为。第四，两罪的主观方面不尽相同。虽然破坏武器装备、军事设施、军事通信罪与盗窃罪的主观方面都由故意构成，但构成盗窃罪要求行为人主观上具有非法占有公私财物的目的，而破坏武器装备、军事设施、军事通信罪则对行为人的主观目的不做要求。在实践中，行为人盗窃财物的同时造成武器装备、军事设施、军事通信被破坏的，符合想象竞合犯的特征，应从一重罪处断。

【立案标准】

行为人涉嫌下列行为的，应予以立案：

1. 故意破坏武器装备、军事设施、军事通信的；

2. 故意损毁军事通信线路、设备，破坏军事通信计算机信息系统，干扰、侵占军事通信电磁频谱的；

3. 建设、施工单位直接负责的主管人员、施工管理人员，在明知的情况下指使、强令、纵容他人违章作业，造成军事通信线路、设备损毁的；

4. 盗窃军事通信线路、设备，对军事通信造成破坏的。

【法条链接】

《刑法》第三百六十九条　破坏武器装备、军事设施、军事通信的，处三年以下有期徒刑、拘役或者管制；破坏重要武器装备、军事设施、军事通信的，处三年以上十年以下有期徒刑；情节特别严重的，处十年以上有期徒刑、无期徒刑或者死刑。

过失犯前款罪，造成严重后果的，处三年以下有期徒刑或者拘役；造成特别严重后果的，处三年以上七年以下有期徒刑。

战时犯前两款罪的，从重处罚。

2007 年 6 月实施的最高人民法院《关于审理危害军事通信刑事案件具体应用法律若干问题的解释》

第一条　故意实施损毁军事通信线路、设备，破坏军事通信计算机信息系统，干扰、侵占军事通信电磁频谱等行为的，依照刑法第三百六十九条第一款的规定，以破坏军事通信罪定罪，处三年以下有期徒刑、拘役或者管制；破坏重要军事通信的，处三年以上十年以下有期徒刑。

第二条　实施破坏军事通信行为，具有下列情形之一的，属于刑法第三百六十九条第一款规定的“情节特别严重”，以破坏军事通信罪定罪，处十年以上有期徒刑、无期徒刑或者死刑：

（一）造成重要军事通信中断或者严重障碍，严重影响部队完成作战任务或者致使部队在作战中遭受损失的；

（二）造成部队执行抢险救灾、军事演习或者处置突发性事件等任务的通信中断或者严重障碍，并因此贻误部队行动，致使死亡3人以上、重伤10人以上或者财产损失100万元以上的；

（三）破坏重要军事通信三次以上的；

（四）其他情节特别严重的情形。

第五条　建设、施工单位直接负责的主管人员、施工管理人员，明知是军事通信线路、设备而指使、强令、纵容他人予以损毁的，或者不听管护人员劝阻，指使、强令、纵容他人违章作业，造成军事通信线路、设备损毁的，以破坏军事通信罪定罪处罚。

建设、施工单位直接负责的主管人员、施工管理人员，忽视军事通信线路、设备保护标志，指使、纵容他人违章作业，致使军事通信线路、设备损毁，构成犯罪的，以过失损坏军事通信罪定罪处罚。

第六条　破坏、过失损坏军事通信，并造成公用电信设施损毁，危害公共安全，同时构成刑法第一百二十四条和第三百六十九条规定的犯罪的，依照处罚较重的规定定罪处罚。

盗窃军事通信线路、设备，不构成盗窃罪，但破坏军事通信的，依照刑法第三百六十九条第一款的规定定罪处罚；同时构成刑法第一百二十四条、第二百六十四条和第三百六十九条第一款规定的犯罪的，依照处罚较重的规定定罪处罚。

违反国家规定，侵入国防建设、尖端科学技术领域的军事通信计算机信息系统，尚未对军事通信造成破坏的，依照刑法第二百八十五条的规定定罪处罚；对军事通信造成破坏，同时构成刑法第二百八十五条、第二百八十六条、第三百六十九条第一款规定的犯罪的，依照处罚较重的规定定罪处罚。

违反国家规定，擅自设置、使用无线电台、站，或者擅自占用频率，经责令停止使用后拒不停止使用，干扰无线电通讯正常进行，构成犯罪的，依照刑法第二百八十八条的规定定罪处罚；造成军事通信中断或者严重障碍，同时构成刑法第二百八十八条、第三百六十九条第一款规定的犯罪的，依照处罚较重的规定定罪处罚。

第七条　本解释所称“重要军事通信”，是指军事首脑机关及重要指挥中心的通信，部队作战中的通信，等级战备通信，飞行航行训练、抢险救灾、军事演习或者处置突发性事件中的通信，以及执行试飞试航、武器装备科研试验或者远洋航行等重要军事任务中的通信。

本解释所称军事通信的具体范围、通信中断和严重障碍的标准，参照中国人民解放军通信主管部门的有关规定确定。

二、过失损坏武器装备、军事设施、军事通信罪

【罪名释义】

过失损坏武器装备、军事设施、军事通信罪，是指由于过失致使武器装备、军事设施、军事通信遭受损坏，造成严重后果、危害国防利益的行为。

【海上犯罪】

在海上犯罪中，过失损坏武器装备、军事设施、军事通信罪有多种表现形式。“过失损坏武器装备”既可以表现为行为人因过失对军用舰艇、军用潜艇、舰载机、军用水上飞机、军用海上地效飞行器等大型海上军用武器装备造成损坏的行为，也可以表现为行为人因过失对大型海上军用武器装备的附属武器系统，如舰载火炮、机枪、鱼雷、导弹等造成损坏的行为；“过失损坏军事设施”既可以表现为行为人因过失对军用港口、码头、航道以及军用海上导航、助航标志等设施造成损坏的行为，也可以表现为行为人因过失对海上军事试验区、海上靶场中的相关军用设施造成损坏的行为；

“过失损坏军事通信”既可以表现为行为人因过失对军用海底通信电缆、光缆、军用海上通信台站造成损坏的行为，也可以表现为行为人在海上使用无线电台等通信设备因过失造成干扰军用通信信号的行为。

【犯罪构成】

本罪的犯罪构成表现在如下四个方面：

第一，本罪侵犯的客体是体现国防利益的我国军队物质保障的管理制度。本罪的犯罪对象包括武器装备、军事设施、军事通信。所谓“武器装备”，是指武装部队用于实施和保障作战行动顺利进行而使用的武器、武器系统和军事技术器材等，包括枪械、鱼雷、水雷、火炮、导弹、坦克、装甲车辆、军用飞机、军用舰艇、生物武器、化学武器、核武器等，武器装备的训练模拟器材也应视为武器装备。所谓“军事设施”，是指国家直接用于军事目的保障军事行动顺利进行的设备、场地、建筑物等，包括军用机场、港口、码头、营区、训练场、试验场，军用洞库、仓库、医院、指挥机关，以及地面和地下指挥工程，作战工程，军用观测台站，军用公路、铁路，军用输油、输水管道等。所谓“军事通信”，是指武装部队为顺利完成军事任务运用各种通信手段实施部队指挥、控制、协同的信息传递活动，通常包括无线电通信、有线电通信、光通信、运动通信、简易信号通信等。

第二，本罪的客观方面表现为行为人由于过失致使武器装备、军事设施、军事通信遭受损坏，造成严重后果、危害国防利益的行为。本罪的客观方面要求具备三个构成要素：第一，行为人因过失行为对武器装备、军事设施、军事通信造成了损坏；第二，因武器装备、军事设施、军事通信的损坏造成了严重后果；第三，行为人的过失行为与武器装备、军事设施、军事通信的损坏及严重后果之间具有法律上的因果关系。

第三，本罪的主体为一般主体，凡年满 16 周岁且具备刑事责任能力的自然人均可构成本罪。2007 年 6 月实施的最高人民法院

《关于审理危害军事通信刑事案件具体应用法律若干问题的解释》第5条第2款规定，建设、施工单位直接负责的主管人员、施工管理人员，忽视军事通信线路、设备保护标志，指使、纵容他人违章作业，致使军事通信线路、设备损毁，构成犯罪的，以过失损坏军事通信罪定罪处罚。

第四，本罪主观方面由过失构成，包括疏忽大意的过失和过于自信的过失。

【犯罪认定】

1. 划清罪与非罪的界限

过失损坏武器装备、军事设施、军事通信罪是过失犯，过失犯罪只有造成了法定的危害后果才能构成犯罪。在实践中，如果行为人的过失行为虽然对武器装备、军事设施、军事通信造成了一定程度的损坏，但并未造成严重后果，也并未达到危害国防利益的程度，则行为人不应构成过失损坏武器装备、军事设施、军事通信罪。

2. 划清本罪与破坏武器装备、军事设施、军事通信罪的界限

破坏武器装备、军事设施、军事通信罪，是指故意破坏武器装备、军事设施、军事通信，危害国防利益的行为。过失损坏武器装备、军事设施、军事通信罪与破坏武器装备、军事设施、军事通信罪的主体都是一般主体，凡年满16周岁且具备刑事责任能力的自然人均可构成两罪，侵犯的客体都是体现国防利益的我国军队物质保障的管理制度，犯罪对象也都包括武器装备、军事设施、军事通信，两罪的主要区别在于：第一，两罪的主观方面不同。破坏武器装备、军事设施、军事通信罪的主观方面由故意构成，包括直接故意和间接故意，即行为人明知自己实施的行为会导致武器装备、军事设施、军事通信发生破坏的危害结果而仍然希望或放任危害结果发生的主观心理态度；过失损坏武器装备、军事设施、军事通信罪的主观方面由过失构成，包括疏忽大意的过失和过于自信的过失。第二，两罪的客观方面表现不尽相同。破坏武器装备、军事设施、

军事通信罪的客观方面表现为故意破坏武器装备、军事设施、军事通信的行为，既包括有形的破坏行为，也包括无形的破坏行为，构成本罪不以实际发生严重危害后果为必要条件；过失损坏武器装备、军事设施、军事通信罪的客观方面则表现为行为人由于过失致使武器装备、军事设施、军事通信遭受损坏，造成严重后果、危害国防利益的行为，要求必须实际发生了严重危害后果才能构成本罪。

【立案标准】

行为人涉嫌下列行为的，应予以立案：

1. 过失致使武器装备、军事设施、军事通信遭受损坏，造成严重后果的；

2. 过失损坏军事通信，造成重要军事通信中断或者严重障碍的；

3. 建设、施工单位直接负责的主管人员、施工管理人员忽视军事通信线路、设备保护标志，指使、纵容他人违章作业，致使军事通信线路、设备损毁，造成严重后果的。

【法条链接】

《刑法》第三百六十九条　破坏武器装备、军事设施、军事通信的，处三年以下有期徒刑、拘役或者管制；破坏重要武器装备、军事设施、军事通信的，处三年以上十年以下有期徒刑；情节特别严重的，处十年以上有期徒刑、无期徒刑或者死刑。

过失犯前款罪，造成严重后果的，处三年以下有期徒刑或者拘役；造成特别严重后果的，处三年以上七年以下有期徒刑。

战时犯前两款罪的，从重处罚。

2007 年 6 月实施的最高人民法院《关于审理危害军事通信刑事案件具体应用法律若干问题的解释》

第三条　过失损坏军事通信，造成重要军事通信中断或者严重障碍的，属于刑法第三百六十九条第二款规定的“造成严重后果”，以过失损坏军事通信罪定罪，处三年以下有期徒刑或者拘役。

第四条　过失损坏军事通信，具有下列情形之一的，属于刑法第三百六十九条第二款规定的“造成特别严重后果”，以过失损坏军事通信罪定罪，处三年以上七年以下有期徒刑：

（一）造成重要军事通信中断或者严重障碍，严重影响部队完成作战任务或者致使部队在作战中遭受损失的；

（二）造成部队执行抢险救灾、军事演习或者处置突发性事件等任务的通信中断或者严重障碍，并因此贻误部队行动，致使死亡 3 人以上、重伤 10 人以上或者财产损失 100 万元以上的；

（三）其他后果特别严重的情形。

第五条　建设、施工单位直接负责的主管人员、施工管理人员，明知是军事通信线路、设备而指使、强令、纵容他人予以损毁的，或者不听管护人员劝阻，指使、强令、纵容他人违章作业，造成军事通信线路、设备损毁的，以破坏军事通信罪定罪处罚。

建设、施工单位直接负责的主管人员、施工管理人员，忽视军事通信线路、设备保护标志，指使、纵容他人违章作业，致使军事通信线路、设备损毁，构成犯罪的，以过失损坏军事通信罪定罪处罚。

主要参考文献

［1］高铭暄、马克昌主编：《刑法学》，北京大学出版社 2016 年版。

［2］周道鸾、张军主编：《刑法罪名精释（下）》（第四版），人民法院出版社 2013 年版。

［3］胡耀晋编著：《刑事案件认定、立案标准、法律依据及司法解释》，中国人民公安大学出版社 2005 年版。

［4］胡耀晋编著：《治安部门管辖刑事案件认定、立案标准、法律依据及司法解释》，中国人民公安大学出版社 2005 年版。

［5］樊崇义主编：《刑事审前程序改革与展望》，中国人民公安大学出版社 2005 年版。